Karsten Müller

Faustregeln für die Praxis

Karsten Müller – Angriff

Joachim Beyer Verlag

ISBN 978-3-95920-182-7

1. Auflage 2023

Ein Imprint des Schachverlag Ullrich, Zur Wallfahrtskirche 5, 97483 Eltmann

Herausgeber: Robert Ullrich

Bildnachweis Inhalt:

Archiv Joachim Beyer Verlag: S. 15, 16, 20 ,49, 92, 1144, 126, 135

Creative-Commons-Lizenz (Wikimedia): 20, 25, 35, 122

Inhaltsverzeichnis

Zeichenerklärung

!	guter Zug
!!	ausgezeichneter Zug
?	schwacher Zug
??	grober Fehler
!?	beachtenswerter Zug
?!	fragwürdiger Zug
+−	Weiß hat entscheidenden Vorteil
±	Weiß steht besser
⩲	Weiß steht etwas besser
=	die Stellung ist ausgeglichen ode remis
−+	Schwarz hat entscheidenden Vorteil
∓	Schwarz steht besser
⩱	Schwarz steht etwas besser
⌓	besser ist
∞	unklar
=∞	mit Kompensation für den materiellen Nachteil
x	schlägt
+	Schach
#	Schachmatt

Vorwort

Da die meisten Schachspieler den Angriff der Verteidigung vorziehen, ist dieses Thema wichtig und populär und wurde natürlich auch schon entsprechend oft abgehandelt. Ich möchte versuchen, die Grundlagen des Angriffsspiels anhand weniger Faustregeln und Motive darzustellen. Dabei ist es von größter Bedeutung, die eigene Intuition dahingehend zu schulen, so sicher wie möglich zu entscheiden, in welchen Fällen die Faustregeln gelten und die Motive angewendet werden können – und in welchen es sich um eine Ausnahme handelt. Denn gerade in diesem Wechselspiel von Regel und Ausnahme besteht einer der Reize des Schachspiels.

Ich bedanke mich bei Rainer Woisin und Frederic Friedel von ChessBase für die Erlaubnis, meine DVD als Grundlage für dieses Buch benutzen zu dürfen sowie für die Idee, mit QR Codes zu arbeiten. Auch gilt mein Dank Robert Ullrich und Thomas Beyer für das gute Layout und die gewohnt vorbildliche Präsentation.

GM Dr. Karsten Müller
Hamburg im Januar 2023

Kapitel 1

Möglichst alle Figuren in den Angriff einbeziehen

So lautet in aller Regel das Hauptmotto für den Angreifer, obwohl stattdessen auch saloppere Versionen anzutreffen sind wie beispielsweise 'Erst mit der Mahlzeit beginnen, wenn alle am Tisch sitzen' oder sogar 'Alle Freunde zur Party einladen'. Auf wiederum ernster Ebene könnte man sich auch ein verfeinertes Bild davon verschaffen, in welchem Verhältnis die angreifenden Figuren zu den verteidigenden stehen, wobei dieses für den Angreifer natürlich so positiv wie möglich sein sollte. Und bei der Suche nach dem 'besten Zug' zählen zu den Hauptkandidaten außer Schachgeboten und Schlagzügen vorneweg auch noch solche Züge, mit denen dem Angriff weitere Kräfte zugeführt werden.

Tari, Aryan (2654)

Van Foreest, Jorden (2715)

Chessable Masters Online 2022

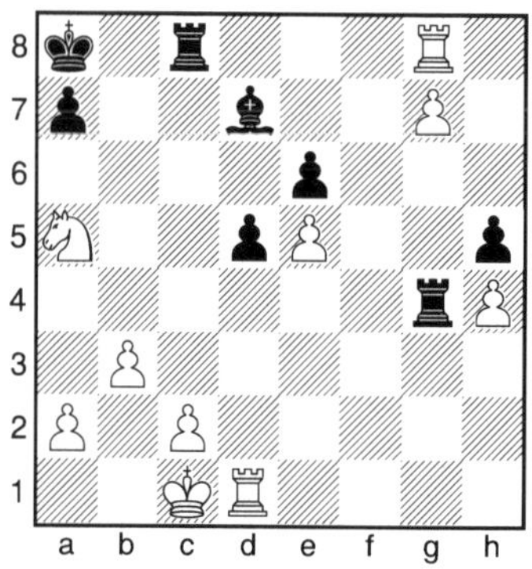

39.♖f1!

Unter Nutzung eines kleinen taktischen Tricks bringt Weiß die letzte Figur ins Spiel, wodurch die Verteidigung augenblicklich überfordert wird.

39...♔b8

39...♖xg8 scheitert an 40.♖f8+ ♗c8 41.♖xg8 ♔b8 42.♘c6+ mit den Abspielen:

– 42...♔c7 43.♖xc8+! ♔xc8 44.g8♕+ ♖xg8 45.♘e7+ +-

– 42...♔b7 43.♘e7 ♗d7 44.♖d8 ♖xg7 45.♖xd7+ +-

40.♖xc8+ ♗xc8 41.♖f7 und **1–0**, weil die Drohung ♘c6+ nebst ♖xa7# nur unter immensen Materialopfern zu parieren ist.

In den meisten Fällen müssen die Angriffsrouten allerdings erst freigeräumt werden.

Steinitz, Wilhelm

Von Bardeleben, Curt

Hastings 1895

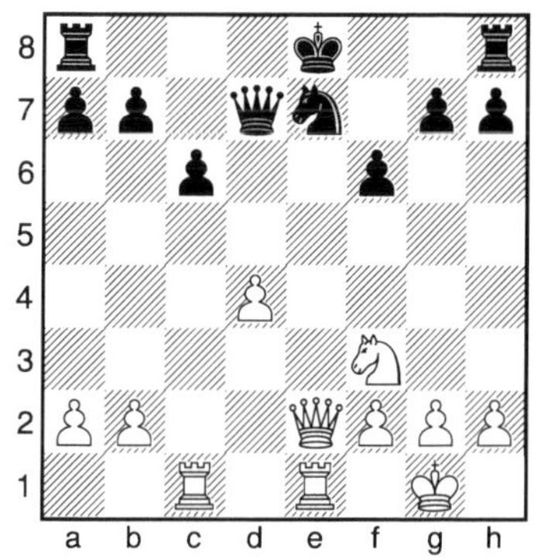

17.d5!!

Der Isolani wird in typischer Weise als Rammbock eingesetzt, um Zugstraßen für die weißen Figuren zu öffnen.

17...cxd5?!

17...♔f7 war angezeigt, obwohl der weiße Angriff auch dann schon sehr stark wäre; z.B. 18.dxc6 bxc6 19.♖ed1

(19.♕c4+!? ♕d5 20.♕g4 ist ebenfalls gefährlich.)

19...♕e6 20.♕xe6+ ♔xe6 21.♘d4+ ♔f7 22.♘xc6 und laut Kasparow hat Weiß gute praktische Gewinnchancen.

18.♘d4 ♔f7 19.♘e6

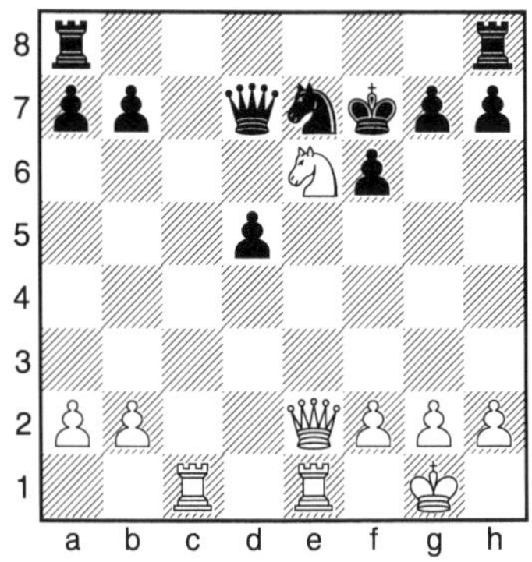

Nun nimmt der Springer an vorderster Stelle am Angriff teil.

19...♖hc8?!

Das läuft in eine wunderschöne Widerlegung.

Schwarz ist allerdings ohnehin nicht mehr zu retten; z.B. 19...♘c6 20.♘c5 ♕d6 21.♘xb7 ♕d7 22.♘c5 ♕d6 23.♕h5+ g6 24.♕h4 ♘e5 25.f4 ♘c4 26.b4 f5 27.♖e6 ♕d8 28.♕h6 ♘d6 29.h4 ♘e4 30.h5 ♘xc5 31.hxg6+ ♔xe6 32.♖xc5+-.

20.♕g4

Auch die Dame schaltet sich mit Tempogewinn ein.

20...g6

Der vermeintliche Zwischentausch 20...♖xc1? führt nach 21.♕xg7+ ♔e8 22.♕f8# zum Matt.

21.♘g5+ ♔e8

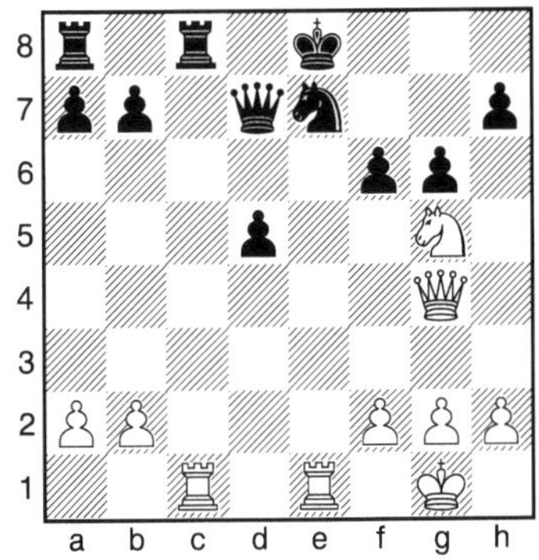

22.♖xe7+!!

Der in der Folge nicht mehr zu bändigende Turm beginnt seine Reise ins gegnerische Hinterland mit einem Raketenstart.

Mit 22.♘xh7? ♖xc1 23.♘xf6+ ♔f7 24.♖xc1 ♕e6 würde Weiß seinen Vorteil hingegen viel zu billig verkaufen.

22...♔f8

22...♔xe7 (22...♕xe7 23.♖xc8+ +-) 23.♖e1+

1) 23...♔d8 24.♘e6+ ♔e8 25.♘c5+ +-

2) 23...♔d6 24.♕b4+

a) 24...♔c7 25.♘e6+ ♔b8 26.♕f4+ ♖c7 27.♘xc7+-

b) 24...♖c5 25.♖e6+ ♕xe6 26.♘xe6+-

23.♖f7+! ♔g8 24.♖g7+!!

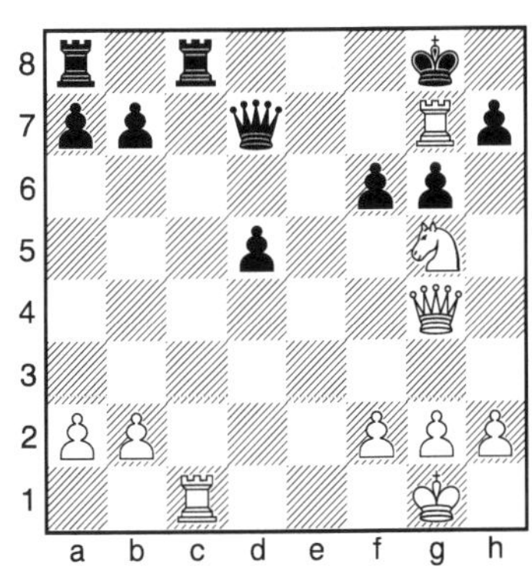

Der schwerelose Turm macht weiter von seiner Aufenthaltsgenehmigung im gegnerischen Lager Gebrauch.

24...♔h8

24...♔f8 25.♘xh7+ ♔xg7 26.♕xd7+ +−

25.♖xh7+ 1-0

An dieser Stelle verließ von Bardeleben ohne aufzugeben den Turniersaal, ließ seine Aufgabe jedoch später per Kurier mitteilen. Daraufhin zeigte Steinitz den Zuschauern das verblüffende Finale.

25...♔g8 26.♖g7+ ♔h8 27.♕h4+

Nun führt nichts mehr an dem Alptraum vorbei, den Monsterturm zu schlagen.

27...♔xg7 28.♕h7+ ♔f8 29.♕h8+ ♔e7 30.♕g7+ ♔e8

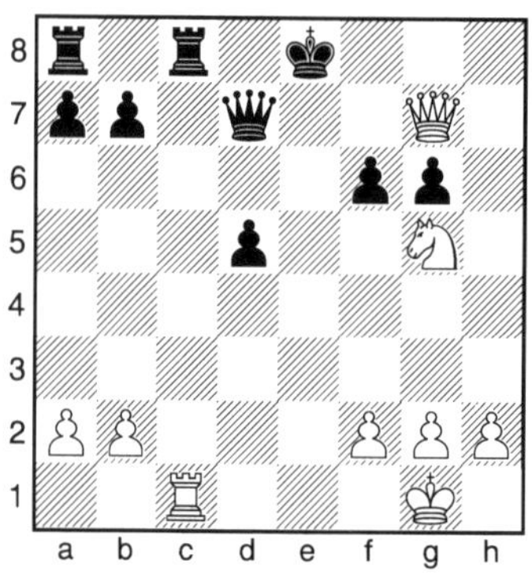

31.♕g8+ ♔e7 32.♕f7+ ♔d8

32...♔d6 33.♕xf6+ ♕e6 34.♕xe6#

33.♕f8+ ♕e8 34.♘f7+ ♔d7 35.♕d6#

Dieses Meisterwerk ist wohl die spektakulärste Partie aus dem Schaffen des ersten Weltmeisters.

Allerdings gilt im Schach: Keine Faustregel ohne Ausnahme! – Und selbst die Faustregel ‘Alle Figuren in den Angriff’ bildet davon keine Ausnahme. Im nächsten Beispiel geht der gefürchtete Angriffsspieler Shirov diesbezüglich doch ein entscheidendes Stück zu weit. Da er jedoch zum Zeitpunkt der Partie gerade 16 Jahre alt war, handelt es sich dabei wohl eindeutig um einen Fall von jugendlichem Übermut.

Shirov, Alexei

Lautier, Joel (2290)

WM U18, Timisoara 1988

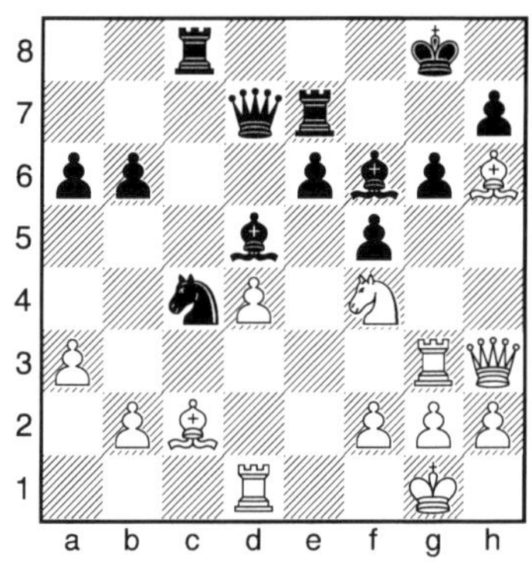

27.♖dd3

Dieses Heranführen weiterer Kräfte in den Angriff ist noch in Ordnung.

27...♘d6

Auf 27...♗g7 folgt 28.♘xg6 hxg6 29.♖xg6 ♘e3 30.♕xe3 ♖xc2 31.h4 ♗c4 32.♖c3 ♖xc3 33.bxc3 ♔h7 34.♕g5.

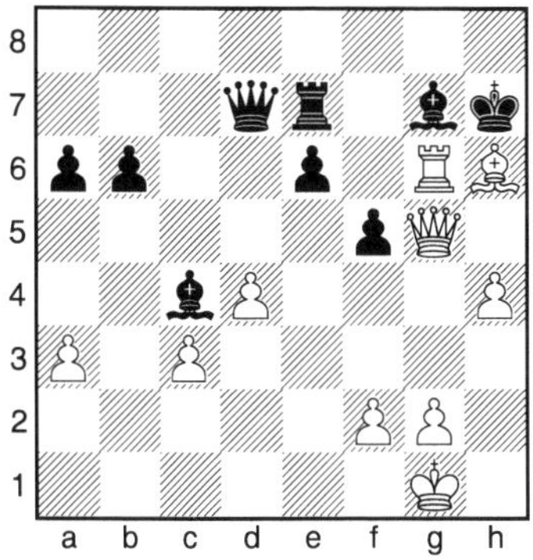

Weiß hat genug Kompensation, aber nicht mehr; z.B. 34...♖f7 35.♗xg7 ♖xg7 36.♕h5+ ♔g8 37.♖h6=.

28.♗d1?

Das ist der Punkt, an dem Shirov seine Stellung überzieht, indem er mit zu hohem Risiko auf Gewinn spielt und auch noch den Läufer in den Angriff einbeziehen will.

Ganz offenbar verschmähte er das sichere Remis nach 28.♘xg6! hxg6 29.♖xg6+ ♗g7 30.♗xg7 ♖xg7 31.♖xg7+ ♕xg7 32.♖g3 ♖xc2 33.♖xg7+ ♔xg7 34.♕g3+ ♔f7 35.f3 ♘c4 36.♕c7+.

28...♘e4 29.♘xg6 hxg6 30.♖xg6+

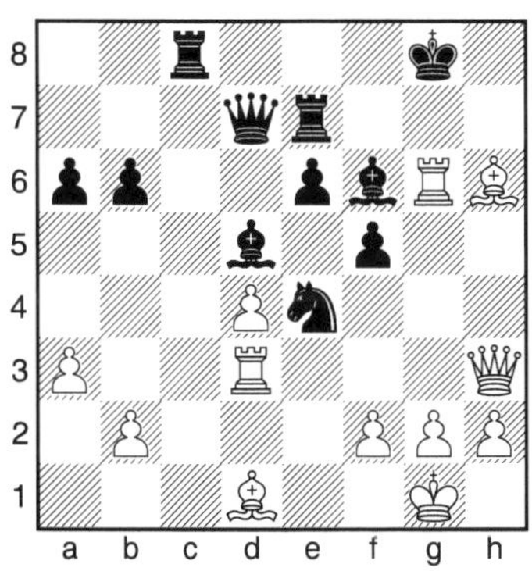

30...♗g7?

Auf das Material kommt es in derart überscharfen Stellungen oft nicht an.

Mit 30...♖g7! 31.♗xg7 ♗xg7 32.f3 ♘d6 konnte Schwarz den Angriff parieren und sollte auf lange Sicht gewinnen.

31.♕h4 ♗c4?

Bei diesem Fehler übersieht Schwarz einen kräftigen Konter, während 31...♕e8 32.♗h5 ♕f8 33.h3 ♖a7= den Laden zusammengehalten hätte.

32.♗xg7 ♖xg7

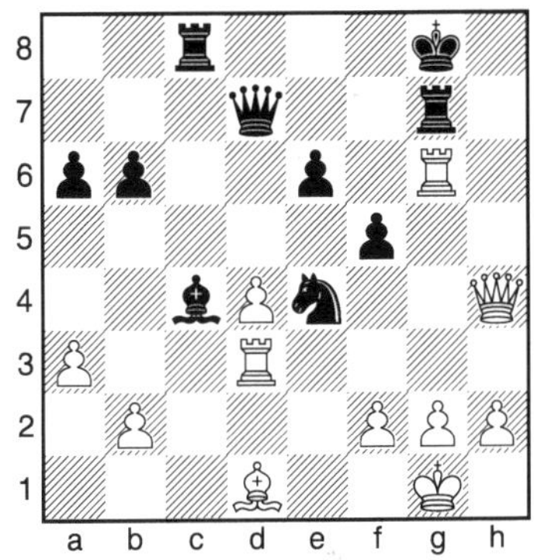

33.♖h3!

Dieses Eingreifen eines weiteren Angreifers entscheidet.

33...♕xd4

33...♖xg6 führt zu dem forcierten Matt 34.♕h8+ ♔f7 35.♖h7+ ♖g7 36.♖xg7+ ♔f6 37.♕h6#.

34.♕h8+ ♔f7 35.♖xg7+ ♕xg7 36.♕xc8 ♗d5 37.♕d7+ ♔f6 38.♕xg7+ ♔xg7 39.♗b3 ♘g5 40.♖g3 ♔f6 41.♗xd5 exd5 42.♖c3 ♔e5 43.♖c6 d4 44.♖xb6 d3 45.♔f1 ♘e4 46.h4 ♔d4 47.h5 1-0

Da es sich bei einem *Gegen*angriff im Prinzip um einen *Angriff* handelt, kommt es auch dort oft darauf an, möglichst viele Kräfte heranzuziehen.

Carlsen, Magnus (2877)

Caruana, Fabiano (2801)

Saint Louis 2014

1.e4 e5 2.♗c4 ♘f6 3.d3 c6 4.♘f3 d5 5.♗b3 ♗b4+ 6.c3 ♗d6 7.♗g5 dxe4 8.dxe4 h6 9.♗h4 ♕e7 10.♘bd2 ♘bd7 11.♗g3?! ♗c7 12.0-0 ♘h5 13.h3?! ♘xg3 14.fxg3 ♘c5

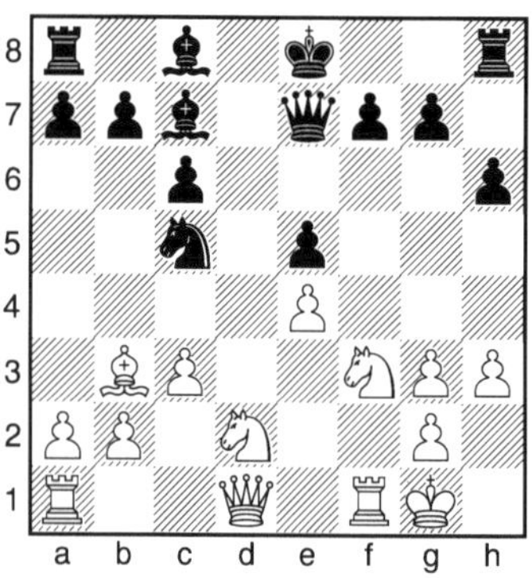

15.♗xf7+

Da dieses interessante Opfer objektiv nicht korrekt ist, kann es entsprechend mittels präziser Verteidigung widerlegt werden.

15...♔xf7 16.♘xe5+

Auch 16.♘h4+ ♔g8 17.♘g6 ♕d6 18.♖f8+ ♕xf8 19.♘xf8 ♔xf8 20.♕h5 ♗e6 21.♘f3 ♘d7 ist besser für Schwarz.

16...♔g8 17.♘g6 ♕g5!

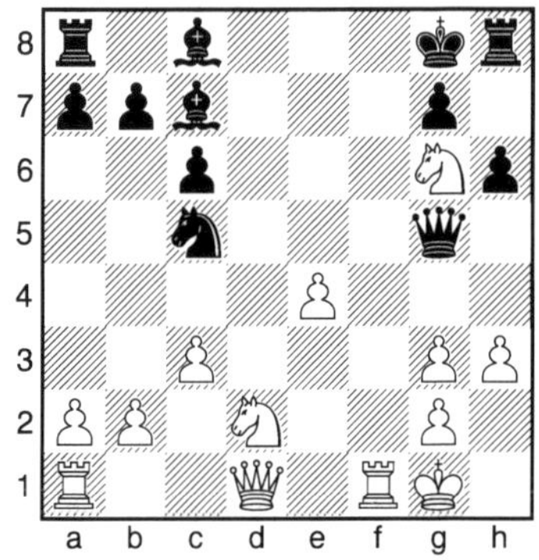

Diese aktive Option widerlegt die weiße Kombination.

18.♖f8+ ♔h7 19.♘xh8 ♗g4 20.♕f1

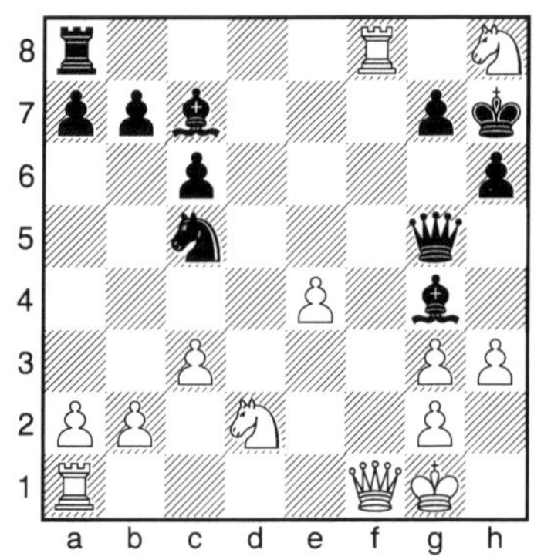

20...♘d3!

Ein Hammerschlag folgt dem anderen.

21.♕xd3

21.♖xa8 ♕e3+ 22.♔h1 ♘f2+ 23.♕xf2 ♕xf2 24.hxg4 ♕xd2−+

21...♖xf8 22.hxg4 ♕xg4

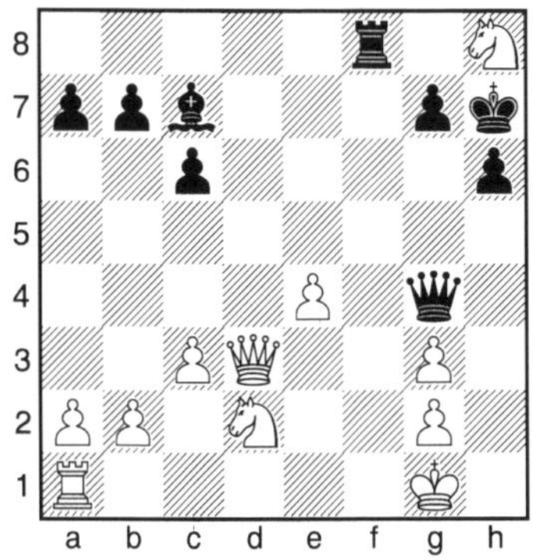

23.♘f3?

Statt dieser mangelhaften Verteidigung war 23.♘b3 erzwungen, selbst wenn Schwarz auch dann klar besser steht.

23...♛xg3 24.e5+ ♚xh8 25.e6 ♝b6+ 26.♔h1 ♛g4 27.♕d6 ♜d8 28.♕e5 ♜d5 29.♕b8+ ♚h7 30.e7 ♛h5+ 31.♘h2 ♜d1+ 32.♖xd1 ♛xd1+ 33.♘f1 ♛xf1+ 34.♔h2 ♛g1+ 0-1

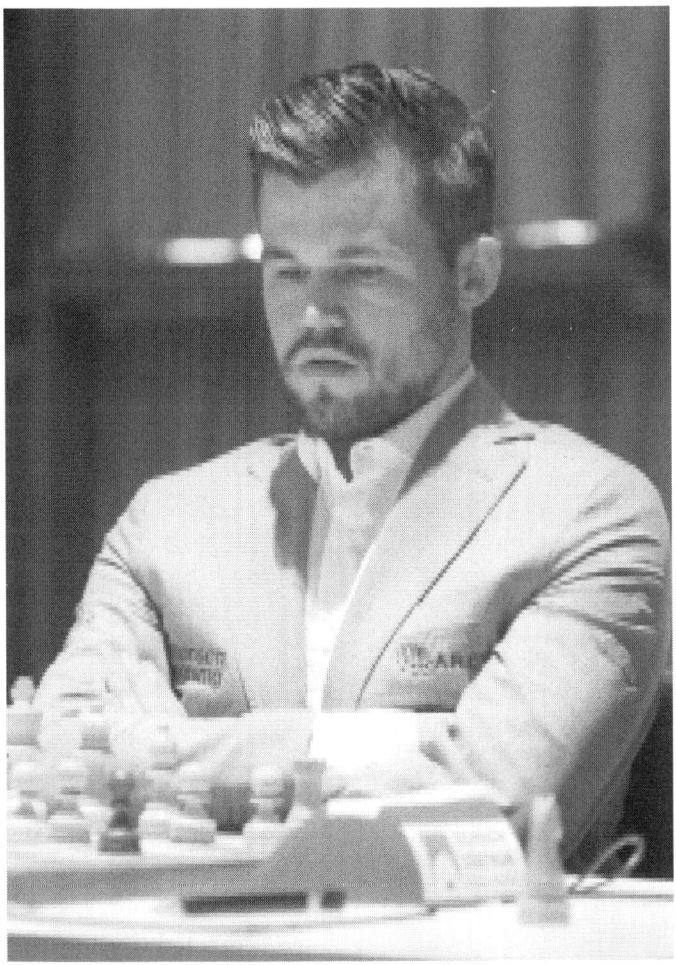

Magnus Carlsen

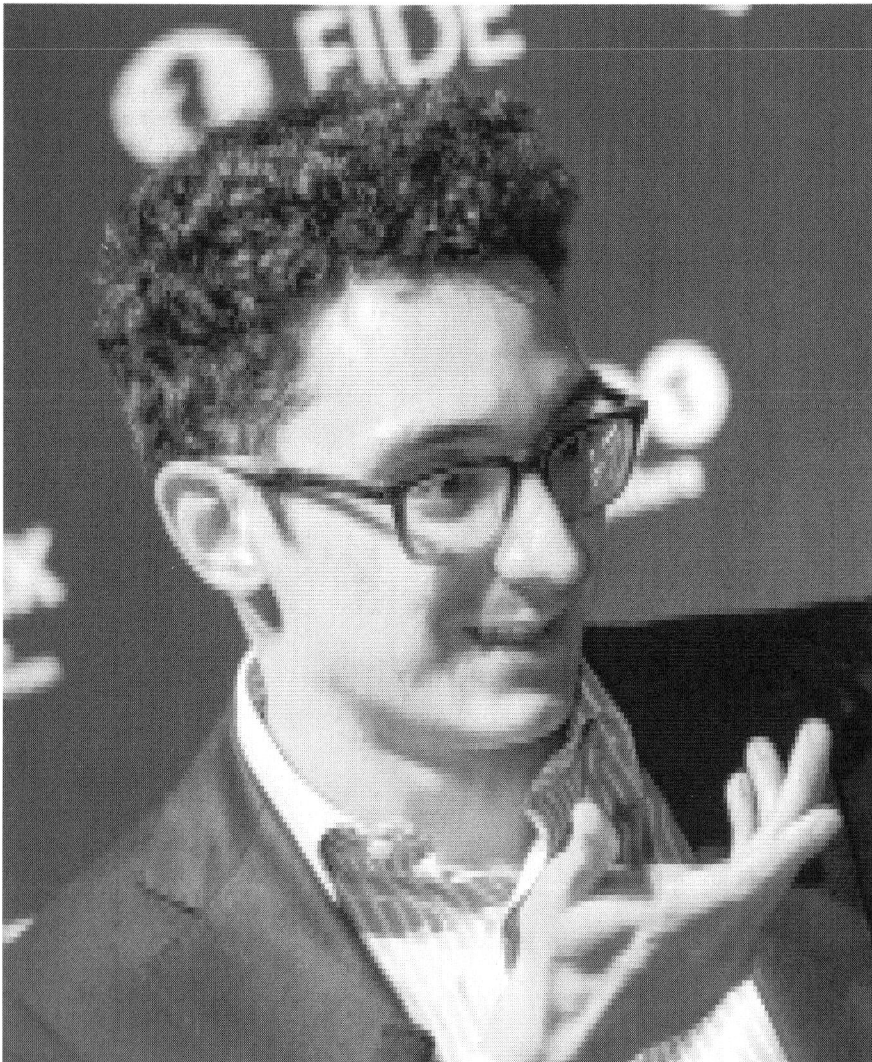

Fabiano Caruana

Aufgaben zum Thema:
Alle Figuren in den Angriff

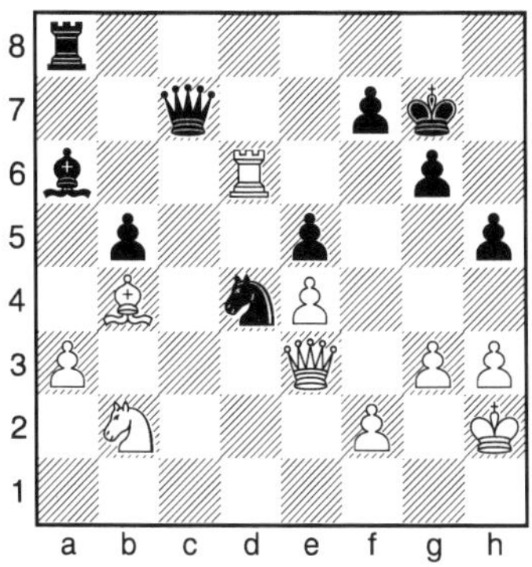

Aufgabe 1 Weiß am Zug

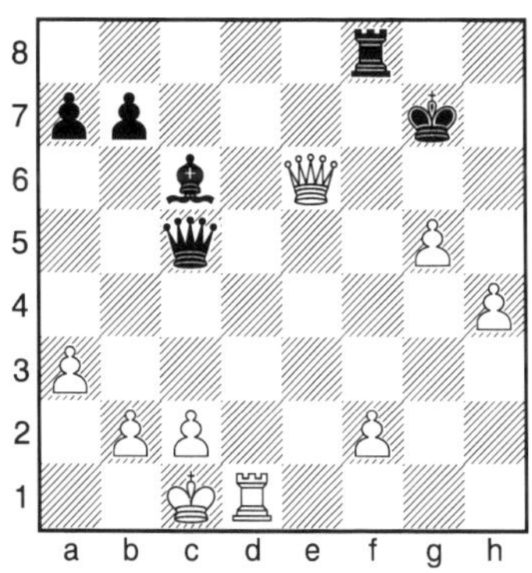

Aufgabe 2 Weiß am Zug

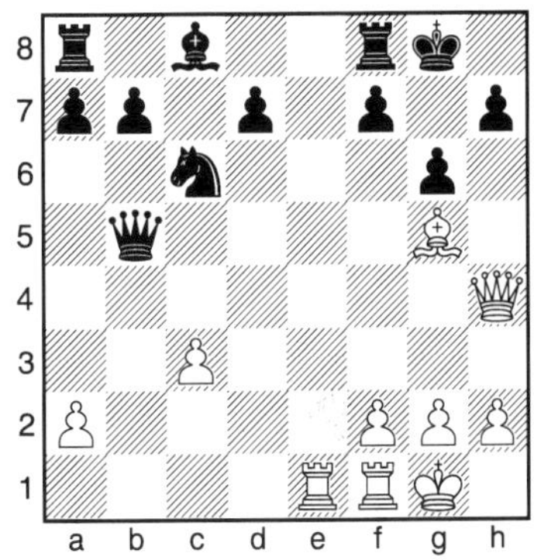

Aufgabe 3 Weiß am Zug

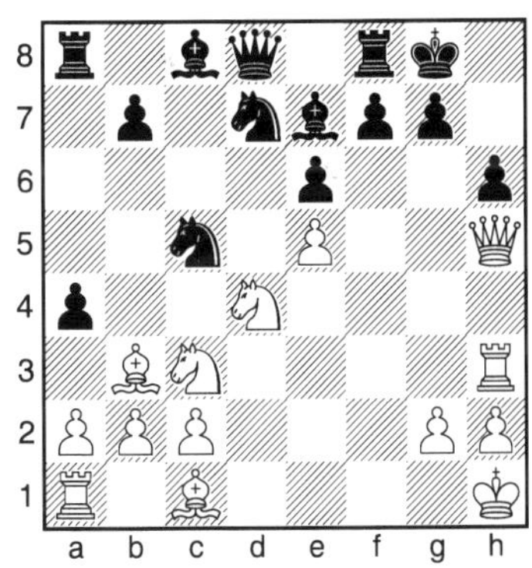

Aufgabe 4 Weiß am Zug

Lösungen der Aufgaben

Lösung 1

Moussard, Jules (2686)

Mihajlov, Sebastian (2375)

Mayrhofen 2022

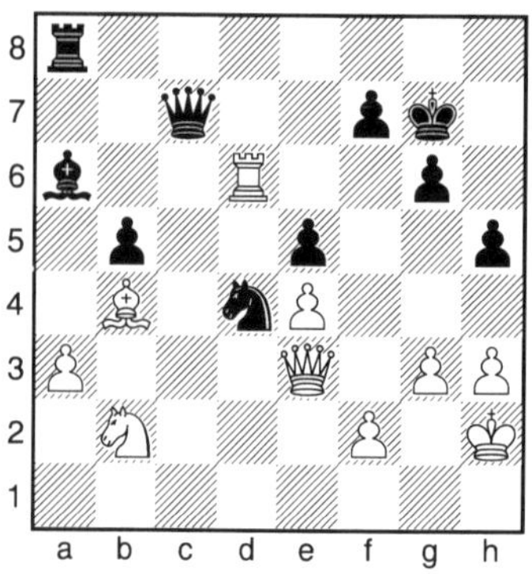

44.♘d3

Nach Hinzuziehung dieses Springers verzeichnet der Angriff einen entscheidenden Kraftzuwachs, der die Verteidigung überlastet.

44...f6

– 44...♗c8 45.♘xe5+–

– 44...♘c2 45.♕g5 ♘xb4 46.♕f6+ ♔g8 47.axb4 ♗b7 48.♘xe5+–

45.♘f4 ♗c8

1) 45...exf4 46.♕xd4 ♔h6 47.♕xf6 fxg3+ 48.♔xg3 ♕g7 49.♖xa6+–

2) 45...♕f7 46.♘d5 ♘e6 47.♗d2 ♗c8 48.♕h6+ ♔g8 49.♗b4 ♕g7 50.♕xg7+ ♔xg7 51.♘b6 ♖b8 52.♘xc8 ♖xc8 53.♖xe6+–

46.♘xh5+ gxh5 47.♖xf6 und **1-0** angesichts der möglichen Folge 47...♔xf6 48.♕h6+ ♔f7 49.♕h7+ ♔f6 50.♕xc7+–.

Lösung 2

Kasparov, Garry (2851)

Shirov, Alexei (2751)

Frankfurt 2000

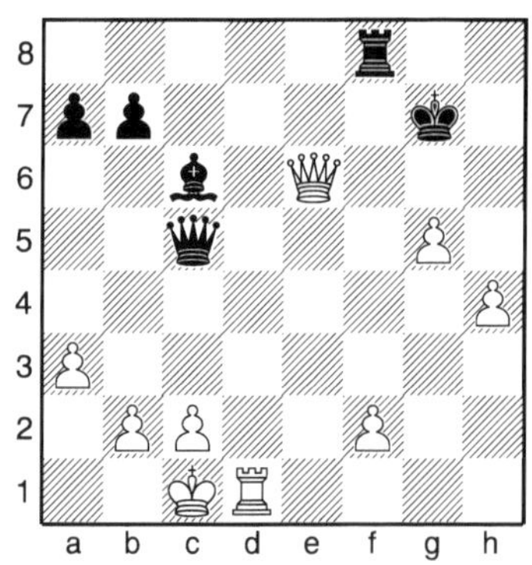

Mit **34.♖d6!** wurde der Turm entscheidend in den Angriff einbezogen.

Auch 34.♕h6+?! sollte gewinnen, wenngleich weniger überzeugend als die Partiefortsetzung; z.B. 34...♔g8

1) Nun wären die Alternativen 35.♖d6? ♗e4 und 35.g6? ♕e7 auch besser für Weiß, aber nicht so gut wie die Hauptvariante.

2) ⌓35.♕e6+! ♔h8 36.g6 ♕xf2 37.♕e7 ♕f4+ 38.♔b1 ♕h6 39.h5 ♖e8 40.♕f6+ ♕g7 41.♕f4+–

34...♗e8

34...♖xf2 35.♕e7+ ♖f7 36.♖g6+ +– (Finkel im ChessBase Magazin 78)

34...♕xf2 35.♕h6+ ♔g8 36.♖g6+ ♔f7 37.♖g7+ ♔e8 38.♕e6+ ♔d8 39.♕d6+ +– (Finkel)

Lösung 3

Polgar, Judit (2365)

Chilingirova, Pavlina (2240)

Thessaloniki 1988

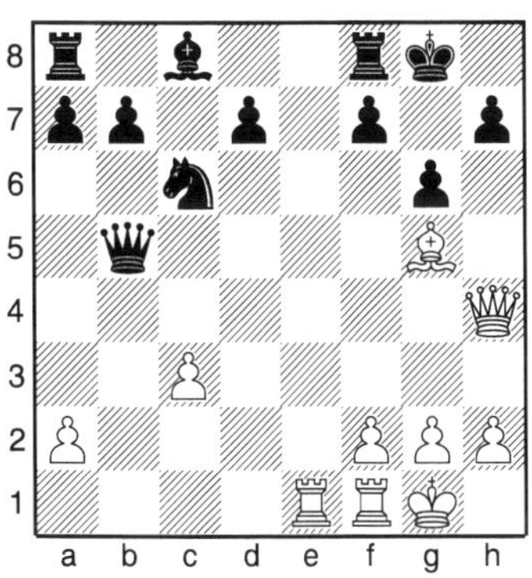

16.♕h6

Danach nimmt die Dame entscheidend am Angriff teil.

Hingegen wäre 16.♗f6? verfehlt, wie ein Blick auf zwei kleine Varianten verdeutlicht:

– 16...h5 17.♕f4 ♕f5–+

– 16...♕h5 17.♕xh5 gxh5 18.♖e3 h4–+

16...♕f5

16...f5 17.♗f6+–

17.♕xf8+ und **1-0** angesichts der möglichen Folge 17...♔xf8 18.♗h6+ ♔g8 19.♖e8#.

Lösung 4

Müller, Karsten

Zagrebelny, Sergey

Budapest 1991

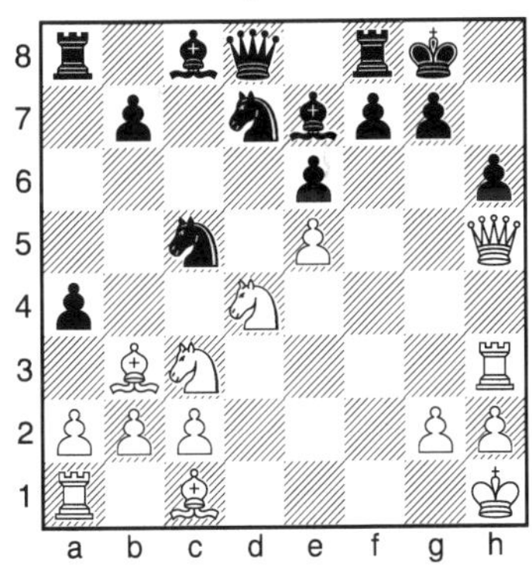

Die übermächtige weiße Stellung verlangt ganz unmissverständlich nach Opferspiel und tatsächlich kann man diesbezüglich aus dem Vollen schöpfen.

16.♘f5!!

Damit werden die schwarzen Mauern direkt erstürmt, weil fast alle weißen Kräfte nun sehr schnell im direkten Mattangriff eingesetzt werden können.

Bei den Alternativen gestaltet sich der Gewinn teilweise etwas komplizierter.

1) 16.♗xh6 g6 17.♖g3 ♔h7 18.♕h3 ♖h8 19.♗xe6 ♘xe6 20.♘xe6 fxe6 21.♖f1 ♘xe5 22.♗f4+ ♔g8 23.♕xh8+ ♔xh8 24.♗xe5+ ♔g8 25.♖xg6+ ♔h7 26.♖g7+ ♔h6 27.♖ff7+−

2) 16.♖g3 ♘xe5 (16...axb3? 17.♗xh6+−) 17.♗xh6 ♗f6 18.♗xg7 ♗xg7 19.♕xe5 f6 20.♕xc5 axb3 21.cxb3 ♖a5 22.♕c4+−

16...exf5

– 16...♗g5 17.♗xg5 ♕xg5 18.♕xg5 hxg5 19.♘e7#

– 16...axb3 17.♘xh6+ gxh6 18.♗xh6 bxc2 19.♗g5+−

17.♗xh6 ♗h4

17...axb3 18.♗xg7+−

18.♕g6 ♕g5 19.♗xg5 axb3 20.♕h5 ♘xe5 21.♖xh4 1-0

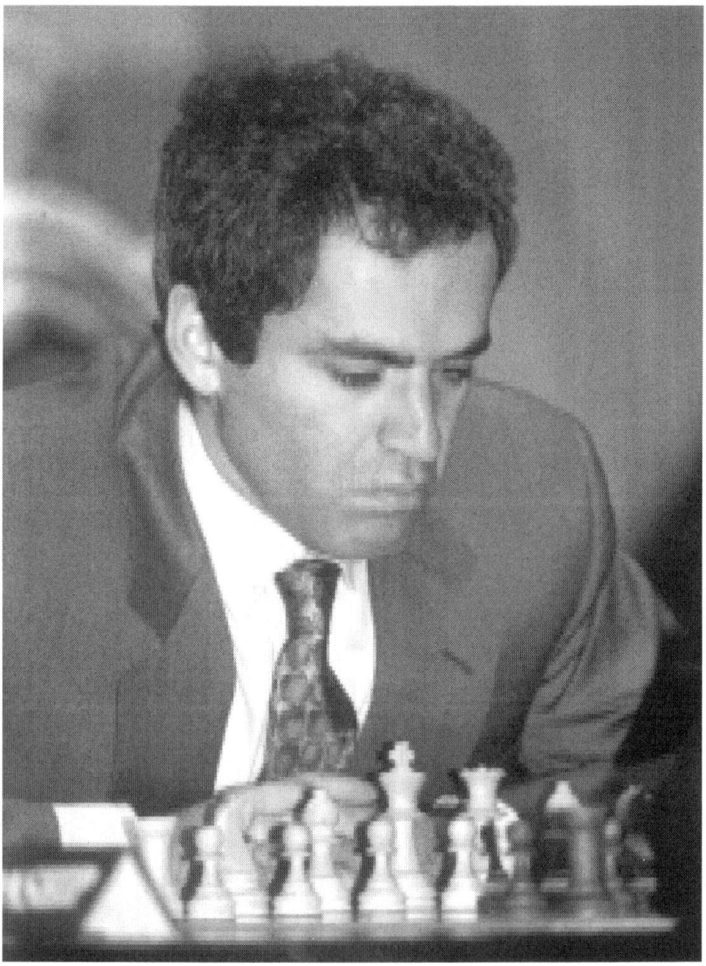

Garri Kasparow

Kapitel 2

Der Angreifer vermeidet den Abtausch von Angriffspotenzial

Die Faustregeln zum Thema 'Der richtige Abtausch' sind häufig recht problematisch, aber die hier behandelte finde ich nahezu allgemeingültig und entsprechend gut.

Loginov, Valery (2525)

Orlov, Vassily (2430)

St. Petersburg 1996

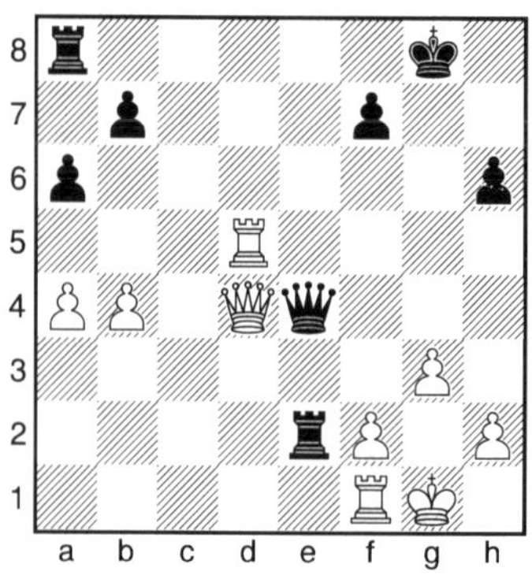

1.♕d1!

Weiß behält die Dame für die Teilnahme am Königsangriff auf dem Brett.

In dem Turmendspiel nach 1.♕xe4? ♖xe4 2.♖b1 ♔g7 hätte Schwarz nämlich gute Remischancen.

1...♖e8 2.♖d4 ♕f5 3.♖f4

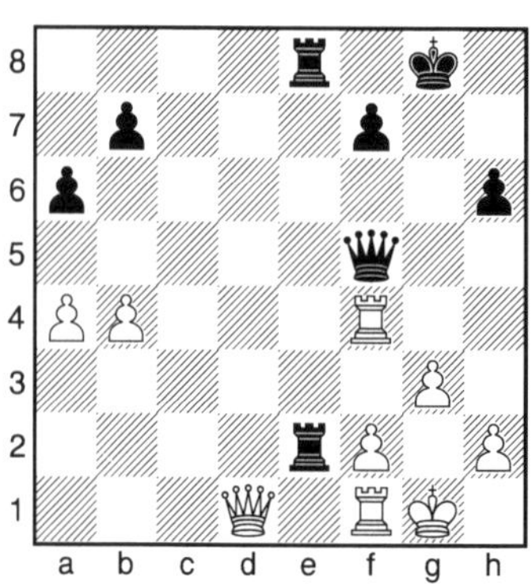

3...♕e5?

Danach nimmt der weiße Angriff dank Hinzuziehung der Dame richtig Fahrt auf, was mit der zäheren Alternative 3...♕e6 zu vermeiden gewesen wäre.

4.♕d7 ♕e7 5.♕g4+ ♔h7 6.♖d1

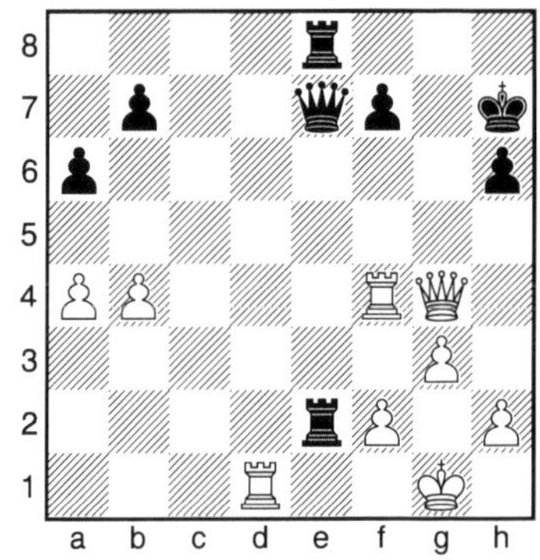

6...♖e1+

Dieser Entlastungsversuch ist unzureichend, weil er nur zum Abtausch des *aktiven* schwarzen Turms führt, wonach Weiß noch über genug Angriffspotenzial verfügt.

Obwohl der Ansatz 6...♖e6 zäher ist, verspricht er letztlich aber auch keine Rettung; z.B. 7.h4 ♖f6 8.♖dd4 ♖xf4 9.♖xf4 ♖d8 10.♕f3 ♖d7 11.♔g2 ♔g8 12.♖g4+ ♔h7 13.♕f5+ ♔h8 14.♕c2 ♕f8 15.♕c3+ ♔h7 16.♕f6 ♖d6 17.♕f5+ ♔h8 18.♕e5+ f6 19.♕f5 ♕f7 20.♖g6+−.

7.♖xe1 ♕xe1+ 8.♔g2 ♕e7

8...♖e7 9.♕f5+ ♔g8 10.♖g4+ ♔f8 11.♕h7+−

9.a5 ♖d8 10.♕f5+ ♔g7 11.♖g4+

11.♖e4!?

11...♔h8

Nach 11...♔f8 gewinnt 12.♕h7!+− oder auch 12.♖e4!? ♕g5 13.♕h7 ♕g7 14.♕xg7+ ♔xg7 15.♖e7+−.

12.♖e4 ♕f8 13.♕f6+ ♔g8 14.♖e7 ♖b8

15.♖c7

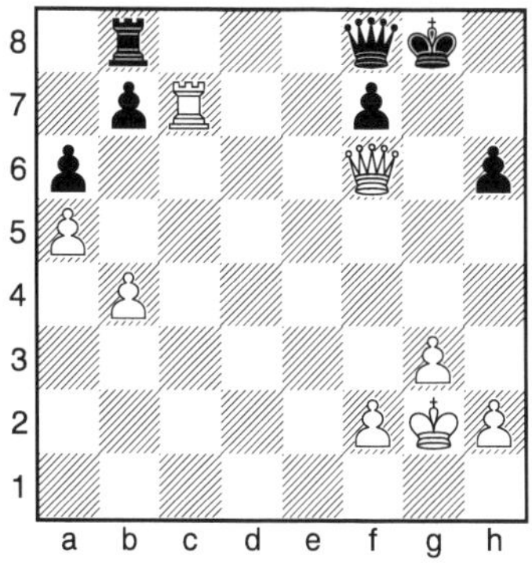

Zugzwang

15...♕e8 16.♕xh6 ♕e4+ 17.f3 ♕e2+ 18.♔h3 ♕xf3 19.♖c5 1-0

Die Faustregel '*Ungleichfarbige Läufer bevorteilen den Angreifer*' gilt speziell im Mittelspiel, wenn also noch mehr Figuren auf dem Brett sind. Die bekanntlich große Remis–Tendenz im Endspiel mit ungleichfarbigen Läufern wird schon dann drastisch verringert, wenn auf beiden Seiten noch ein Turm hinzukommt.

Santos Ruiz, Miguel (2596)

Tregubov, Pavel (2546)

Bundesliga 2021

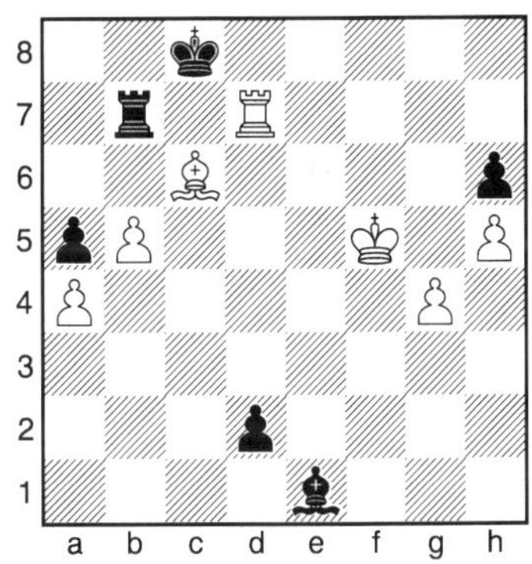

51.♖d3!

Will Weiß gewinnen, muss der Turm auf dem Brett bleiben.

– 51.♖xb7?? d1♕–+

– 51.♗xb7+? ♔xd7 52.♗f3 ♗h4 53.♔e4 ♔c7=

51...♖g7

51...♖f7+ 52.♔e6 ♖f2 53.g5 hxg5 54.b6 ♖f8 55.♖d7 ♖h8 56.♔f5 ♗g3 57.b7+ ♔b8 58.♖xd2 ♗f4 59.♖e2 ♖xh5 60.♖e8+ ♔a7

61.♖a8+ ♔b6 62.♗e4 ♖h4 63.b8♕+ ♗xb8 64.♖xb8+ ♔a6 65.♗c6+-

52.b6 ♖g5+ 53.♔f4 ♖g8 54.♔f3 ♖f8+ 55.♔e2

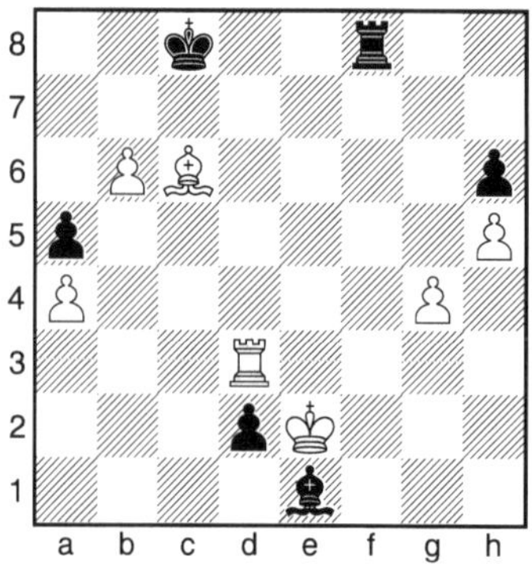

55...♖f6?!

Nach dieser Ungenauigkeit kann der weiße Freibauer trickreich das Umwandlungsfeld b8 erreichen.

Allerdings sollte Schwarz auch nach dem zäheren Ansatz 55...♗h4 verlieren; z.B. 56.♔xd2 ♖d8 57.♔c3 ♖xd3+ 58.♔xd3 ♗d8 59.b7+ ♔b8 60.♔c4 ♗h4 61.♔b5 ♗d8 62.♔a6 ♗c7 63.g5 hxg5 64.♗f3+-.

56.b7+ ♔c7

Mit dem Turm auf dem Brett kann die Blockade nun spektakulär gebrochen werden:

57.♖d8! und **1-0** angesichts der möglichen Folge 57...♖e6+ 58.♔d1 ♔xd8 59.b8♕+ ♔e7 60.♕c7+ ♔f6 61.♗d5+-.

Der Verteidiger hat also oft ein verständliches Interesse daran, das gegnerische Angriffspotenzial durch Abtausch zu reduzieren – und sei es mitunter sogar unter Materialopfer.

Harikrishna, Pentala (2705)

Carlsen, Magnus (2864)

Chessable Masters, Online 2022

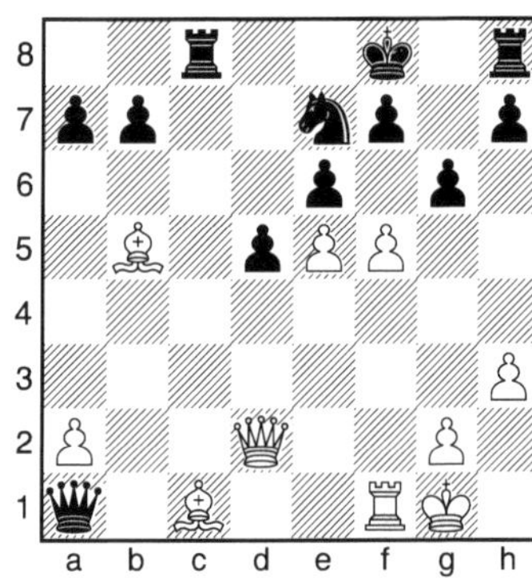

An seinem beträchtlichen Materialvorteil von Qualität und zwei Bauern hat Schwarz keine rechte Freude, weil sowohl König als auch Dame exponiert stehen und sich mit fünf Angreifern konfrontiert sehen. Entsprechend stellt sich die Frage, welchen davon man zwecks Entlastung eliminieren sollte.

19...♖xc1!

Interessanterweise ist der einzige noch nicht entwickelte Angreifer der gefährlichste. Dies wird schnell klar, wenn man sich dessen Zukunftspotential anhand einiger Beispielvarianten vor Augen führt.

– 19...♕xe5? 20.♕h6+ ♔g8 21.f6 ♘f5 22.♖xf5 ♖xc1+ 23.♗f1+–

– 19...♘xf5? 20.♗a3+ +–

– 19...gxf5? 20.♕h6+ ♔g8 21.♗g5 ♕xe5 22.♗f6 ♕g3 23.♖f3 ♕g6 24.♕h4+–

– 19...exf5? 20.♗b2 ♕xa2 21.e6+–

20.♖xc1 ♕xe5

Carlsen beseitigt einen gefährlichen Angreifer nach dem anderen.

21.fxe6 ♕xe6 22.♕d4 ♖g8 23.♕xa7 ♔g7

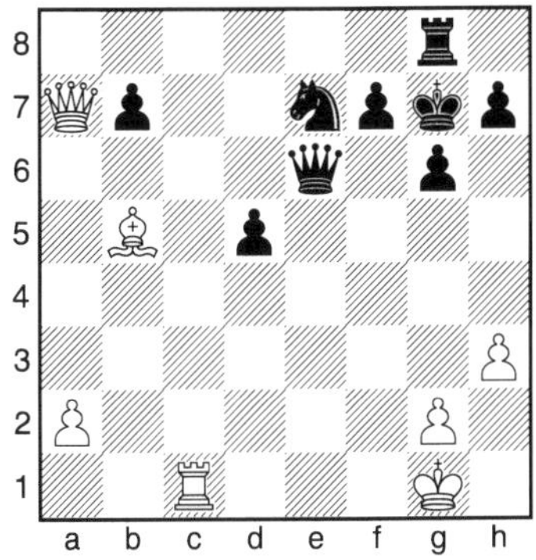

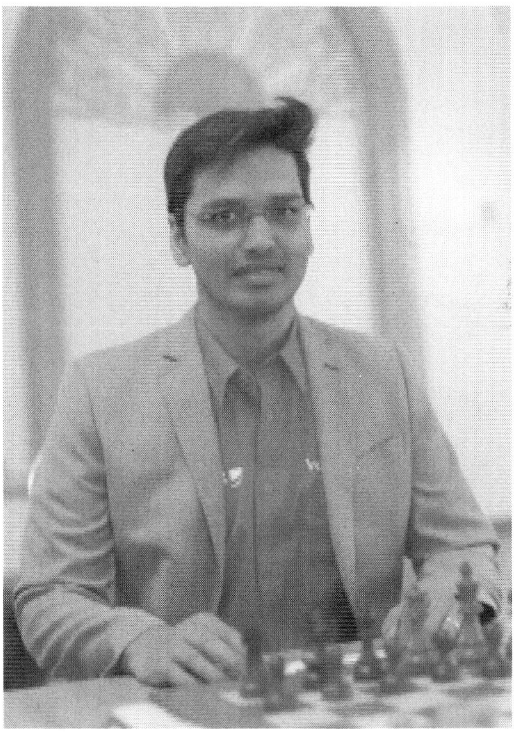

Pentala Harikrishna

Mittlerweile verfügt Schwarz über eine harmonische und solide Stellung und steht auf Gewinn, weil sein Königsangriff auf lange Sicht nicht zu stoppen ist.

24.♖c7 ♘f5 25.♕xb7 ♕e3+ 26.♔h1 ♘g3+?!

Mit 26...♕e1+ konnte Schwarz direkt gewinnen; z.B. 27.♔h2 ♖f8 28.♕a7 ♕g3+ 29.♔h1 ♘e3−+.

27.♔h2 ♕f4 28.♔g1 h5 29.♖e7 h4?!

29...♕f6−+ war laut Computer genauer.

30.♕c7

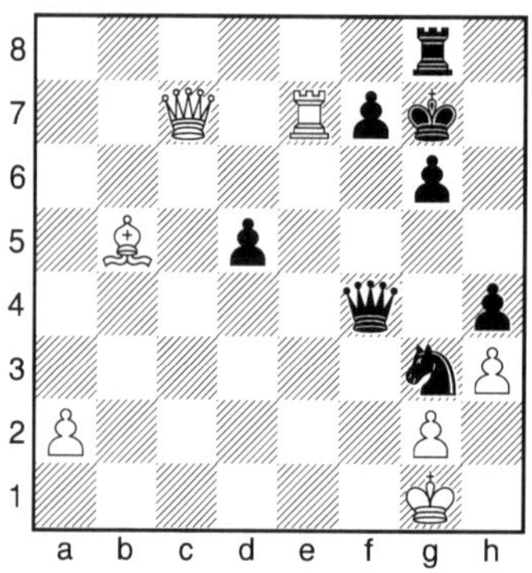

30...♕xc7?

Ein verhängnisvoller Abtauschfehler, denn das Endspiel ist nur remis.

Nach 30...♕d4+ (oder auch 30...♕f6) hätte Schwarz hingegen gute Gewinnchancen behalten; z.B. 31.♔h2 ♖f8 32.♖e1 ♕d2 33.♕e5+ ♔g8 34.♖b1 ♘f5 mit Angriff.

31.♖xc7 ♔f6 32.a4 ♘e4 33.♗c6 ♖b8 34.♖xf7+ ♔xf7 35.♗xd5+ ♔f6 36.♗xe4 ♖b3 37.♔h2 ♖a3 38.♗c6 ♔e5 39.♗e8 g5 40.♗c6 ♔d4 41.♔g1 ♔e3 42.♔h2 ♔f2 43.♗d5 ♖xa4 44.♗c6 ♖d4 45.♗b7 ½-½

Aufgaben zum Thema:
Der richtige Abtausch

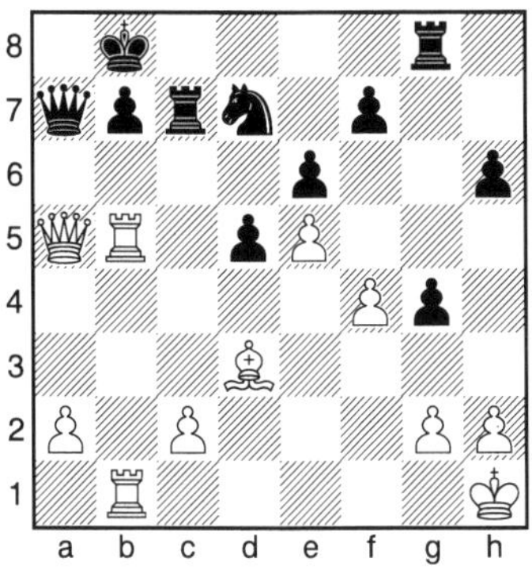

Aufgabe 1 Weiß am Zug

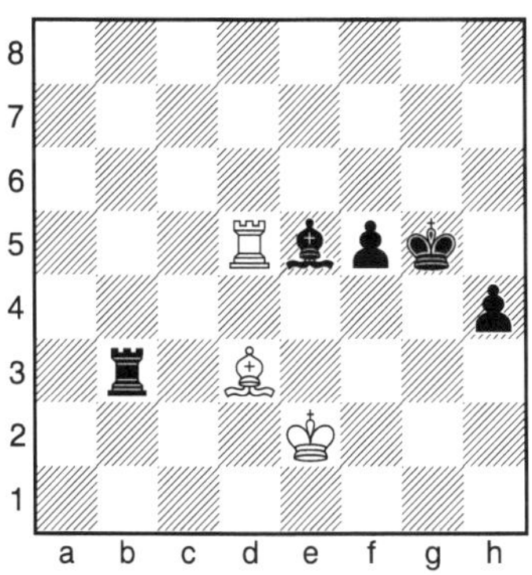

Aufgabe 2 Schwarz am Zug

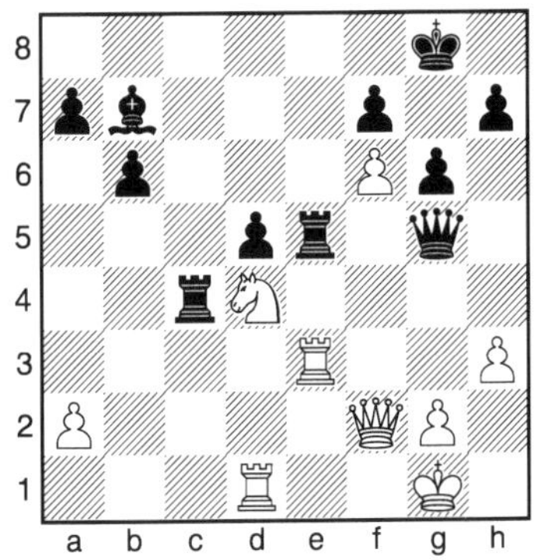

Aufgabe 3 Weiß am Zug

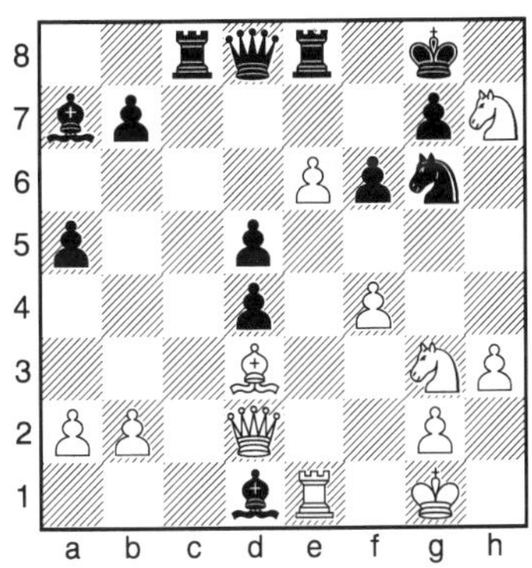

Aufgabe 4 Weiß am Zug

Lösungen der Aufgaben

Lösung 1

Caruana, Fabiano (2727)

Vitiugov, Nikita (2729)

Reggio Emilia 2012

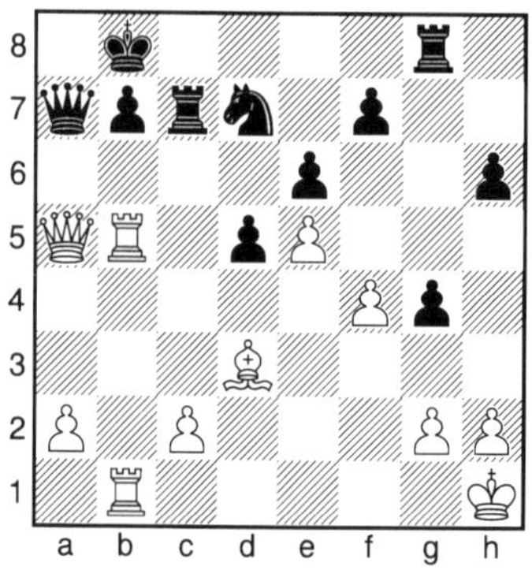

36.♕b4! ♘c5 37.♗h7!

Caruana vermeidet jeglichen Abtausch, behält das hohe Tempo bei und gewinnt forciert.

37...♖gc8?!

37...♖h8 war zäher, auch wenn Weiß nach 38.♖a5 ♕xa5 39.♕xa5 ♖xh7 40.♖b5 ♘e4 41.♕a3 auf lange Sicht trotzdem gewinnen sollte.

38.♖a5 ♘a6 39.♕d6 ♔a8 40.♖b6 ♖c6

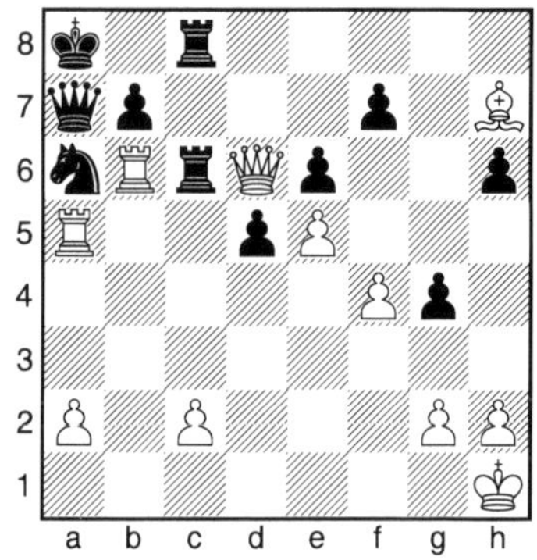

41.♖axa6!

Die Pointe.

41...bxa6 42.♖xc6 ♖b8 43.c3 1-0

Lösung 2

Dgebuadze, Alexandre (2430)

Bogosavljevic, Boban (2533)

Bundesliga 2022

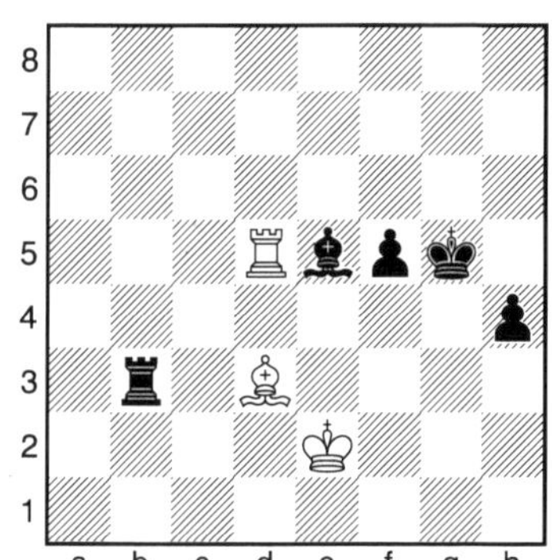

54...♔f4! 55.♖b5

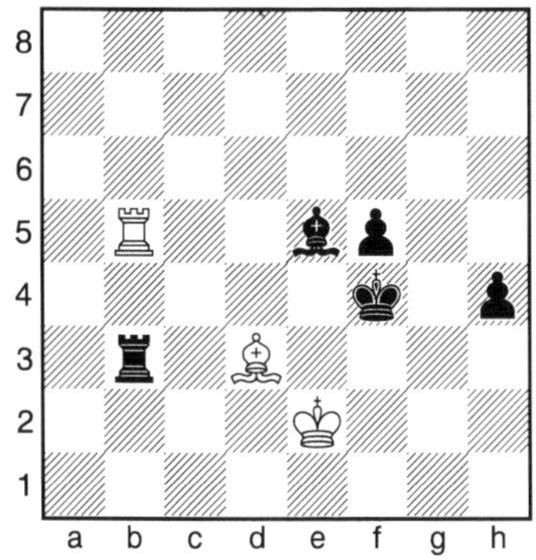

55...♖xd3!!

Das ist der richtige Abtausch – und nicht etwa 55...♖xb5?? 56.♗xb5 h3 57.♗c6=.

56.♔xd3 h3 57.♖b6 h2 58.♖h6

58.♖b1 ♔g3 59.♔e2 ♔g2–+

58...♔f3 59.♖h5 ♗f4 60.♔d4 ♗b8!?

Schwarz demonstriert gute Technik, denn nach 60...♔g2?! 61.♖xf5 h1♕ 62.♖xf4 müsste er noch die gar nicht so einfache Aufgabe bewältigen, mit Dame gegen Turm zu gewinnen.

61.♖xf5+ ♔g4 62.♖f1 ♗a7+

Der Stich des Läufer-Skorpions.

63.♔e4 ♗g1 64.♖f4+ ♔g5 65.♖f5+ ♔g6 und **0-1**, denn gegen die Bauernumwandlung ist kein Kraut mehr gewachsen.

Lösung 3

Mamedyarov, Shakhriyar (2770)

Praggnanandhaa, Rameshbabu (2642)

Chessable Masters Online 2022

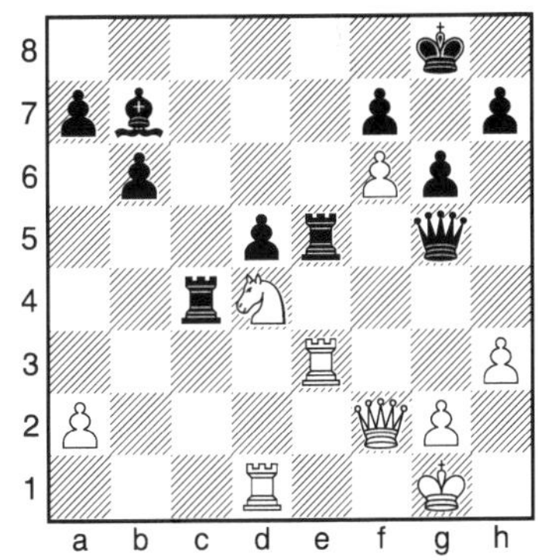

30.♖xe5!

30.♖de1? ♖e4–+

30...♕xe5 31.♖e1 ♕b8 32.♕f4!

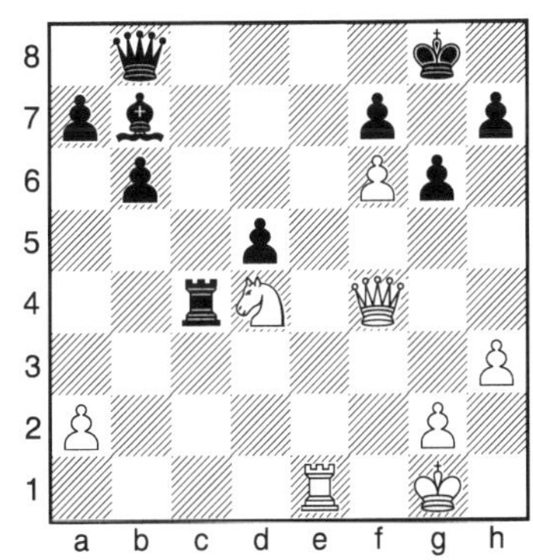

Nach diesem inakzeptablen Ablenkopfer schlägt der Angriff durch, weil das schwarzfeldrige Powerplay nicht mehr gestoppt werden kann.

32...♕f8 33.♖e7 ♗c6 34.♕e3

34.♕e5!?+−

34...♗a4 35.♖xa7 ♗c2?!

Das verliert direkt, aber der weiße Angriff ist ohnehin zu stark.

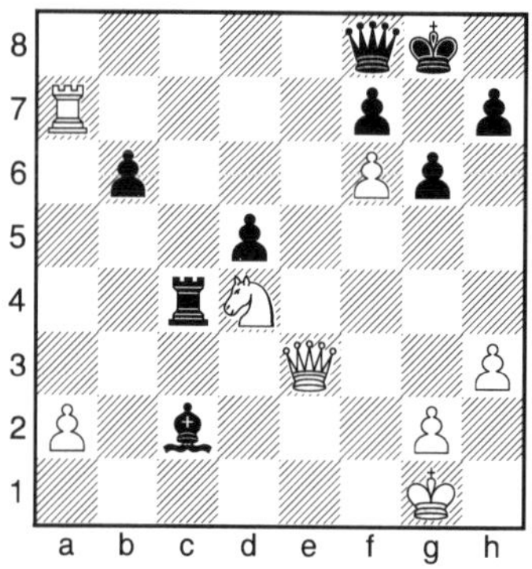

36.♕e5

Direkt gewann 36.♘e6 mit der möglichen Folge 36...♖e4 37.♕h6 oder 36...fxe6 37.♕xe6+ ♔h8 38.♕e7 ♕g8 39.f7.

36...♗e4 37.♖e7

Erneut war 37.♘e6!? stärker, diesmal mit den Abspielen:

– 37...fxe6 38.♕xe6+ ♔h8 39.♕e7+−

– 37...♖c1+ 38.♔h2 ♖c2 (38...♕c8 39.♖xf7+−) 39.♘xf8 ♖xg2+ 40.♔h1 ♖g5+ 41.♕xe4 dxe4 42.♖a8+−

37...♖c8 38.♔h2 h5

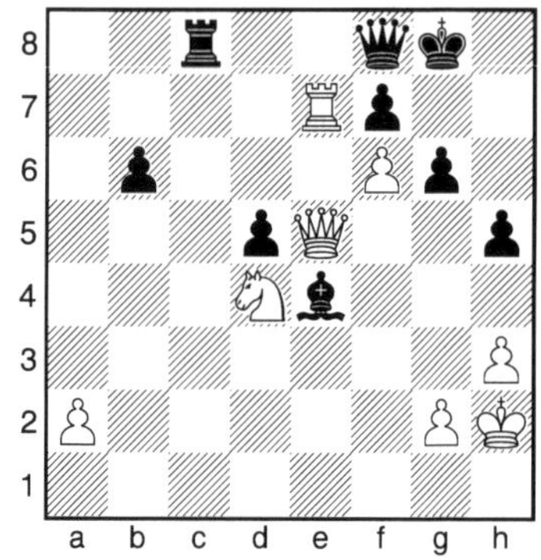

39.h4?

Zum Gewinn führt 39.a4 mit der möglichen Folge 39...♖a8 40.♘e6 fxe6 41.♕xe6+ ♔h8 42.f7 ♔g7 43.♕e5+ ♔h6 44.♖e8+−.

39...♔h8?

Der Gegenangriff 39...♖a8 war erforderlich, obwohl Weiß nach 40.♘e6 am Drücker bleibt.

40.♘b5 ♕g8 41.♘d6 ♖f8

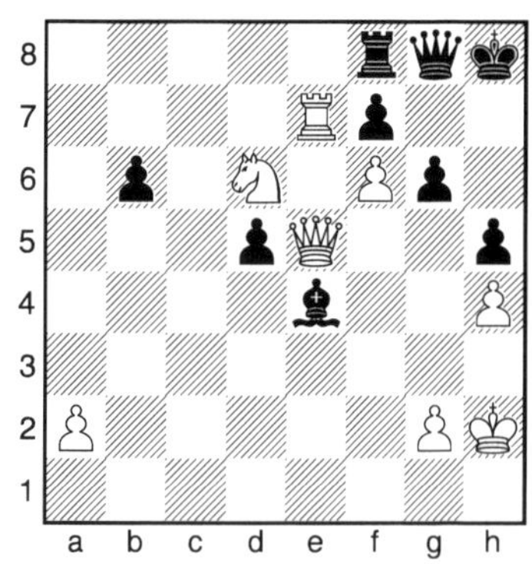

42.♘xf7+!

Der entscheidende Schlag.

42...♖xf7 43.♖e8 ♔h7

43...♖f8 44.f7+

44.♖xg8 ♔xg8 45.♕e8+ ♖f8 46.♕e6+ 1-0

Lösung 4

Giri, Anish (2760)

Le, Quang Liem (2722)

FTX Crypto Cup Miami 2022

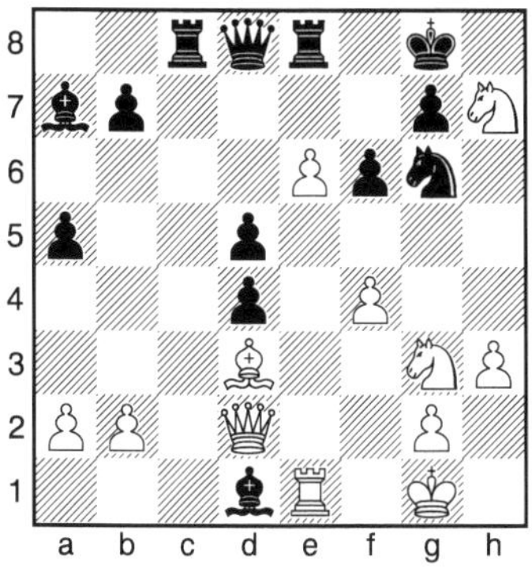

26.♗xg6?

Das ist der falsche Abtausch, während das weißfeldrige Powerplay nach 26.♕xd1 unwiderstehlich gewesen wäre, wie ein Blick auf zwei kleine Varianten veranschaulicht:

– 26...♘xf4 27.♕g4 ♘xd3 28.♘h5+–

– 26...♔xh7 27.♕h5+ ♔g8 28.♗xg6+–

26...♗c2! 27.f5 ♕d6?

⌓27...♕e7=

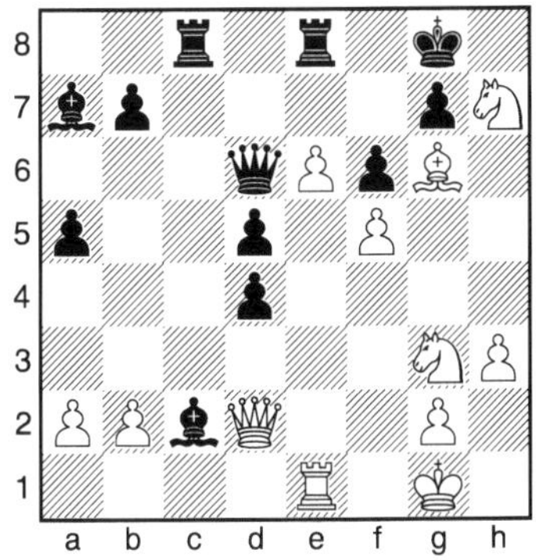

28.♘h5?

Und diesmal wählt Weiß die falsche Zugfolge.

⌓28.♘xf6+ gxf6 29.♕h6 ♖e7 30.♘h5+–

28...♕b4?

Allerdings revanchiert Schwarz sich mit einer seinerseits falschen Zugfolge.

⌓28...d3+ 29.♔h1 ♕b4–+

29.♘5xf6+?

29.♘7xf6+ ♔h8 30.♕xb4 axb4 31.♘xe8 d3+ 32.♔f1 d2=

29...♔h8 30.♘g5?

Das geht endgültig zu weit.

Mit 30.♕xb4 konnte Weiß den Schaden begrenzen und noch gewisse Remischancen bewahren.

30...gxf6 31.♘f7+ ♔g8 32.♕f2 d3 33.♕xa7 ♕xe1+ 34.♔h2 ♖e7 35.♕d4 ♔g7 36.♗h5 ♖xf7 37.♕g4+ ♔f8 38.exf7 ♕e5+ 39.♔h1 ♔e7 40.f8♕+ ♔xf8 41.♕g6 ♖c7 42.♕h6+ ♔e7 43.♕g7+ ♔d6 44.♕f8+ ♔c6 45.b4 ♕e7 46.♕a8 ♕xb4 0-1

Kapitel 3

Die Öffnung von Angriffswegen

Damit die weitreichenden Figuren (oder auch *Langschrittler*) Wirkung entfalten können, brauchen sie offene Zugstraßen.

3.1 Bauernhebel

Zum Zweck der Linienöffnung werden am häufigsten Bauernhebel eingesetzt. Mit dieser Aufgabe können unter gewissen Umständen sogar die Bauern vor dem eigenen König betraut werden, wie der große Angriffskünstler Aljechin es in der folgenden Partie demonstriert.

Aljechin, Alexander

Asztalos, Lajos

Kecskemet 1927 (D43)

1.♘f3 d5 2.c4 e6 3.d4 ♘f6 4.♗g5 h6 5.♗xf6

Aljechin gibt das Läuferpaar auf, um dann basierend auf seinem Entwicklungsvorsprung einen Angriff inszenieren zu können.

5...♕xf6 6.♘c3 c6 7.♕b3 ♘d7 8.e4 dxe4 9.♘xe4 ♕f4 10.♗d3 ♗e7 11.0-0 0-0 12.♖fe1 ♖d8 13.♖ad1 ♕c7 14.♘g3 ♘f8 15.♕c3 a5 16.a3 a4 17.♘e5

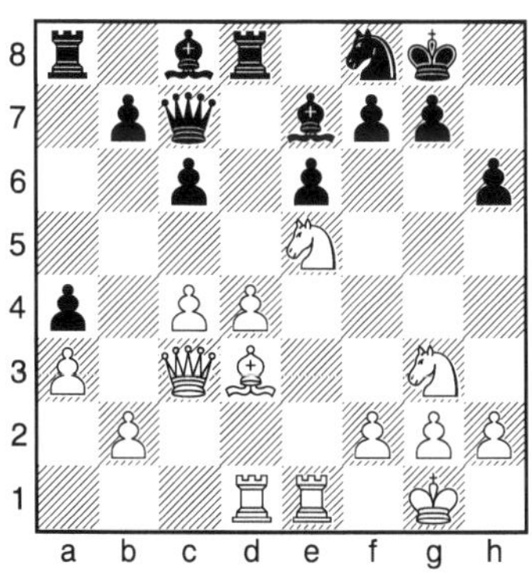

Ein solcher Vorpostenspringer ist ein wichtiger Angreifer. Denn entweder er selbst macht weißfeldrigen Druck oder er wird mit f7–f6 vertrieben, wonach die weißen Felder im schwarzen Lager schwach werden.

17...♕a5 18.♕c1 ♗d7

18...♖xd4? 19.♗h7+ ♔xh7 20.♖xd4±

19.c5 b5 20.♗e4 ♕c7 21.♕c3

Die Alternative bestand in 21.♘h5 ♗e8 22.♕f4.

21...♗e8 22.♘e2 ♖a6 23.♘c1 ♘d7 24.♘xd7

24.♘cd3!?

24...♖xd7?

Dies gestattet es dem weißen Springer, mit Tempogewinn ins Zentrum vorzustoßen.

Nach 24...♕xd7 hätte Weiß größere Schwierigkeiten, sein Spiel am Königsflügel zu organisieren.

25.♘d3 ♖d8 26.♘e5 ♗f8 27.h4 ♖aa8 28.♗b1 h5 29.♕f3 g6

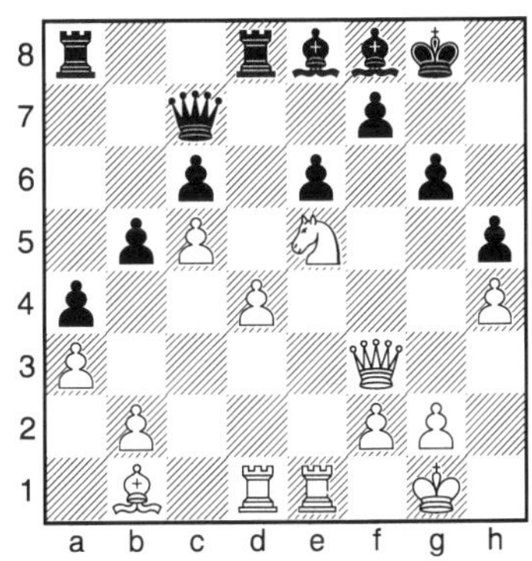

30.g4!

Nach Einsatz dieses Dosenöffners ist der Angriff nicht mehr zu stoppen.

30...hxg4 31.♕xg4 ♗g7 32.♗a2

32.h5!? gxh5 33.♕xh5 f6 34.♕h7+ ♔f8 35.♘g6+ ♗xg6 36.♗xg6 und angesichts seines verheerenden Angriffs schlagen die ungleichen Läufer zugunsten von Weiß aus.

32...b4 33.♗c4 bxa3 34.bxa3 ♕a5 35.♕e4 ♕c7

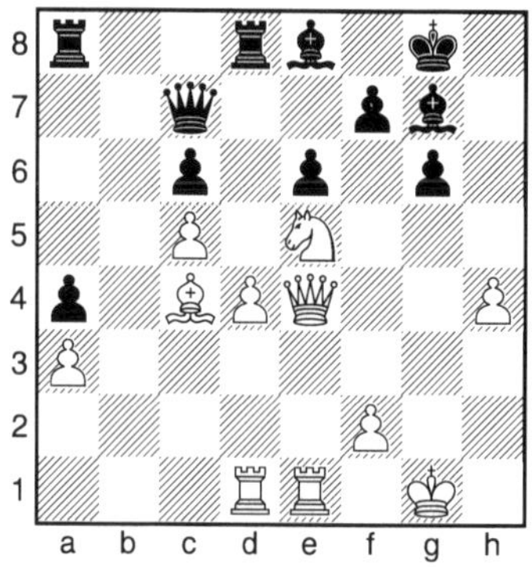

36.♕f4?

So verliert Aljechin wertvolle Zeit, statt seinen Plan mit 36.h5 gxh5 37.♔h1 direkt auszuführen.

36...♖ab8?

Danach dringt der weiße Angriff problemlos durch.

Erzwungen war 36...♕e7, um 37.♘xg6 mit 37...♕f6 beantworten zu können.

37.h5

Der Rammbock klopft ans Tor der schwarzen Königsfestung.

37...gxh5

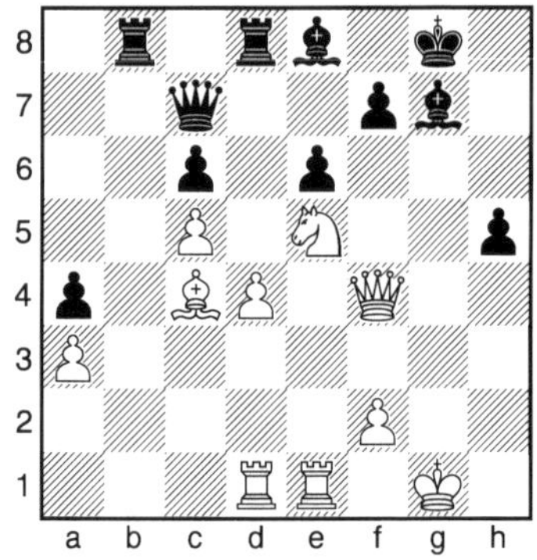

38.♔h1!

Das bereitet die Nutzung der offenen g-Linie durch die Türme vor. Schwarz hat dem nichts entgegenzusetzen.

38...♖b7?! 39.♖g1 ♕e7 40.♖xg7+! ♔xg7 41.♖g1+ ♔h7

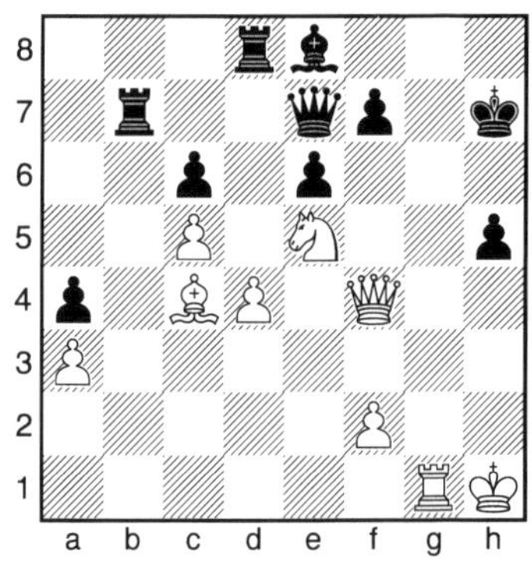

42.♘xf7 und **1-0** angesichts der möglichen Folge 42...♕xf7 43.♗d3+ ♕g6 44.♗xg6+ ♗xg6 45.♕f6 ♖g8 46.♕xe6+-.

Mitunter geht es um die Frage, was wichtiger ist: die Stellung zum Wohle der Schwerfiguren zu öffnen oder so viel wie möglich Angriffspotenzial auf dem Brett zu behalten.

Polgar, Judit (2670)

Anand, Viswanathan (2770)

Wijk aan Zee 1998

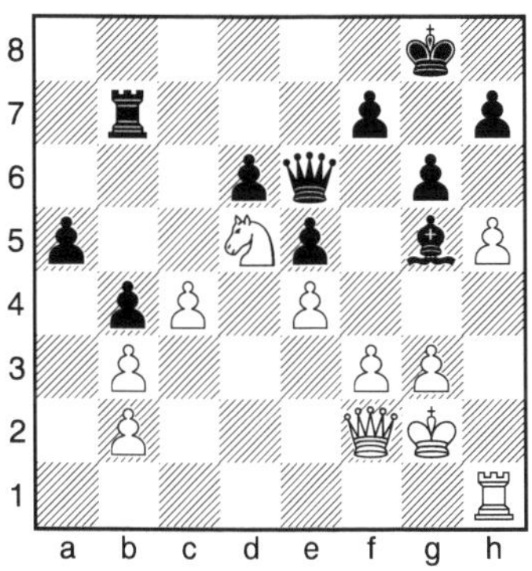

43.hxg6

Zwar erfolgt dieser Abtausch zu einem günstigen Zeitpunkt, weil der h-Bauer nicht zurückschlagen darf, aber der Computervorschlag 43.h6!! mit der möglichen Folge 43...♕c8 44.♖d1 ♕c5 45.♕e2 ist noch besser, weil mehr Angriffspotenzial auf dem Brett verbleibt und der Bauer h6 erstaunlich lästig ist.

43...fxg6

43...hxg6? 44.♕g1

– 44...♗f6 45.♕h2 ♗g7 46.♕h4+–

– 44...f5 45.♕h2 ♗f6 46.♕h6 ♗g7 47.♕g5 ♖d7 48.♖a1+– (Baburin)

44.c5!?

Nachdem der schwarze König nun geschwächt ist, öffnet Judit Polgar weitere Angriffsrouten, um auf beiden Flügeln Druck machen zu können.

44...dxc5 45.♕xc5 ♗d8 46.♖c1 ♔f7 47.♕e3 ♔g7 48.♖c4 ♖d7 49.♕c1 h5 50.♖c6 ♖d6 51.♖c8 ♕d7 52.♕c5

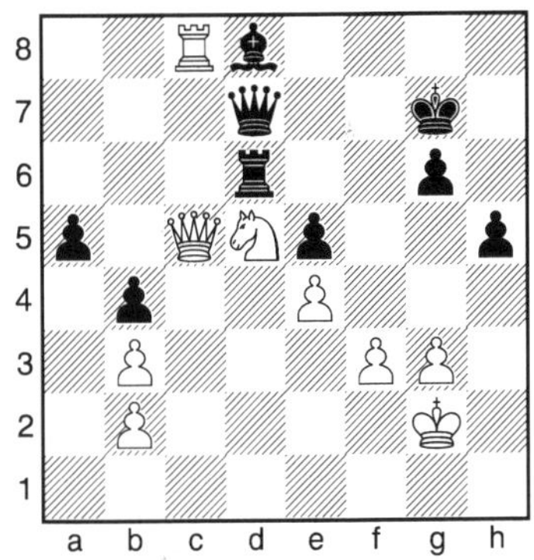

Der weiße Druck hat enorm zugenommen und die Verteidigung ist sehr schwierig.

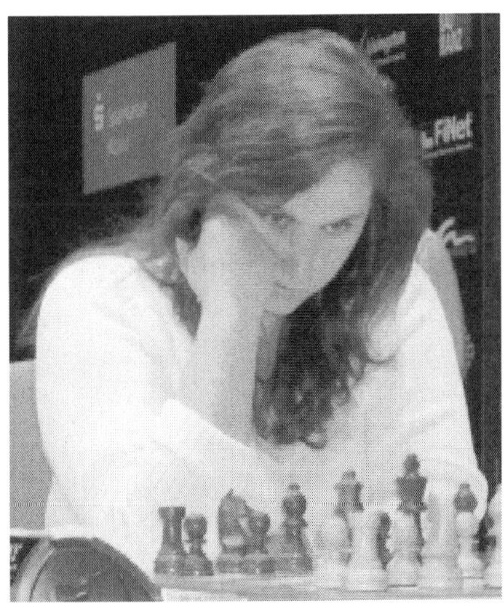

Judit Polgar

52...♔h6?

Hier steht der König auch nicht wirklich sicherer.

Nach 52...♗b6!! 53.♘xb6 ♖d2+ nebst Dauerschach bzw. 53.♕c4 ♗d8= kann Weiß nicht gewinnen, weil der eigene König zu unsicher ist.

53.♖b8?!

Statt dieser Ungenauigkeit war mit 53.♖a8!? mehr Druck zu machen; z.B. 53...g5 54.♘e3 ♖f6 55.♕d5 ♕xd5 56.exd5 ♖f8 57.g4 mit sehr guten Gewinnchancen.

53...♗f6?!

53...♔g7!? war laut Computer angesagt. Allerdings ist die Verteidigung dieser Art Stellung immer äußerst schwierig.

54.♕e3+

54.♕xa5? ♖c6–+

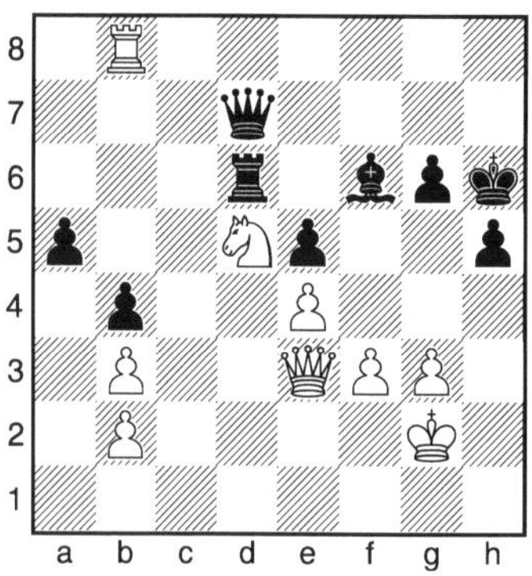

54...♗g5?

Danach verliert Schwarz forciert.

54...♔g7 war die letzte Chance, obwohl Weiß nach 55.♖a8 ♕b5 56.♘c7 ♖d3 57.♕e2 ♕d7 58.♘d5 ♖d4 59.♕e3 starken Druck behält.

55.f4 exf4

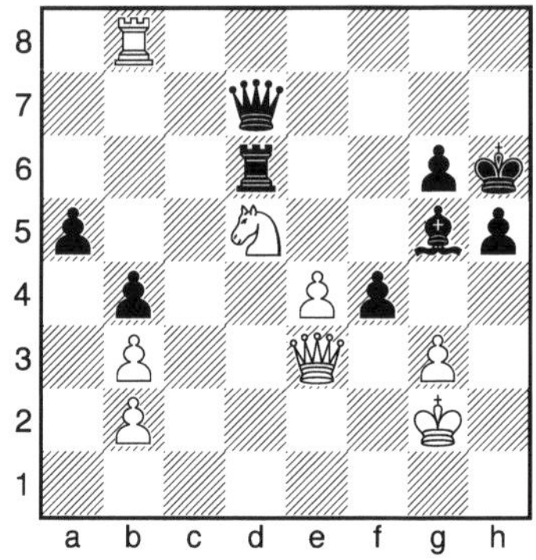

56.♖h8+ und **1-0** angesichts der möglichen Folge 56...♔g7 57.♕d4+ ♗f6 58.♕xf6+ ♖xf6 59.♖h7+ ♔xh7 60.♘xf6+ ♔g7 61.♘xd7+–.

Bei Rochaden auf unterschiedliche Flügel kommt es in der Regel vor allem auf die Geschwindigkeit des Angriffs an, und es gibt typische Bauernhebel, um Linien zu öffnen.

Caruana, Fabiano (2794)

Nakamura, Hikaru (2790)

Moskau 2016 (C65)

1.e4 e5 2.♘f3 ♘c6 3.♗b5 ♘f6 4.d3 ♗c5 5.♗xc6 dxc6 6.♘bd2 0-0 7.♕e2 ♖e8 8.♘c4 ♘d7 9.♗d2 ♗d6 10.0-0-0 b5 11.♘e3 a5 12.♘f5 a4 13.♗g5 f6 14.♗e3 ♘c5 15.g4 ♗e6 16.♔b1 b4 17.g5

Weiß setzt seinen Bauernhebel zuerst an.

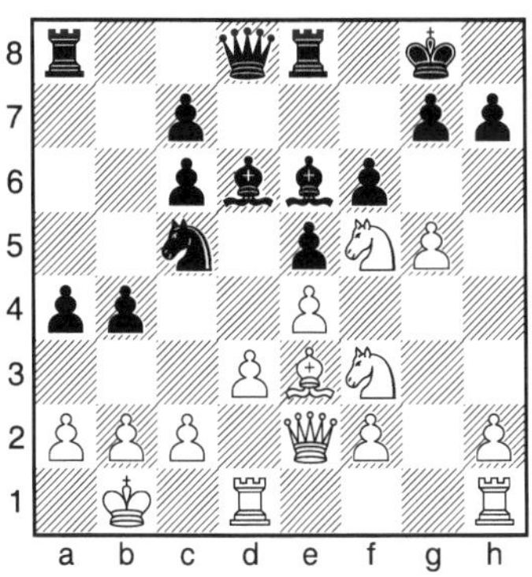

17...b3?

Dieser eigentlich typische Vorstoß ist hier fehl am Platze, da die bewirkte Linienöffnung nicht effektiv genug ausfällt.

Stattdessen sollte 17...a3 18.b3 ♗xf5 19.exf5 e4 geschehen, wonach die Schwächung des Feldes c3 Gegenspiel versprach.

18.♖hg1!

„Nach der Partie gab Caruana an, er habe bei der Analyse dieses Stellungstyps begriffen, dass die Aktionen von Schwarz einfach ignoriert werden können, weil der weiße Angriff am Königsflügel stärker ist."

(Stohl im ChessBase Magazin 172)

Eine wirklich tiefe Einsicht als Ergebnis harter Arbeit am Computer!

18...bxa2+ 19.♔a1 ♗xf5 20.exf5 a3 21.b3 ♘a6 22.c3 ♗f8?!

22...♗e7 war zäher.

23.♘d2 fxg5 24.♖xg5 ♘c5 25.♖g3

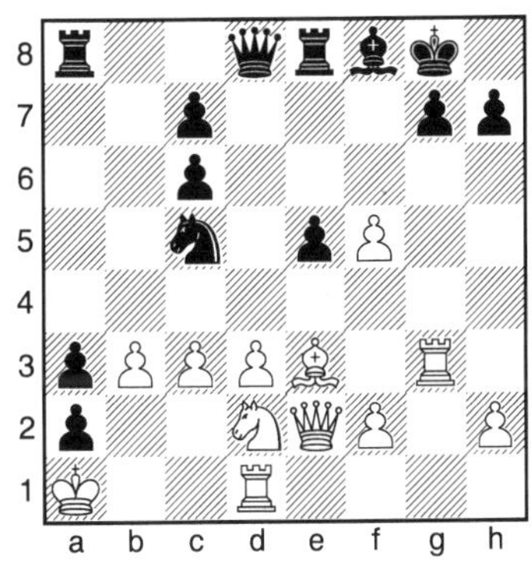

25...e4?!

Dieser Bauernhebel geht ziemlich deutlich nach hinten los. Stattdessen musste Schwarz zu 25...♕xd3 greifen, obwohl das Endspiel nach 26.♕xd3 ♘xd3 27.♘e4 ♘f4 28.♘f6+ ♔f7 29.♘xe8 ♖xe8 30.♖d7+ ♖e7 31.♖d8 natürlich auch trostlos ist.

26.♗xc5 ♗xc5

26...exd3?! 27.♕g4+−

27.♘xe4 ♗d6 28.♖h3 ♗e5 29.d4 ♗f6 30.♖g1 ♖b8 31.♔xa2 ♗h4 32.♖g4 ♕d5 33.c4 1-0

Um im Angriffsrennen Zeit zu gewinnen, werden auch häufig Bauernopfer eingesetzt.

Shirov, Alexei (2695)
Timman, Jan Hein (2590)
Biel 1995 (C51)

1.e4 e5 2.♘f3 ♘c6 3.♗c4 ♗c5 4.b4!?

Das Evans Gambit, ein echtes Bauernopfer zur Erlangung von Entwicklungsvorsprung, ist ganz im Geiste alter Meister wie Anderssen und Morphy.

4...♗xb4 5.c3 ♗e7 6.d4 ♘a5 7.♗e2 exd4 8.♕xd4

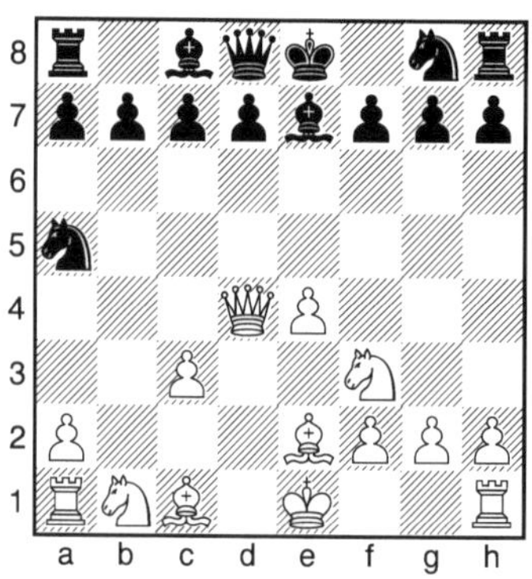

8...d6

Nach der Alternative 8...♘f6 nahm die Vorgängerpartie Kasparov – Anand, Riga 1995, folgenden Verlauf: 9.e5 ♘c6 10.♕h4 ♘d5 11.♕g3 g6 12.0-0 ♘b6 13.c4 d6 14.♖d1

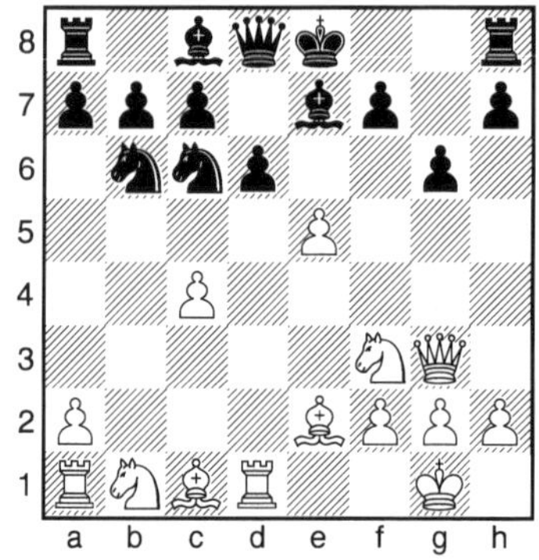

14...♘d7?!

Danach bekommt der schwarze König wirklich ernste Probleme.

(Auch nach den besseren Computer-Vorschlägen 14...0-0 15.c5 ♘a4 oder sogar 14...♘a4 15.♗h6 f6 hat Weiß natürlich gute Kompensation.)

15.♗h6! ♘cxe5

(Die Alternative lautet 15...dxe5 16.♘c3 ♗f8 17.♕h3⩲ und nach 16...♗d6 wäre nicht nur 17.♘g5⩲ von Interesse, sondern angesichts des gewaltigen Entwicklungsvorsprungs sogar das echte Opfer 17.♖xd6!? cxd6 18.♖d1 ♘c5 19.♘xe5 ♘xe5 20.♘b5 usw.)

16.♘xe5 ♘xe5 17.♘c3

(Nach 17.♗g7?! kann Schwarz sich mit dem Qualitätsopfer 17...♗f6 Entlastung verschaffen.)

17...f6

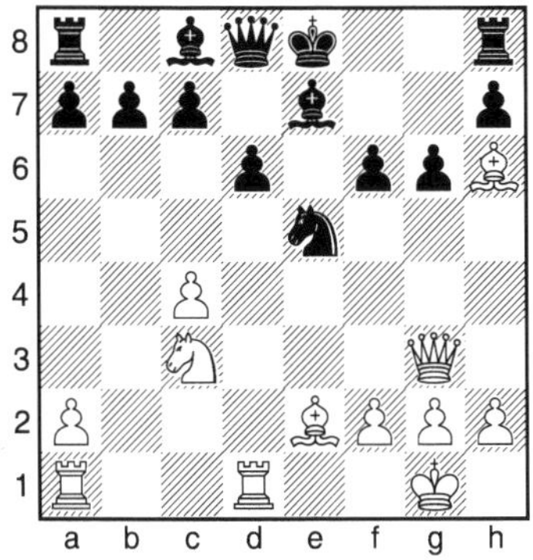

Mit 18.c5! öffnet Kasparov weitere Zugstraßen für den Angriff.

18...♘f7?

(Schwarz sollte seinen mächtigen Blockade-Springer nicht freiwillig abziehen, sondern besser mit 18...♗f5 fortsetzen.)

19.cxd6 cxd6 20.♕e3! ♘xh6 21.♕xh6 ♗f8 22.♕e3+! ♔f7 23.♘d5 ♗e6

(23...♗d7 24.♖ac1 ♗c6 25.♕b3 ♔g7 26.♖xc6 bxc6 27.♕b7+ ♔h6 28.♖d3+-)

24.♘f4 ♕e7 25.♖e1! 1-0

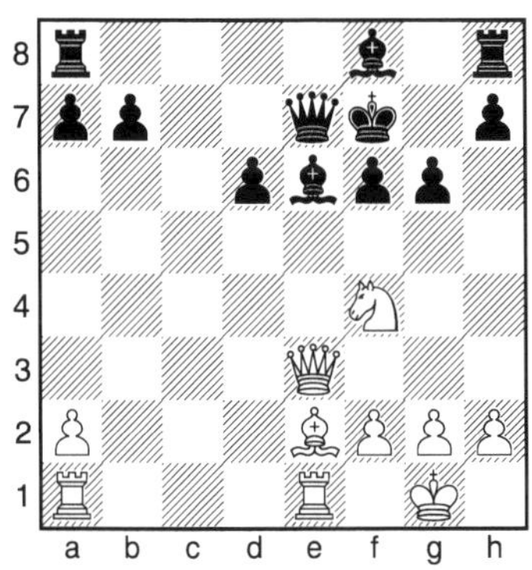

Schwarz gab auf, da er mindestens eine Figur verliert.

Und damit zurück zur Hauptpartie.

9.♕xg7 ♗f6 10.♕g3 ♕e7

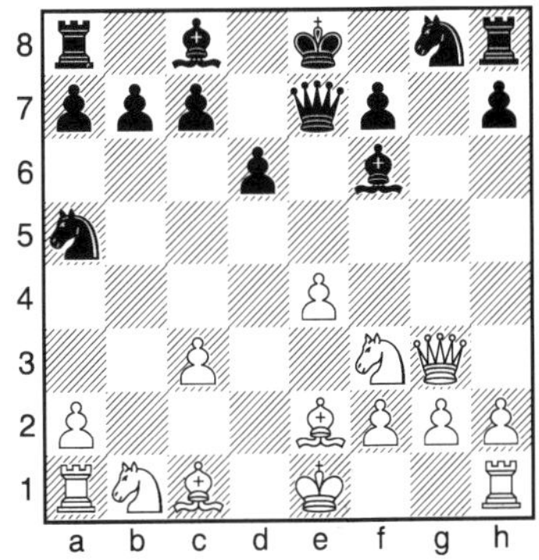

11.0-0?!

Präziser ist 11.♕f4.

11...♗d7

Die kritische Variante bestand in 11...♕xe4! 12.♖e1 ♔f8, da 13.♗b5? mit 13...♕g6 beantwortet werden könnte. (Cifuentes, Shirov)

12.♘d4 0-0-0?!

Da der weiße Angriff sowieso stets schneller als der schwarze zu sein scheint, hätte Timman den Bauern wahrscheinlich trotzdem schlagen sollen; z.B. 12...♕xe4 13.♘d2 ♕g6 14.♕f3 ♘e7 15.♗d3 ♕g7 16.♖b1 0-0=.

13.♘d2 ♘c6 14.♕e3 h5 15.♖b1 ♘h6

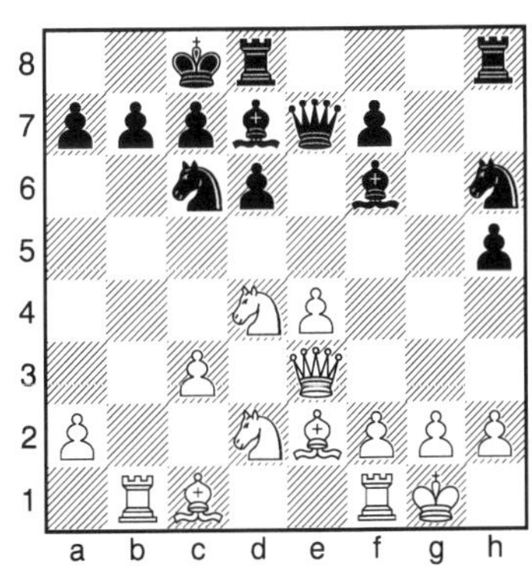

16.♕d3

Getreu seinem Stil bereitet Shirov weiter seinen eigenen Angriff vor.

Genauso gut konnte er das Bauernopfer allerdings mit 16.♘xc6 ♗xc6 17.♕xa7 ♕e5 18.f3 annehmen.

16...b6

1) Laut Blatny würde 16...♘e5?? mit 17.♕a6!+− widerlegt.

2) Und auch nach 16...♖dg8 mit der möglichen Folge 17.f4 ♖h7 18.♘c4 ♖hg7 19.♘e3 ist der weiße Angriff gefährlicher.

17.a4

Der Randbauer soll als Rammbock eingesetzt werden.

17...♔b8 18.a5

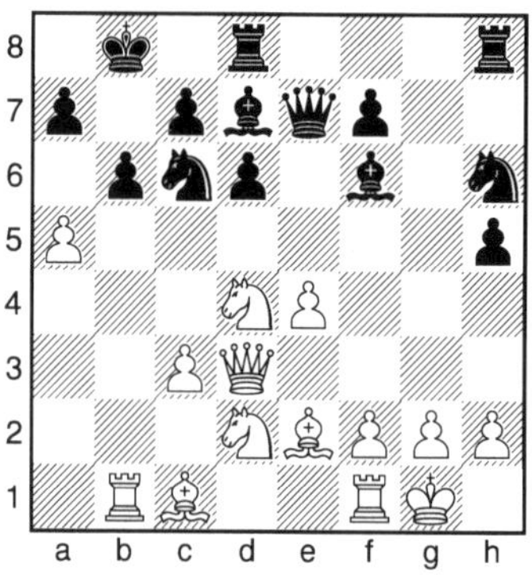

Ein typisches Bauernopfer, um Angriffsstraßen gegen den schwarzen König zu öffnen.

18...♘xa5 19.♕a6 ♔a8?

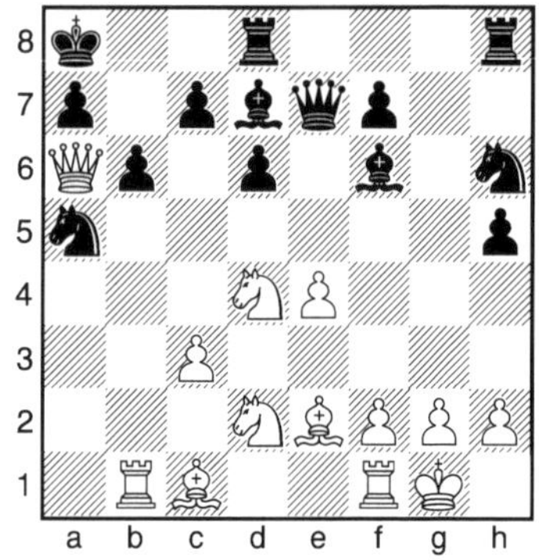

Für diese prophylaktische Maßnahme hat Schwarz keine Zeit, da sein König auch auf a8 nicht sicher ist.

Erforderlich war der Abtausch 19...♗xd4 20.cxd4 und erst dann 20...♔a8, wonach Shirov 21.♗b2 ♗c8 22.♕b5 mit Kompensation für den geopferten Bauern angibt.

20.e5!?

Ein weiteres Bauernopfer zwecks Öffnung von Linien und Diagonalen.

Auch 20.♘b5 ♗xb5 21.♗xb5 c6 22.♘c4+− ist sehr stark.

20...♕xe5

Auch die Alternativen helfen nicht mehr:

- 20...dxe5 21.♗f3+ +−
- 20...♗xe5 21.♗f3+ d5 (21...c6 22.♖xb6+−) 22.♗xd5+ c6 23.♘c4 ♘xc4 24.♖a1 ♗c8 25.♗xc6+ ♔b8 26.♕xc4 ♘f5 27.♗f4 ♗xf4 28.♘b5+−

21.♗f3+ d5

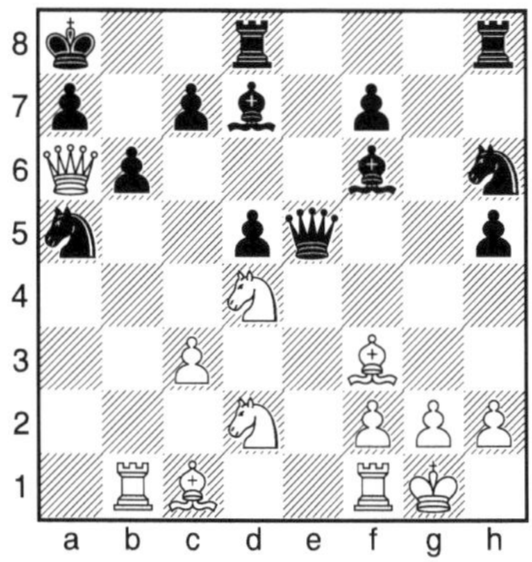

22.♘c4!

Das Hinzukommen eines weiteren Angreifers überfordert die Defensive.

22...♗c8

22...♘xc4 23.♖a1! ♘a5 24.♖xa5 bxa5 25.♘c6 ♗xc6 26.♗e3 ♕xe3 27.♕xc6+ ♔b8 28.fxe3+- (Shirov)

23.♕xa5!

Das ist natürlich kein echtes Opfer, da auch die schwarze Dame angegriffen ist.

23...♕xd4

23...bxa5 24.♘xe5 ♗xe5 25.♘c6+- (Shirov)

24.♕a2 ♕xc3

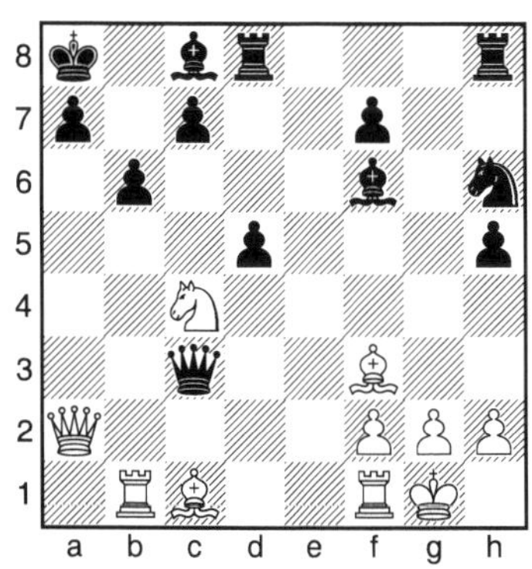

25.♗e3!

Shirov richtet sämtliche Kräfte auf den schwarzen König aus.

25.♗b2? ♕xf3 26.♖a1 a5 27.♘xa5 ♗h3 28.♘c4+ ♔b7 29.♕a7+ ♔c6 30.♘e3 ist auch besser für Weiß, aber nicht annähernd so gut wie die Partiefolge.

25...♗b7

25...♔b8 26.♖fc1+-

26.♗xb6!

Das entscheidende Opfer, um noch mehr Zugstraßen für den Schlussangriff zu öffnen.

26...cxb6

26...a6 27.♗xc7 ♕xc4 28.♕xc4 dxc4 29.♖xb7+-

27.♘xb6+ ♔b8 28.♘xd5 und **1-0** angesichts des wunderbaren Schlussspiels 28...♕xf3 29.gxf3 ♖hg8+ 30.♔h1 ♗d4 31.♕c4 ♔a8 32.♕c6+-

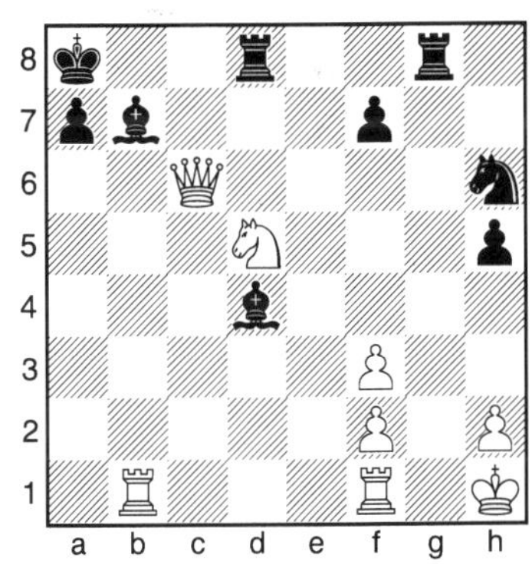

32...♗b6 33.♖xb6 (P. Blatny)

3.2 Springeropfer

Von den Figuren wird am häufigsten der Springer geopfert, um beispielsweise Angriffswege für die weitreichenden Langschrittler zu öffnen.

Aljechin, Alexander

Tartakower, Saviely

Kecskemet 1927 (B15)

1.e4 c6 2.d4 d5 3.♘c3 dxe4 4.♘xe4 ♘f6 5.♘g3 e5?!

Obwohl dieses forsche Herangehen seinerzeit zu Tartakowers Spezialitäten gehörte, gelingt es Aljechin dennoch, eine lästige Initiative zu entwickeln. In dem entstehenden fast symmetrischen Stellungstyp mit offenem Zentrum ist ein leichter Entwicklungsvorsprung nämlich oft sehr gefährlich, da Schwarz Mühe hat, sich Gegenspiel zu verschaffen.

Am häufigsten wird 5...h5 gespielt.

6.♘f3 exd4 7.♘xd4 ♗c5 8.♕e2+!? ♗e7 9.♗e3 c5 10.♘df5 0-0 11.♕c4 ♖e8 12.♗d3 b6?

Für solch positionelles Herangehen (Abtausch der weißfeldrigen Läufer) hat Schwarz einfach keine Zeit.

Mit 12...♕a5+ war der weiße Vorteil in Grenzen zu halten.

13.0-0-0 ♗a6?!

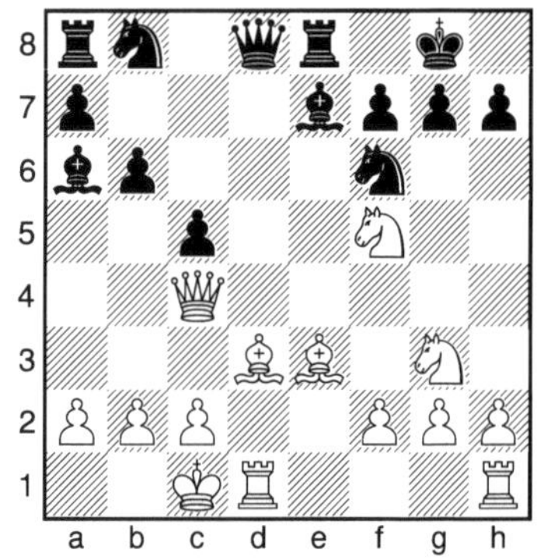

Das läuft geradewegs in einen Wirbelsturm, aber guter Rat war ohnehin schon teuer, wie folgende Eventualvariante zeigt: 13...♗xf5 (13...♗e6 14.♕h4+−) 14.♘xf5 ♘bd7 15.♘xg7 ♔xg7 16.♗f5 ♕c7 17.♗xd7 ♖ed8 18.♗h3+−.

14.♘h6+!! gxh6

14...♔h8? erlaubt offenbar das ersticke Matt 15.♘xf7+ ♔g8 16.♘h6+ ♔h8 17.♕g8+ ♘xg8 18.♘f7#.

15.♗xh7+ ♘xh7

– 15...♔h8 16.♕xf7 ♘bd7 17.♘f5 ♗f8 18.♘h4 ♗g7 19.♗f5+−

– 15...♔xh7? 16.♕xf7+ ♔h8 17.♖xd8+−

16.♕g4+ ♔h8 17.♖xd8 ♖xd8 18.♕e4

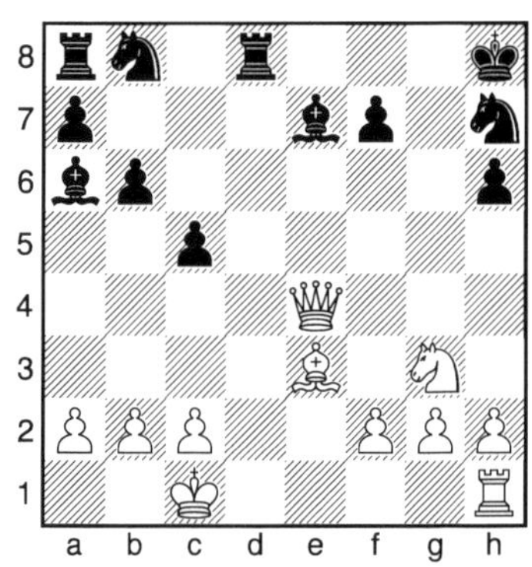

Nach dieser Schlusspointe verliert Schwarz weiteres Material.

18...♘c6 19.♕xc6 ♗f8 20.♘f5 ♗c4 21.♗xh6 ♗d5 22.♕c7 ♖ac8 23.♕f4 ♖c6 24.♗xf8 ♖xf8 25.♕e5+ ♘f6 26.♘d6 1-0

Und hier noch eine interessante Leihgabe zum Thema, für deren Originalkommentar ich Lothar Nikolaiczuk herzlich danke.

Eine Partie, die mir nicht so sehr wegen der Dinge, die darin *passierten* in unauslöschlicher Erinnerung geblieben ist, sondern vor allem wegen der Dinge, die *hätten passieren* können.

Hegemann, Eike (2115)
Nikolaiczuk, Lothar (2280)
Dortmund 2004 (B08)

1.e4 d6 2.d4 ♘f6 3.♘c3 g6 4.♗e3 c6 5.♕d2 b5 6.♗d3 a6 7.0–0–0 ♘bd7 8.♘f3 e5 9.♖he1 ♘g4 10.♗g5 f6 11.h3 ♘xf2 12.♕xf2 fxg5 13.dxe5 dxe5

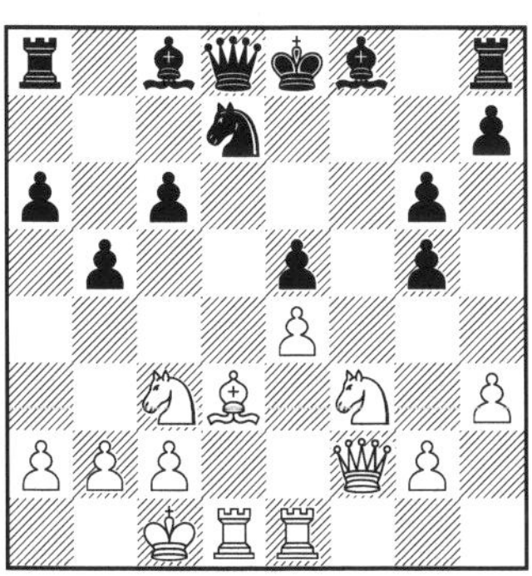

„Völlig verrückt“, wird der Kommentar von jedem seriösen Spieler lauten, dem man berichtet, da habe sich jemand von dreizehn Eröffnungszügen sage und schreibe *neun* Bauernzüge geleistet – und nun habe er doch immerhin *eine* Figur im Einsatz gegen eine komplett entwickelte Armee – und sei sogar noch stolz darauf, unterwegs einen Bauern erobert und sich das Läuferpaar gesichert zu haben.

Um Objektivität walten zu lassen, sollte allerdings angemerkt werden, dass 'viele Bauernzüge' in Flanken-Eröffnungen recht häufig anzutreffen sind – und dass auch die Diagrammstellung eigentlich völlig in Ordnung wäre, wenn es da nicht eine Kleinigkeit taktischer Natur gäbe.

Auf eben diese Kleinigkeit stieß ich, während mein Gegner vor sich hin grübelte und ich mich fragte: „Was mach ich eigentlich, wenn jetzt *der* kommt – und darauf dann *der* – und *der* ...?“

Ein EKG jenes Moments hätte plötzlich eine wirre Folge von Sprüngen und Aussetzern registriert, aber dann geschah auch schon die im Vorfeld als harmlos eingestufte Folge 14.♕g3? ♗e7 mit unklarer Stellung, weil der Bauer e5 ja wegen der möglichen Fesselung in der Diagonale b8–h2 tabu ist (0–1 im 49. Zug).

Was vorher meine Aufmerksamkeit erregt und fast zum Herzstillstand geführt hatte, war ein später von mir 'Tsunami-Angriff' getaufter Überfall.

14.♘xe5!! ♘xe5 15.♗xb5 ♗d7

(15...♕e7? 16.♘d5!; 15...♗d6? 16.♗xc6+! ♘xc6 17.e5)

16.♗xc6! ♘xc6 17.e5 ♕a5

(17...♕b8? Δ18.e6? ♕f4+; besser 18.♕f6 ♖g8 19.♖f1! ♘xe5 20.♖de1 ♗d6 21.♖xe5+ ♗xe5 22.♖e1)

18.♕f6

(18.e6? 0-0-0∞; 18.♖d5? ♕c7; 18...♕b4∞)

Wenn die Abbildung eines nun wirklich *splitternackten* Königs keinen Gesetzesverstoß darstellt – hier bitteschön:

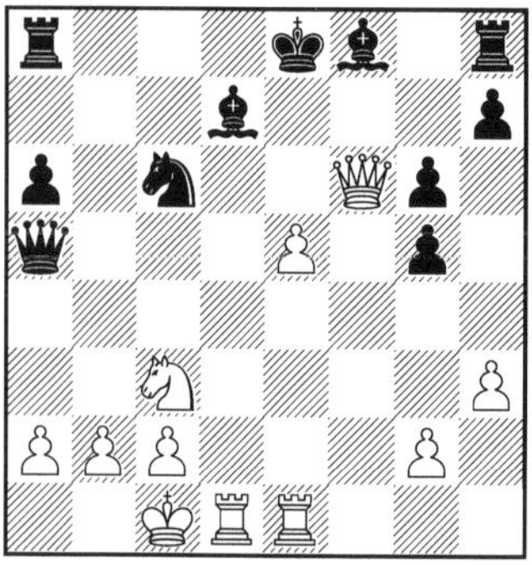

Erst damit wurde die thematisch relevante Stellung erreicht, in der Schwarz vor der nicht beneidenswerten Aufgabe steht, den Schaden in Grenzen zu halten, denn an Chancengleichheit oder unklare Verhältnisse ist angesichts der Doppeldrohung ♕xh8 und e6 längst nicht mehr zu denken.

Der einzige Hoffnungsschimmer resultiert aus der Überlegung, dass Weiß ja bereits die beträchtliche Materialmenge von *zwei* Figuren vorgegeben hat. Und da selbst deren Rückerstattung mit 18...♗g7? nach 19.♕xg7 0-0-0 20.♖xd7 an der Anzahl und Art der Bauern scheitert, sorgt einzig eine Anti-Tsunami-Keule für gewisse Überlebenschancen.

18...♕xc3!!

1) So gefällt nach **19.♕xh8? 0-0-0 20.♕xf8 ♖xf8 21.bxc3 ♖e8** fast schon die schwarze Seite besser, und nach **19.bxc3 ♗a3+ 20.♔d2 ♖f8 21.♕xg5** möchte man angesichts des weißen Königs speziell nach **21...♘e7** (21...♖f5; 21...♗e7; 21...♖d8) mit Zukunftsvisionen wie ♘f5, ♗b5, ♖d8+ höchstens noch ± setzen.

2) Wenn Weiß jedoch eiserne Nerven hat, dürfte eher die Spannungssteigerung **19.♖e4!** Δ♖xd7 Vorteil in der Größenordnung ± einbringen.

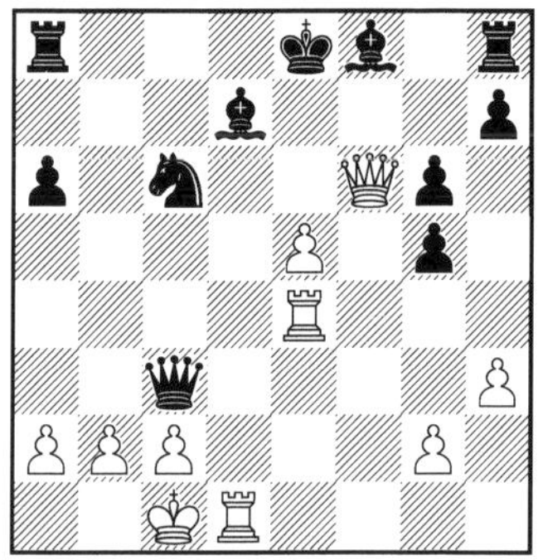

So folgt auf z.B. **19...♖d8? 20.♖f1!** mit tendenzieller Gewinnstellung, und wenn Schwarz mit **19...♖b8!?** die Folge **20.bxc3 ♗a3+ 21.♔d2 ♖f8 22.♕xg5** forciert, scheint der Turm auf e4 eine wichtigere Errungenschaft zu sein als der auf b8.

Aufgaben zum Thema: Bauernhebel

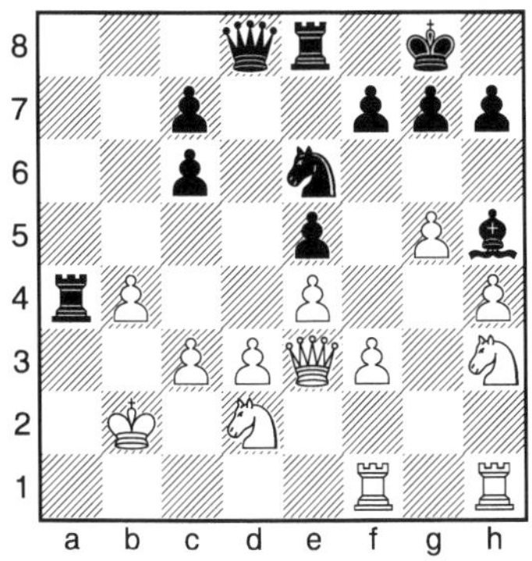

Aufgabe 1 Schwarz am Zug

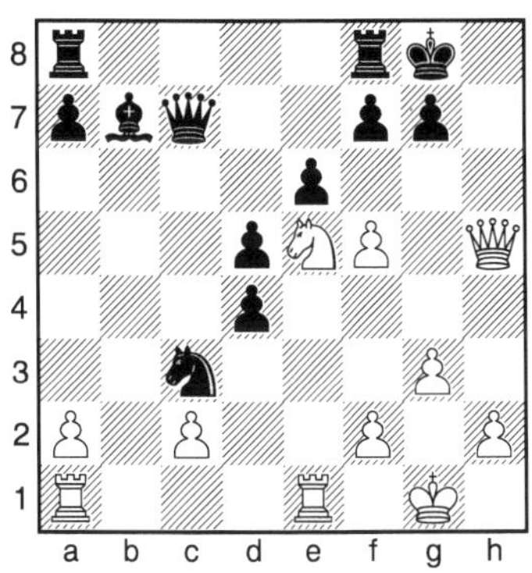

Aufgabe 2 Weiß am Zug

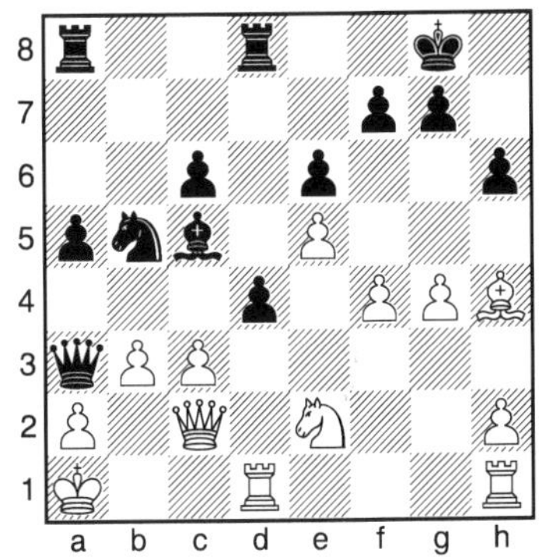

Aufgabe 3 Schwarz am Zug

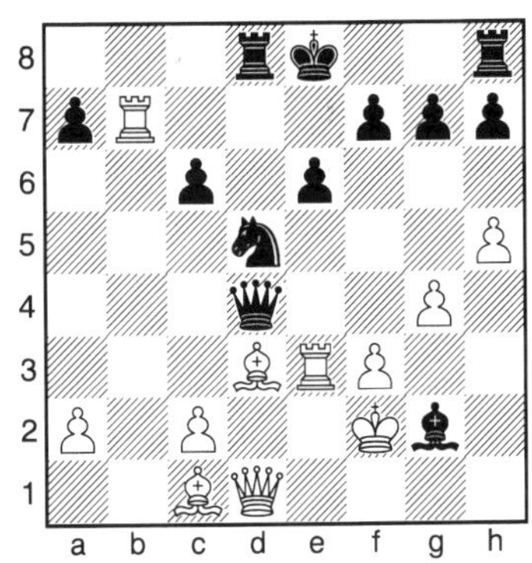

Aufgabe 4 Weiß am Zug

Lösungen der Aufgaben

Lösung 1

Duda, Jan–Krzysztof (2750)

So, Wesley (2766)

Superbet Blitz Warschau 2022

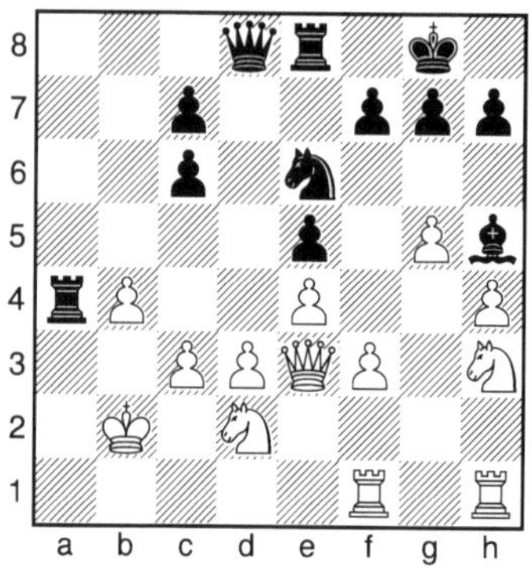

25...c5!

Sowohl 25...♕a8? 26.♖a1 als auch 25...♕b8? 26.♖a1 ♖xb4+ 27.cxb4 ♕xb4+ 28.♘b3 ♘d4 29.♖a3 ♕xa3+ 30.♔xa3 ♘c2+ 31.♔b2 ♘xe3 32.f4 ist zwar besser für Schwarz, aber bei weitem nicht so gut wie die Partiefortsetzung.

26.♖a1

26.bxc5 kann sogar mit 26...♖a2+ beantwortet werden.

(26...♕a8 gewinnt allerdings auch: 27.♔c2 ♖a2+ 28.♔d1 ♕a5–+.)

27.♔xa2 ♕a8+ 28.♔b2 ♖b8+ 29.♘b3 ♕a4 30.♕e2 ♖xb3+ 31.♔c1 ♕a1+ –+

26...♖xa1 27.♖xa1 cxb4 28.cxb4

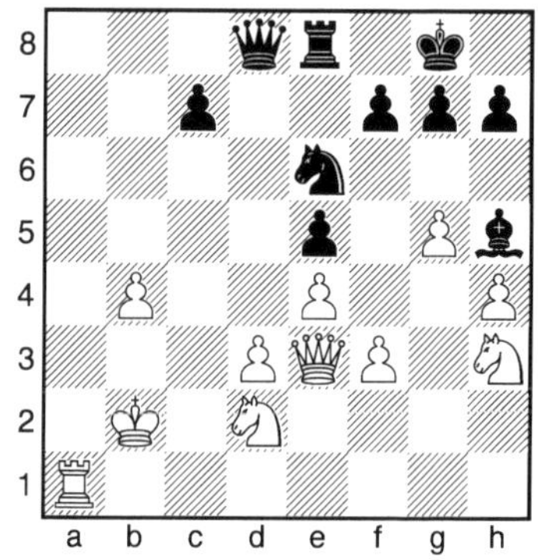

28...♕d6?!

Besser war 28...♕b8 und nach beispielsweise 29.♔c3 c5 kommt erneut der öffnende Hebel 29...c5 mit der möglichen Folge 30.bxc5 ♕b5 31.♔c2 ♘d4+ 32.♔d1 ♗xf3+ 33.♘xf3 ♕b3+ –+ zum Einsatz.

29.♖a4?!

29.♔c3 war genauer, aber nach 29...♖b8 30.♖b1 ♘d4 31.♘c4 ♕a6 sollte der Angriff auf lange Sicht doch durchschlagen.

29...♘d4 30.♘c4 ♕d7 31.♖a5

31.♘xe5 ♕xa4 32.♕xd4 ♕d1–+

31...♕xh3 32.♘xe5 ♕h2+ 33.♔c3 ♘e2+ 34.♔c4 ♘f4 35.d4 ♕c2+ 36.♕c3 ♕e2+ 37.♔c5 ♕f2 38.♔c6 ♕xh4 39.♘d7 ♕h3 40.d5 ♗xf3 41.♔xc7 ♕h2 42.♔b6 ♗xe4 43.♕c6 0-1

Lösung 2

Dimakiling, Oliver (2442)

Rahman, Taibur (2202)

Dubai 2022

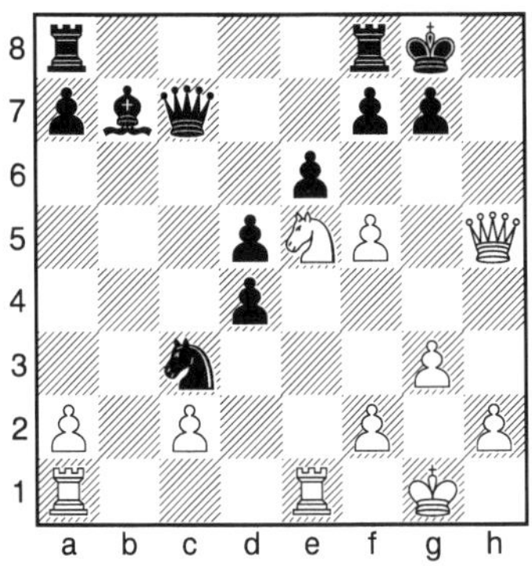

21.f6! gxf6

21...♕d8 22.♘g4 gxf6 23.♕h6+−

22.♘g4 ♕d8 23.♕h6 ♘e4 24.♖xe4 dxe4 25.♘xf6+ ♕xf6 26.♕xf6 ♖fd8

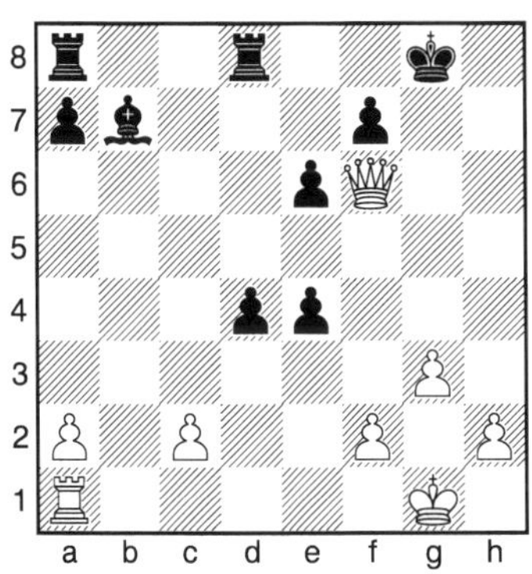

27.h4

Der nächste Angreifer kommt heran, und selbst wenn es sich nur um ein Bäuerlein handelt, so führt dieses doch Mattdrohungen sowie die Hoffnung auf eine weitere Dame im Gepäck.

27...e3 28.fxe3 dxe3 29.♖f1 ♖d7 30.h5 ♗e4?!

30...♔h7 31.g4+−

31.h6 ♔f8 32.♕g7+ ♔e8 33.♕g8+ ♔e7 34.♖xf7+ ♔d6 35.♖xd7+ ♔xd7 36.♕xa8 1-0

Lösung 3

Sadhwani, Raunak (2611)

Samant, Aditya (2431)

Dubai 2022

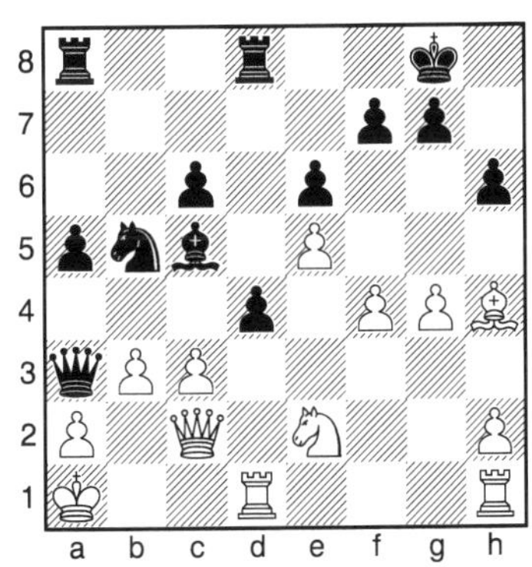

28...d3

Der Hebel 28...a4 konnte auch direkt angesetzt werden; z.B. 29.b4 d3−+.

29.♖xd3 ♖xd3 30.♕xd3 a4!

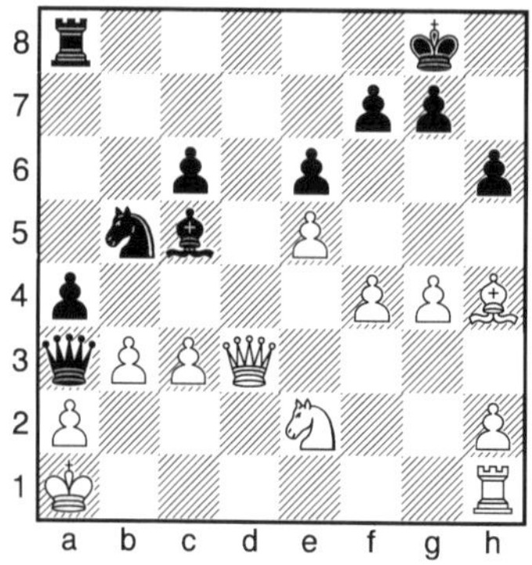

Der entscheidende Rammstoß.

31.b4

31.bxa4 ♕xa4 32.♕d2 ♘a3 33.♖c1 ♗e3 34.♕xe3 ♘c4–+

31...♗xb4 32.♖c1?! ♖b8?!

32...♕xc1+ 33.♘xc1 ♗xc3+ gewinnt direkt, da 34.♔b1? ♘a3# zum Matt führt.

33.♗e1?!

33.♕d2 ist zäher, rettet aber auch nicht, weil der schwarze Angriff zu stark ist; z.B. 33...♗f8 34.♖b1 ♕c5 35.♕d3 ♖a8 36.♖b2 ♘a3–+.

33...♗e7 34.♕b1 ♗f8 35.♕c2 ♕c5 36.♕xa4 ♕e3 37.♕d1 ♘a3 38.c4 ♗b4 39.♗xb4 ♖xb4 40.♘d4 ♕xf4 41.♘b3 ♕xe5+ 42.♕d4

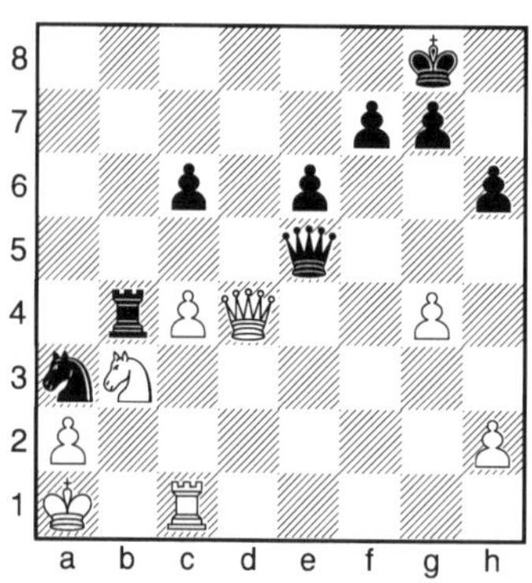

42...♕xd4+?!

42...♕g5!?–+ war vorzuziehen, weil mehr Angriffspotenzial auf dem Brett verbleibt.

43.♘xd4 c5 44.♘b3 ♖xc4?

44...♘xc4–+

45.♔b2 ♖xc1 46.♘xc1 ♘c4+ 47.♔b3 ♘b6 48.a4 ♘xa4 49.♔xa4 f5 50.gxf5 exf5 51.♔b5 ♔f7 52.♔xc5 ♔f6 53.♔d4 ♔g5 54.♔e3 ♔g4 55.♔f2 ♔h3 56.♔g1 g5 57.♘d3 f4 58.♘f2+ ♔h4 59.♔g2 g4 60.♘e4 g3 ½-½

Lösung 4

Anand, Viswanathan (2765)

Lautier, Joel (2660)

Biel 1997

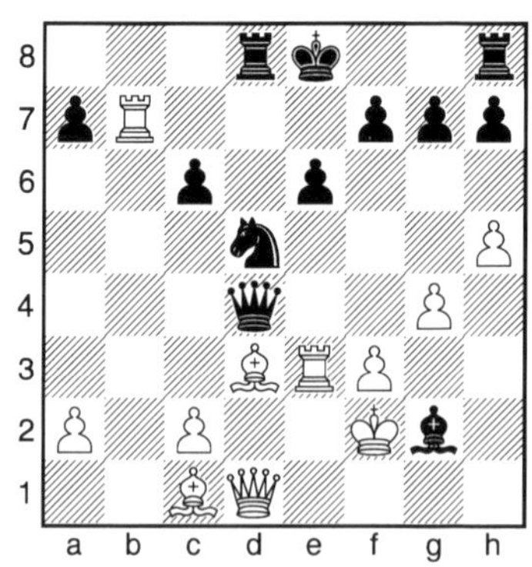

20.h6!!

1) Der sofortige Überfallversuch 20.♗g6? wird mit 20...♕xd1 21.♖xe6+ ♔f8 22.♗a3+ ♘e7 23.♖exe7 ♕d4+ 24.♔xg2 hxg6 pariert.

2) Auch die Alternativen 20.♕e1?! und 20.♕g1?! sind klar besser für Weiß aber natürlich nicht so durchschlagend wie die Partiefortsetzung.

20...gxh6?

Lautier gestattet es seinem Gegner, die geplante wunderschöne Kombination aufs Brett zu bringen.

20...♘xe3 ist besser, rettet aber natürlich auch nicht; z.B. 21.♗xe3 ♕e5 22.hxg7 ♖g8 und nun 23.♕c1 oder 23.♕g1 ♗xf3 24.♔xf3+-. (Anand im ChessBase Magazin 60)

21.♗g6!! ♘e7

– 21...♕xe3+ 22.♗xe3 hxg6 23.♕d4+-

– 21...♕f6 22.♗xf7+ ♕xf7 23.♖xf7 ♘xe3 24.♕xd8+! ♔xd8 25.♗xe3 ♗h3 26.♖xa7+- (Anand)

– 21...♕xd1 22.♖xe6+ ♔f8 23.♗xh6+ ♔g8 24.♗xf7#

– 21...♘xe3 22.♗xf7+ ♔f8 23.♕xd4 ♖xd4 24.♗xe3+-

22.♕xd4 ♖xd4 23.♖d3! ♖d8 24.♖xd8+ ♔xd8 25.♗d3 und **1-0** angesichts der möglichen Folge 25...♗h1 26.♗b2 ♖e8 27.♗f6.

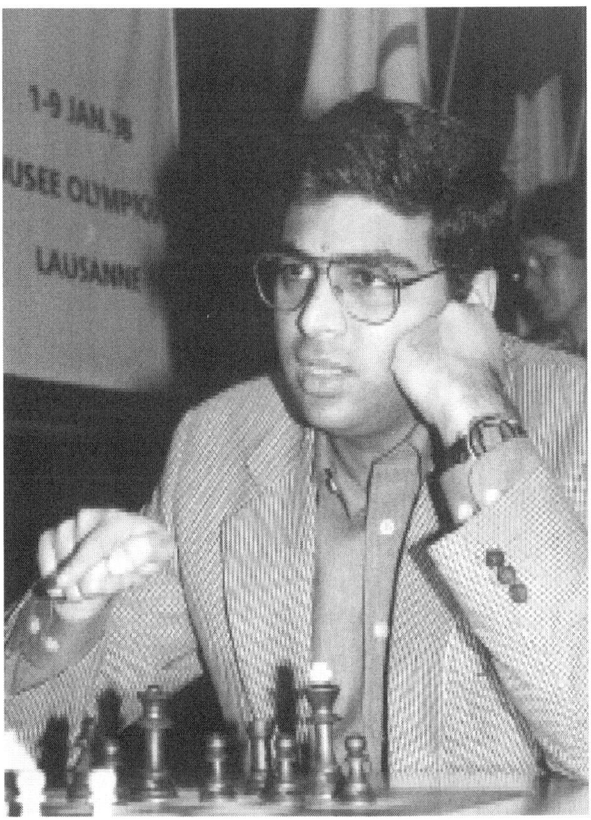

Viswanathan Anand

Aufgaben zum Thema:
Öffnung von Angriffsstraßen

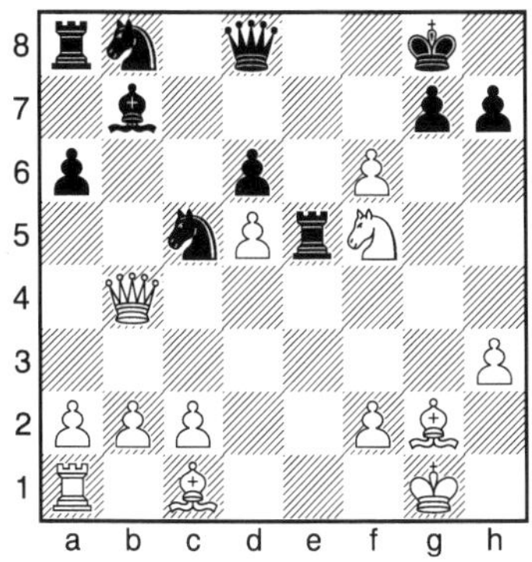

Aufgabe 1 Weiß am Zug

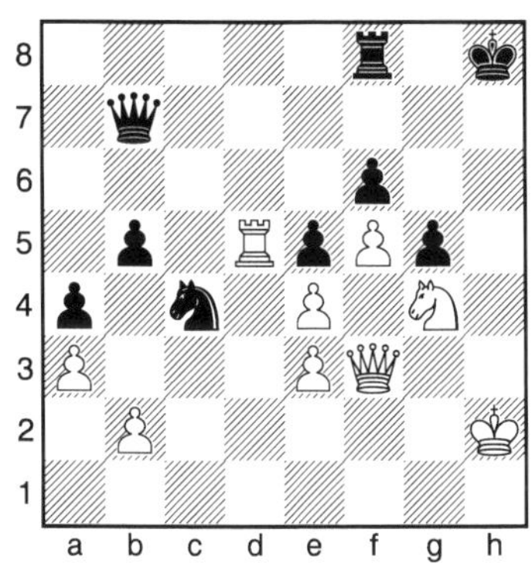

Aufgabe 2 Weiß am Zug

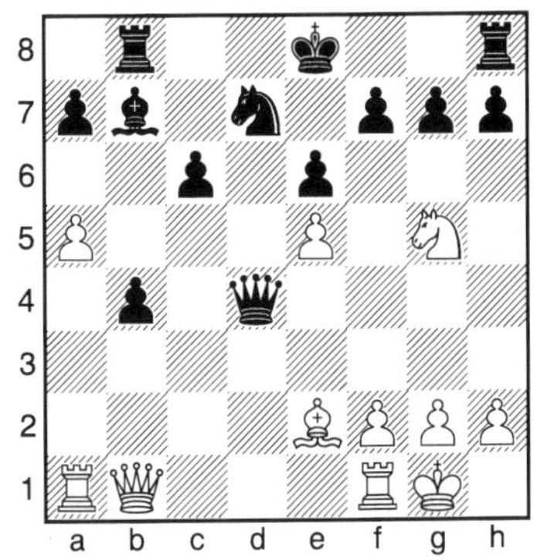

Aufgabe 3 Weiß am Zug

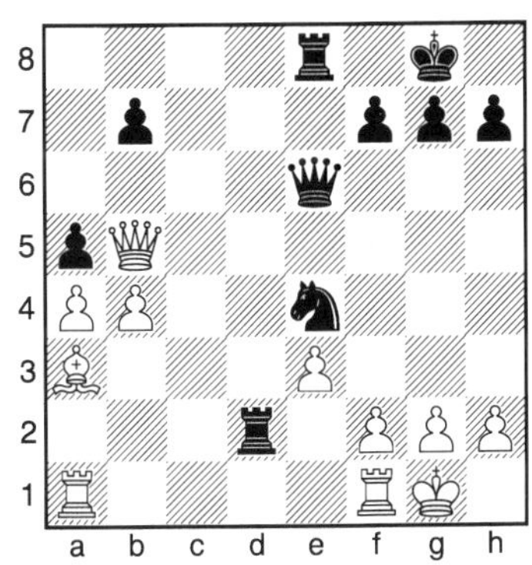

Aufgabe 4 Schwarz am Zug

Lösungen der Aufgaben

Lösung 1

Fedorchuk, Sergey (2605)

Piceu, Tom (2336)

Bundesliga 2022

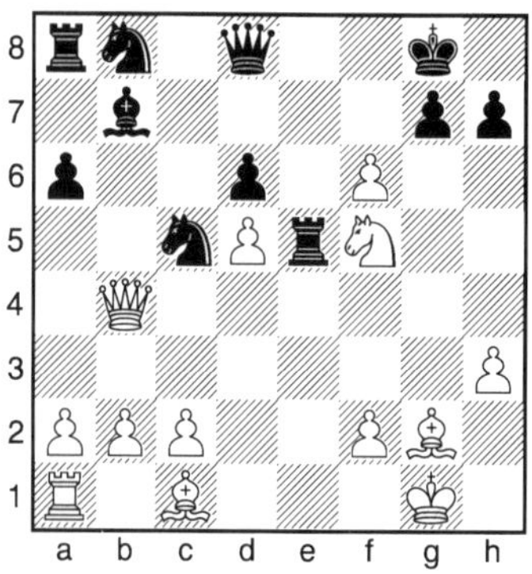

19.♘h6+! gxh6

19...♔f8 20.fxg7+ ♔xg7 21.♕g4+ +-

20.♕g4+ ♖g5

20...♔f7 21.♕g7+ ♔e8 22.f7+ ♔d7 23.f8♕+ +-

21.♗xg5 ♕e8 22.♗xh6+ ♕g6 23.♖e1 ♘bd7 24.♖e7 ♕xg4 25.f7+ ♔h8 26.hxg4 ♘f8 27.♖e8 und **1-0** angesichts der möglichen Folge 27...♘cd7 28.f4 ♖c8 29.g5 ♖a8 30.♗h3 ♗xd5 31.♗xd7.

Lösung 2

Anand, Viswanathan (2751)

Duda, Jan-Krzysztof (2750)

Superbet Blitz Warschau 2022

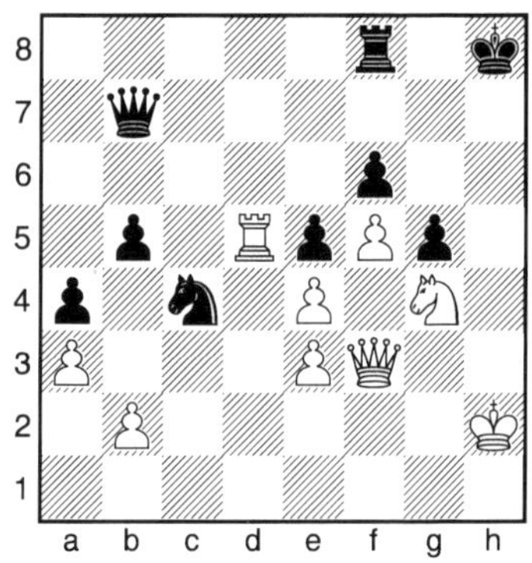

34.♘xf6

34.♕h3+ ♕h7 35.♖xb5+- bzw. 34...♔g8 35.♘xf6+ ♖xf6 36.♖d8+ gewinnt ebenfalls.

34...♖xf6 35.♕h5+ ♔g7 36.♕xg5+ ♔f7

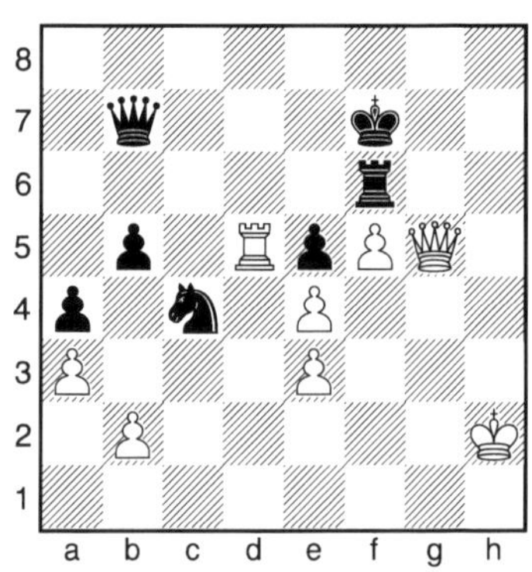

37.♖d8! ♘d6 38.♖h8 ♕xe4

38...♔e7 39.♖h6 ♘xe4 40.♕g7+ ♔d6 41.♖xf6+ ♘xf6 42.♕xb7+−

39.♕g8+ ♔e7 40.♕d8+ 1-0

Lösung 3

Shuvalova, Polina (2516)

L'Ami, Erwin (2622)

Wijk aan Zee 2022

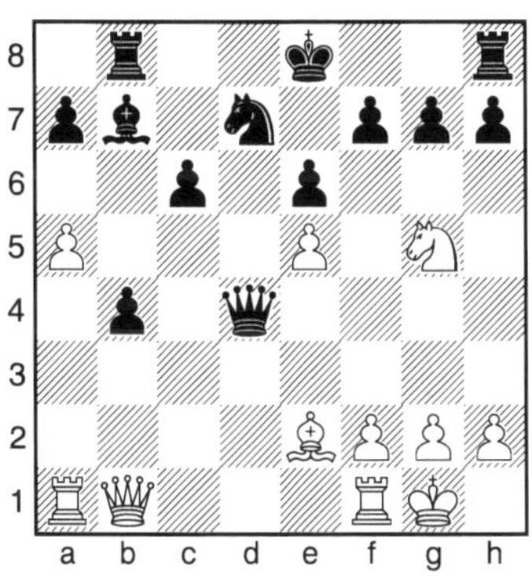

17.♘xf7! ♔xf7?

17...0-0 hält den Schaden in Grenzen, aber nach 18.♘g5 ♖f5 19.♘xe6 ♕xe5 20.♗g4 ♖f7 21.♖e1 hat Weiß gefährliche Initiative.

18.♖d1 ♕xe5 19.♖xd7+

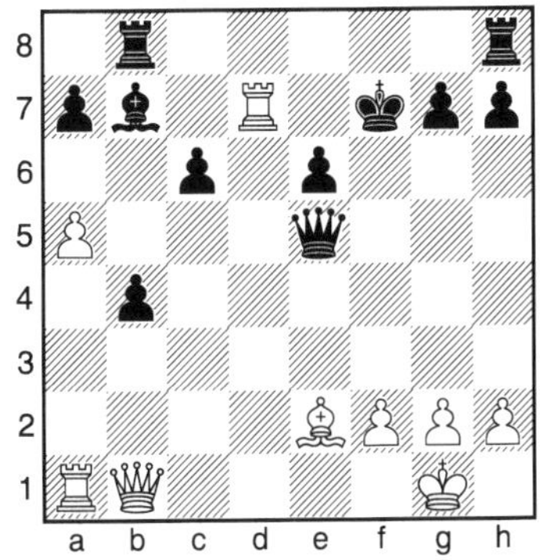

19...♔f6?!

19...♔f8 20.♕xb4+ (20.♗c4+−) 20...c5 21.♕a3+−

20.♕d1?

20.♕xb4!! ♕xa1+ 21.♗d1 h5 22.♕f4+ ♔g6 23.♕f7+ ♔h7 24.♕xh5+ ♔g8 25.♕f7+ ♔h7 26.♖d3+−

20...c5 21.♗f3 ♗xf3?

⌓21...♗a6−+

22.♕xf3+ ♔g5 23.h4+ ♔h6

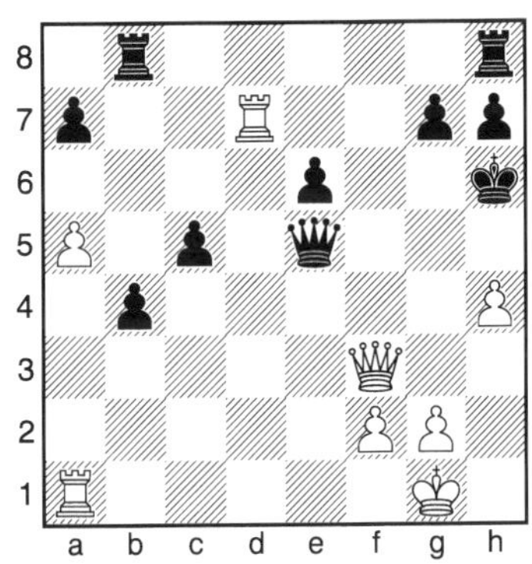

24.g4?

Danach ist der weiße König gefährdeter als der schwarze.

Nach 24.♖a2 ist die Lage laut Computer dynamisch ausgeglichen.

24...♖hf8

24...♕xa1+?? 25.♔g2+−

25.g5+ ♔g6 26.♕d3+ ♕f5 27.♕g3 ♕f4 28.♕g2 ♕f3 29.♕h2 ♖f4 30.♖e1 ♖bf8 31.h5+ ♔xg5 32.♖xg7+ ♔h6 33.♖g2 ♖e4 34.♖c1 ♖g4 35.♖xg4 ♕xg4+ 36.♔f1 c4 37.♕d6 ♕f4 38.♕xe6+ ♖f6 39.♕e1 c3 40.♖c2 ♕c4+ 41.♔g1 ♖f5 42.f4 ♕xf4 0-1

Lösung 4

Le, Quang Liem (2709)

Carlsen, Magnus (2865)

Airthings Masters 2022

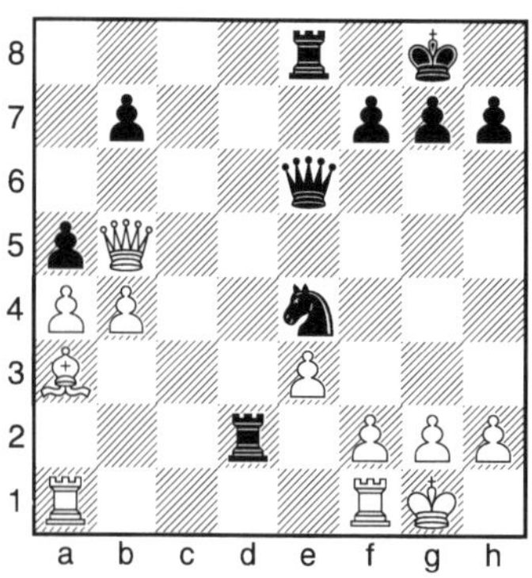

24...♘xf2!! 25.♗c1

25.♖xf2 ♖xf2 26.♔xf2 ♕xe3+ 27.♔f1 ♕f4+ 28.♔g1 ♕d4+ 29.♔f1 ♕xa1+ −+

25...♘h3+ 26.♔h1

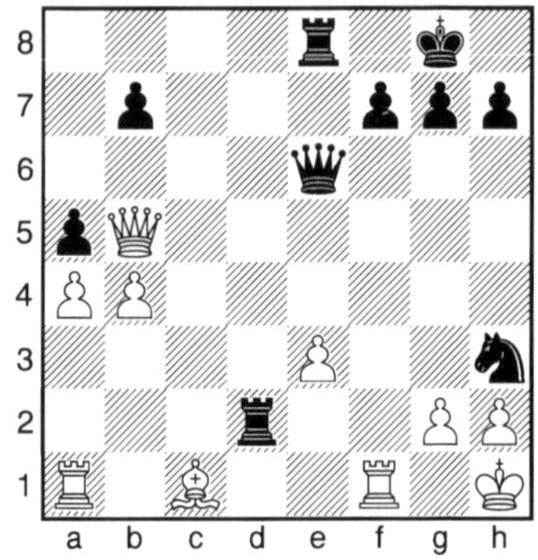

26...♘f2+?!

In Zeitnot verpasst Magnus Carlsen die entscheidende Öffnung weiterer Angriffsrouten mittels 26...♖xg2! gefolgt von:

– 27.♔xg2 ♕g4+ 28.♔h1 ♕e4+ 29.♖f3 ♕xf3#

– 27.♕xe8+ ♕xe8 28.♔xg2 ♕e6 29.♖f3 ♕e4 30.♗b2 ♘g5−+

27.♔g1 ♘h3+ 28.♔h1 ♘f2+? 29.♔g1 ½-½

Kapitel 4

Typische Angriffsmotive

Allein die Fülle der gängigsten Angriffsmotive bietet offenbar genug Material für ein eigenständiges Buch und im gegebenen Rahmen kann ich selbstverständlich nur mit einigen wenigen Beispielen an der Oberfläche kratzen.

Zu jeder Eröffnung gehören natürlich auch ganz spezifische Motive, wie beispielsweise das 'Läuferopfer auf h7' untrennbar mit der Französischen Verteidigung verbunden ist – bzw. mit einer Bauernstruktur, bei der den weißen Zentrumsbauern d4 und e5 das schwarze Duo d5 und e6 gegenübersteht.

(Wichtige Anmerkung: In Lehrbüchern werden allgemeine Sachverhalte stets *aus der Perspektive von Weiß* beschrieben, so dass nur von dem *Läuferopfer auf h7* die Rede ist. Es versteht sich jedoch von selbst, dass *aus schwarzer Sicht* auch ein *Läuferopfer auf h2* gemeint sein kann.)

Die folgende Darstellung des Läuferopfers auf h7 basiert auf meiner Überarbeitung der englischen Übersetzung von Rudolf Spielmanns Klassiker 'Richtig opfern' – *The Art of Sacrifice* (Russell Enterprises 2018).

1) Das 'Danaer-Geschenk' ♗xh7+

(*Danaer* ist eine altertümliche Bezeichnung für die Griechen, und der Begriff 'griechisches Geschenk' bezieht sich auf das 'Trojanische Pferd' – also ein Geschenk, dass dem Beschenkten Unheil bringt.)

Das sogenannte 'klassische Läuferopfer auf h7' ist schon seit Urzeiten bekannt und kann die unterschiedlichsten Konsequenzen nach sich ziehen. Am gebräuchlichsten ist die Version mit der Folge ♘g5+ nebst ♕d3 oder ♕h5, welche ich 'Grecos Danaer-Geschenk' nennen möchte. Im Anschluss kann auch ein weiteres Läuferopfer auf g7 oder f6 folgen.

A) Grecos Danaer-Geschenk

Der US-amerikanische Fernschach-GM Jon Edwards befasst sich in seinem ausgezeichneten Buch *Sacking the Citadel* (Die Plünderung der Zitadelle) mit der Geschichte dieses ganz speziellen Opfers und gibt sogar ein vollständiges Klassifikationsschema aller Konfigurationen. Da ich hier allerdings nicht so tief ins Detail gehen kann, beschränke ich mich auf die Betrachtung der Grundversionen. Zu diesem Zweck ist es jedoch einfacher, zuerst die Bedingungen anzugeben, unter denen das Opfer *nicht* funktioniert.

1) Der schwarze König steht auf g8, der weiße Springer auf g5 und die Dame auf h5. In dieser Konstellation funktioniert das Opfer nicht, wenn Schwarz auf eine der folgenden Möglichkeiten zurückgreifen kann.

1.1) Er kann das Feld h7 mit ♘f8, ♘f6, ♗f5 oder auch mit ♕c2 oder ♕d3 decken.

1.2) Der König kann unbeschadet über f8 entkommen, weil f7 gedeckt ist.

1.3) Der Materialvorteil von Schwarz ist bereits so beträchtlich, dass er sich erlauben kann, dem Angriff mit ♕xg5 den Zahn zu ziehen.

In anderen Fällen ist es nicht so einfach, genaue Bedingungen anzugeben, da die weiße Kompensation bei einer Königsstellung auf g6 oder h6 ja durchaus auch langfristiger Natur sein kann.

A1) Die Verteidigung mit ♔g8

Wenn Schwarz h7 nicht verteidigen kann, hängt alles von der Frage ab, ob der König über f8 entkommen kann oder nicht.

Wie eingangs erwähnt ist dieses Opfer zumeist bei einer Struktur mit weißen Bauern auf d4, e5 und schwarzen auf d5, e6 anzutreffen, weshalb Anhänger der Französischen Verteidigung unbedingt damit vertraut sein sollten.

Martin Gonzalez, Angel (2322)
Sadrija, Enver (2196)
Spanien 2012 (C14)

1.e4 e6 2.d4 d5 3.♘c3 a6 4.♘f3 ♘f6 5.♗g5 ♗e7 6.e5 ♘fd7 7.♗xe7 ♕xe7 8.♗d3 c5

Nach 8...0-0 wäre 9.♗xh7+? noch verfrüht, da die weißen Kräfte zu lange brauchen, um den Königsflügel zu erreichen; z.B. 9...♔xh7 10.h4 ♖h8 11.♘g5+ ♔g8−+.

9.dxc5 ♘xc5 10.0-0 ♘c6 11.a3 ♕c7 12.♖e1 b5

Nun jedoch wäre 12...0-0? ein fataler Fehler.

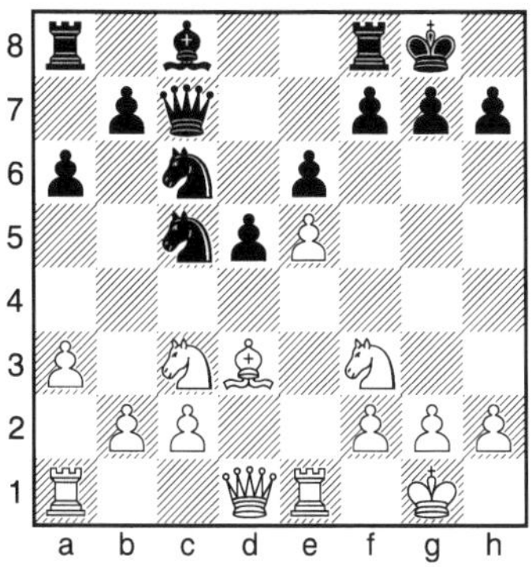

Denn nach 13.♗xh7+ ♔xh7 14.♘g5+ findet der König kein sicheres Versteck, wie die folgenden Beispielvarianten beweisen.

1) 14...♔g6 15.♕g4 f5 16.exf6

a) 16...e5 17.♘e6+ ♔f7 18.♕xg7+ ♔xe6 19.♕xc7+−

b) 16...♔xf6 17.♘h7+ ♔f7 18.♕f3+ ♔g8 19.♕xf8+ ♔xh7 20.♕xc5+−

2) 14...♔h6 15.♕g4 ♘xe5 16.♕h4+ ♔g6 17.f4+−

3) 14...♔g8 15.♕h5 ♖e8 16.♕h7+ ♔f8 17.♕h8+ ♔e7 18.♕xg7 ♖f8 19.♘h7 ♕d8 20.♕g5+ ♔d7 21.♕h6 ♖h8 22.♘xd5

a) 22...exd5? 23.♕d6+ ♔e8 24.♘f6+ +−

b) 22...♖xh7 23.♘f6+ ♔c7 24.♕xh7±

13.♕d2 0-0 14.b4

Nun wäre 14.♗xh7+? inkorrekt, denn nach 14...♔xh7 15.♘g5+ ♔g8! verpufft der Angriff, weil 16.b4 mit 16...f6 17.exf6 gxf6 18.bxc5 fxg5 19.♕xg5+ ♕g7−+ pariert werden kann.

14...♘d7 15.♕e3 ♗b7

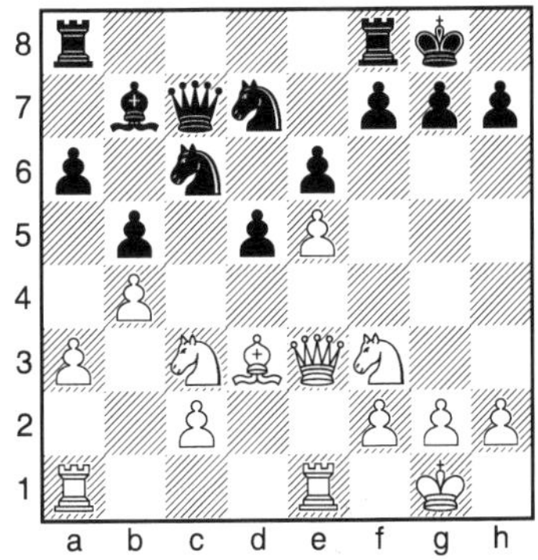

16.♘b1!?

Weiß stellt eine Falle, da der sofortige Einschlag 16.♗xh7+ nur für dynamische Kompensation ausreicht; z.B. 16...♔xh7 17.♘g5+

1) 17...♔g6? 18.♕g3 ♔h6 19.♕h4+ ♔g6 20.♕h7+ ♔xg5 21.♘e4+! dxe4 22.h4+ ♔g4 23.♖xe4#

2) 17...♔g8! 18.♕h3

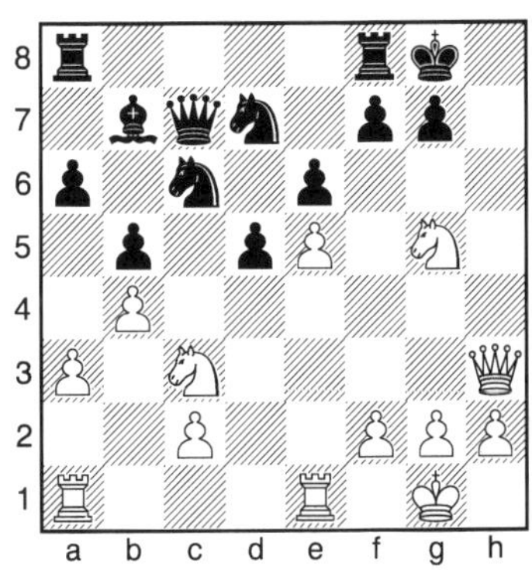

Und nun kann Schwarz seinem König mit 18...♖fe8! noch gerade rechtzeitig einen Fluchtweg öffnen.

a) Zunächst wäre der Ansatz 19.♕h7+ ♔f8 20.♕h8+? nach 20...♔e7 Δ21.♕xg7? ♘cxe5−+ vollkommen zum Scheitern verurteilt.

b) Und nach der Alternative 19.♘xd5 19...exd5 20.e6 ♘de5 21.♕h7+ ♔f8 22.f4 fxe6 23.fxe5 ♔e7 24.♕xg7+ ♔d8 25.♕f6+ ♔d7 26.♖ad1 muss Weiß sich mit ausreichender Kompensation begnügen.

16...♖ae8?

Schwarz will mit dem typischen Hebel f7−f6 Linien öffnen, aber bei diesem Herangehen wird der Fluchtweg des Königs über f8 blockiert.

Mit direkt 16...f6 17.exf6 ♖xf6 18.♘g5 ♘f8 kann der Plan besser ausgeführt werden.

17.♗xh7+! ♔xh7?

Erzwungen war 17...♔h8, obwohl der weiße Angriff nach 18.♗d3± immer noch sehr stark wäre.

18.♘g5+ ♔g6

18...♔g8 19.♕h3 nebst ♕h7#

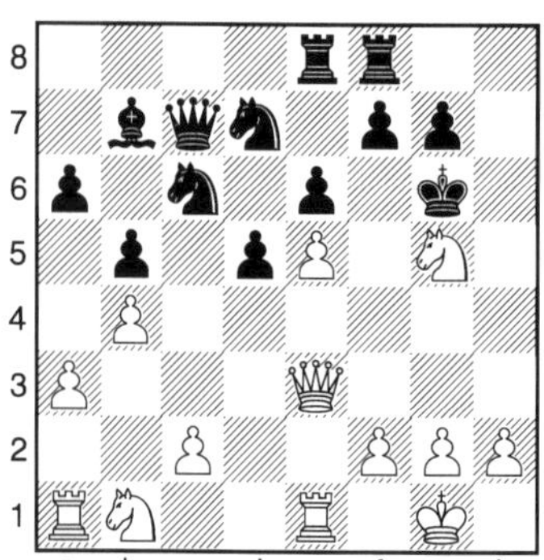

19.♕g3!

Die typische Angriffsfortsetzung gegen die Defensivstellung mit dem König auf g6 besteht normalerweise in ♕d1-g4. Allerdings ist die Dame auf g3 sogar noch besser postiert, weil sie dort auf keine Weise angegriffen werden kann. Und entsprechend ist der exponierte schwarze König unrettbar verloren.

19...♔h6 20.♕h4+ ♔g6 21.♕h7+ ♔xg5 22.♕xg7+ ♔f5 23.g4+ ♔f4 24.♕h6+ ♔xg4 25.h3+ ♔f5 26.♕h5+ und **1-0** angesichts der Mattfolge 26...♔f4 27.♕g4#.

A2) Die Verteidigung mit ♔g6

Dies ist üblicherweise die zweitbeste Verteidigung nach ♔g8.

Hocevar, Nikola (2114)

Korze, Danilo (2071)

Slowenien 2009 (D02)

1.d4 d5 2.♘f3 ♘f6 3.e3 e6 4.♘bd2 a6

Statt dieses sehr langsamen Zuges wird zumeist 4...c5 gespielt.

5.♗d3 c5 6.c3 ♘c6 7.0-0 ♗d6 8.e4 dxe4 9.♘xe4 ♘xe4 10.♗xe4 ♕c7 11.♕e2 0-0

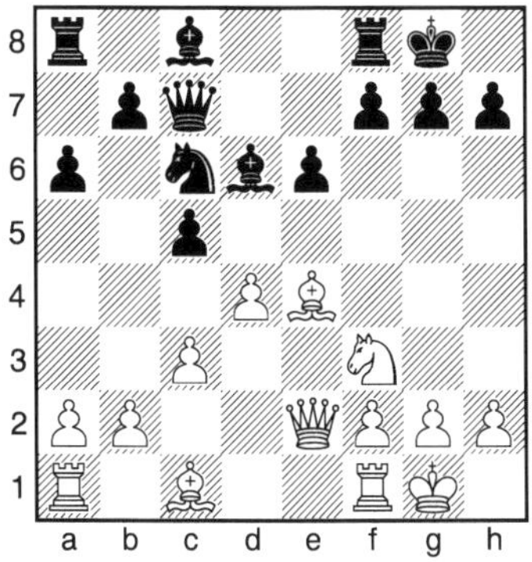

12.dxc5

In dieser Stellung wird zunächst deutlich, dass das Opfermotiv auch ohne einen weißen Bauern auf e5 in Betracht kommt, denn wichtig ist ja nur, dass Schwarz über keinen Schutzspringer auf f6 verfügt und dass auch kein Springer dieses Feld unmittelbar erreichen kann.

Allerdings kann der sofortige Versuch 12.♗xh7+? ♔xh7 13.♘g5+ durch die Wahl des richtigen Fluchtfelds mit 13...♔g6! pariert werden; z.B. 14.♕d3+ (14.h4 ♖h8−+) 14...f5 15.♕h3 cxd4 16.♕h7+ ♔f6 17.♕h5 ♗xh2+ 18.♕xh2 ♕xh2+ 19.♔xh2 ♖h8+ 20.♔g1 e5−+.

12...♗xc5

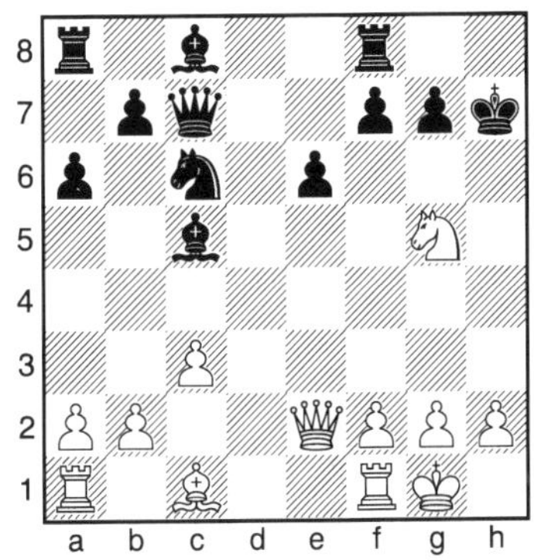

13.♗xh7+?

Hier ist das Opfer zwar schon gefährlicher als vorher, aber letztlich immer noch nicht korrekt.

Entsprechend wäre ein normaler Entwicklungszug wie z.B. 13.♖d1 objektiv besser.

13...♔xh7 14.♘g5+

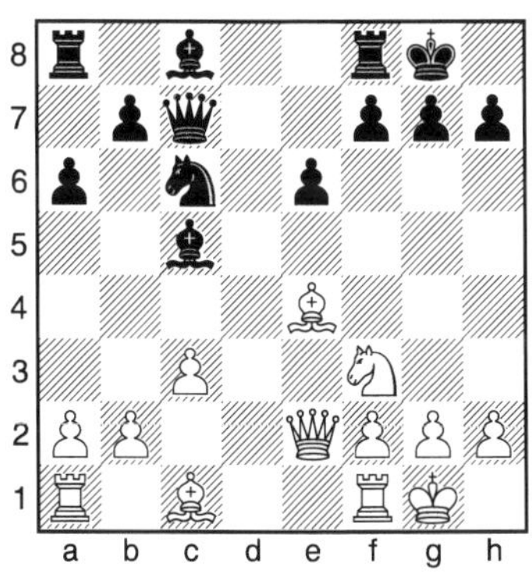

14...♔g6!

Auch hier ist dies der einzige Zug, da der König nach 14...♔g8? 15.♕h5 ♖d8 16.♕h7+ ♔f8 17.♕h8+ ♔e7 18.♕xg7+− in einen verheerenden Angriff geraten würde.

15.♕g4

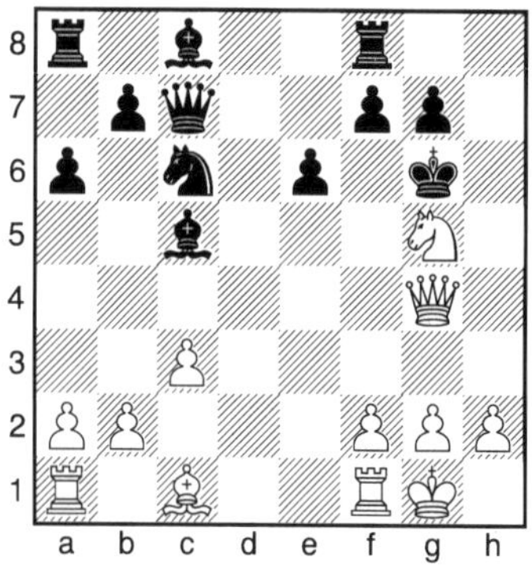

15...f5!

Diese typische Verteidigungsmaßnahme zur Öffnung des Fluchtwegs via f7 ist erneut der einzige Zug, wie ein Blick auf die Alternativen bestätigt.

– 15...e5? 16.♘e6+ ♔f6 17.♗g5+ ♔g6 18.♗d8+ ♔h6 19.♕g5+ ♔h7 20.♕xg7#

– 15...♔f6? 16.♘h7+ ♔e7 17.♕xg7+–

– 15...♘e5? 16.♕g3±

16.♕h4

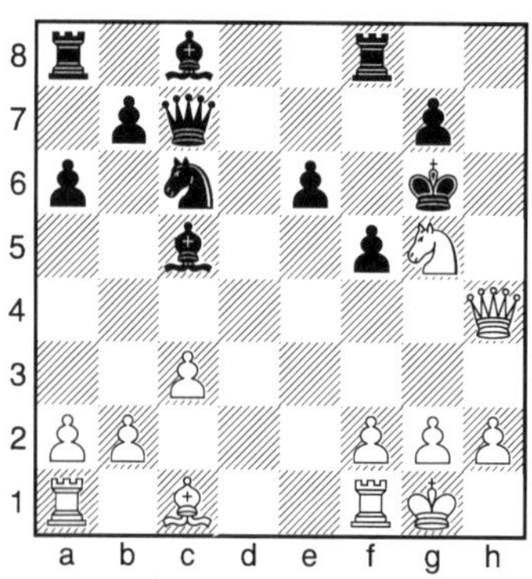

In Ermangelung der Möglichkeit ♕g3 ist dies die beste Angriffsfortsetzung, wobei Weiß auch davon profitiert, dass ♖h8 nicht möglich ist.

16...♗d7?

Die einfache Fortsetzung der Entwicklung ist völlig unzureichend. Stattdessen musste Schwarz die Schaffung eines Fluchtwegs für den König vorbereiten.

Erstaunlicherweise ist der Rückzug 16...♕d8! die einzige Möglichkeit, um einen Vorteil zu erzielen.

(Nach 16...f4? verstärkt Weiß seinen Angriff mit 17.g4.)

1) Nach 17.♕g3 und der Folge 17...♗d6 18.f4 ♔f6 19.♘h7+ ♔f7 20.♘xf8 ♕xf8 entkommt der König und Schwarz steht besser, da die Leichtfiguren dem Turm überlegen sind.

2) Und nach dem Ansatz 17.♕h7+ 17...♔f6 18.♕h5 ♕e8 19.♘h7+ ♔e7 entkommt der König zum Damenflügel und somit in Sicherheit; z.B. 20.♗g5+ ♔d6 21.♕d1+ ♔c7 22.♘xf8 ♗xf8 mit schwarzem Vorteil.

17.♕h7+ ♔f6

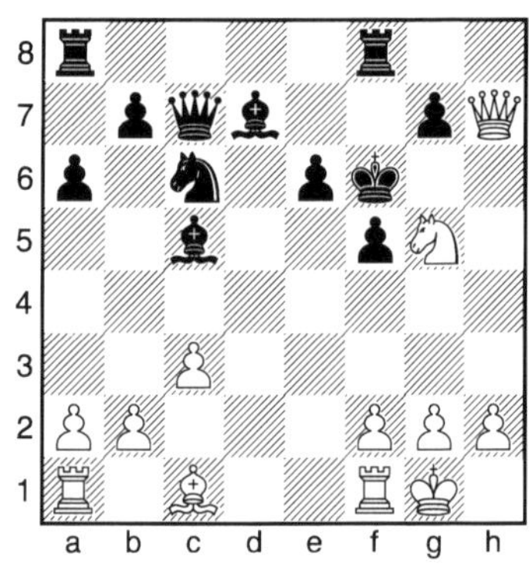

18.♕h4?

Das drohende Abzugsschach ist nicht so gefährlich, wie es den Anschein haben mag.

Stattdessen war 18.♕h5 erzwungen.

1) Nach 18...g6 könnte Weiß den Angriff mit 19.♕h4 fortsetzen, da er nach 19...♖h8 über die Antwort 20.♘h7+ verfügt.

2) Und nach 18...♔e7 19.♘h7 ♖f7 20.♗g5+ ♔e8 21.♖ad1 ♗d6 22.♖d2 hätte er starken Angriff.

18...g6?

18...♖h8 gewinnt auf der Stelle, da die weiße Dame kein gutes Feld und der Springer kein effektives Schachgebot hat; z.B. 19.♘h7+ ♔g6–+.

19.♕h7?

Zwar ist die Abschneidung des Fluchtwegs prinzipiell eine gute Idee, allerdings sollte dies unter Hinzuziehung weiterer Angreifer geschehen. So wäre Schwarz nach 19.♖e1 vollkommen wehrlos, wie ein Blick auf zwei denkbare Abspiele bestätigt:

1) 19...♖h8?! 20.♘h7+ Δ20...♔g7? 21.♕f6+ ♔xh7 22.♕f7#

2) 19...e5 20.♘e4+ ♔g7 21.♕h6+ ♔f7 22.♕h7+ ♔e8 23.♕xg6+ ♔d8 24.♘xc5+–

19...♘e5 20.♘h3?! ♘f7–+ und Schwarz gewann nach einigen weiteren Abenteuern.

B) Laskers doppeltes Läuferopfer

Die folgende Partie des zweiten Weltmeisters ist sehr berühmt.

Lasker, Emanuel

Bauer, Johann Hermann

Amsterdam 1889 (A03)

1.f4 d5 2.e3 ♘f6 3.b3 e6 4.♗b2 ♗e7 5.♗d3 b6 6.♘f3 ♗b7 7.♘c3 ♘bd7 8.0-0 0-0 9.♘e2 c5 10.♘g3 ♕c7 11.♘e5 ♘xe5 12.♗xe5 ♕c6 13.♕e2 a6? 14.♘h5 ♘xh5?

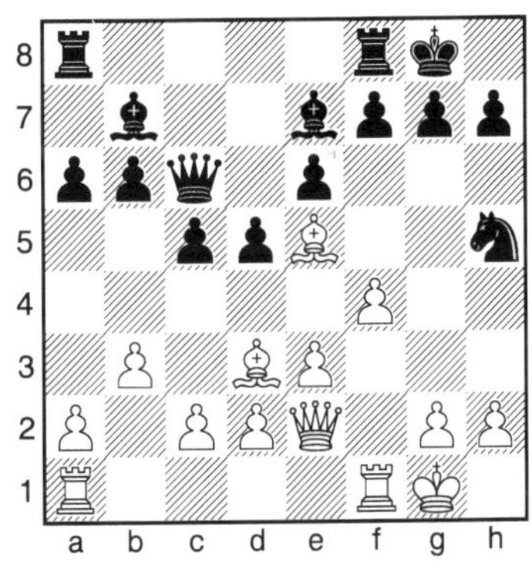

Das nun folgende doppelte Läuferopfer, welches zum Standardrepertoire jedes versierten Taktikers gehört, funktioniert nur dann, wenn die Dame unverzüglich am Angriff teilnehmen kann. Wenn der Angreifer mehr als Dauerschach will, muss häufig noch ein Turm hinzugezogen werden, und außerdem muss man wissen, was zu tun ist, falls das zweite Läuferopfer abgelehnt wird.

15.♗xh7+! ♔xh7 16.♕xh5+ ♔g8 17.♗xg7!

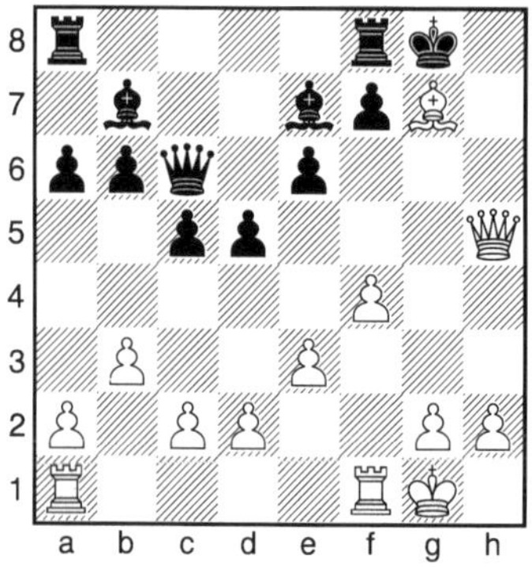

17...♔xg7

Die Ablehnung des zweiten Opfers mit 17...f6 wird normalerweise auch mit der Hinzuziehung eines Turmes beantwortet.

1) Also 18.♖f3 ♕e8 19.♕h8+ ♔f7 20.♕h7 ♕c6 21.♕h5+ ♔g8 22.♖g3 mit Gewinnstellung.

2) Der alternative Ansatz 18.♕g6? ist nicht so gut, weil Schwarz nach 18...♕e8 19.♕h6 d4 mehr Widerstand leisten kann. Ungeachtet dessen steht Weiß natürlich immer noch deutlich besser.

18.♕g4+ ♔h7 19.♖f3!

Die Dame allein kann nur Remis erzwingen, aber unter Mithilfe des Turms dringt der Angriff durch.

19...e5

Das ist offenbar die einzige Möglichkeit, das Matt zu vermeiden, aber Lasker hat gesehen, dass er anschließend einen der schwarzen Läufer gewinnen kann, wodurch die Sache entschieden wird.

20.♖h3+ ♕h6 21.♖xh6+ ♔xh6 22.♕d7

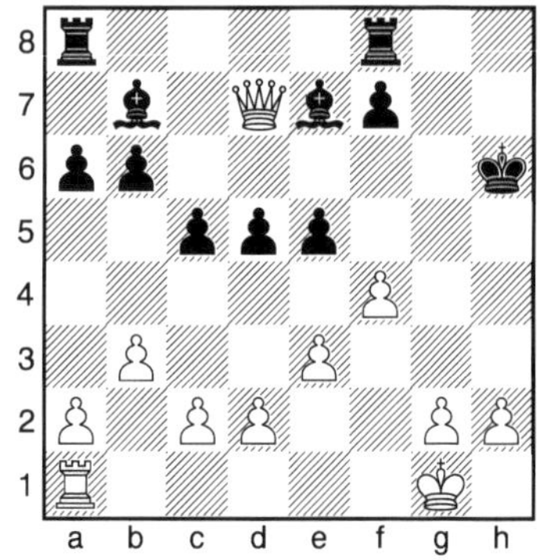

22...♗f6 23.♕xb7 ♔g7 24.♖f1 ♖ab8 25.♕d7 ♖fd8 26.♕g4+ ♔f8 27.fxe5 ♗g7 28.e6 ♖b7 29.♕g6 f6 30.♖xf6+ ♗xf6 31.♕xf6+ ♔e8 32.♕h8+ ♔e7 33.♕g7+ ♔xe6 34.♕xb7 ♖d6 35.♕xa6 d4 36.exd4 cxd4 37.h4 d3 38.♕xd3 1-0

C) Das Blockade-Opfer von Tony Miles

Diese spezielle Version des doppelten Läuferopfers erlebte in der folgenden Glanzpartie des jung verstorbenen englischen Großmeisters Tony Miles ihre Premiere.

Dizdarevic, Emir (2425)

Miles, Anthony (2570)

Biel 1985 (E14)

1.c4 b6 2.d4 e6 3.♘f3 ♘f6 4.e3 ♗b7 5.♗d3 d5 6.b3 ♗d6 7.0-0 0-0 8.♗b2 ♘bd7 9.♘bd2 ♘e4 10.♕c2 f5 11.♖ad1?

Damit läuft Weiß in einen buchstäblich umwerfenden Schlag.

Am häufigsten wird 11.♘e5 gespielt.

11...♘xd2 12.♘xd2 dxc4 13.♘xc4?

Nach dem erzwungenen Rückzug 13.♗e2 würde das mit 13...♗xh2+?! eingeleitete doppelte Läuferopfer nicht zum Erfolg führen.

(Die einfache Fortsetzung 13...cxb3 ist besser.)

14.♔xh2 ♕h4+ 15.♔g1 ♗xg2 16.♔xg2 ♕g5+ 17.♔h1 ♖f6 18.♘f3 ♖h6+ 19.♘h2 ♕h4 20.♗h5 ♕xh5 21.f3 und die Verteidigung hält stand.

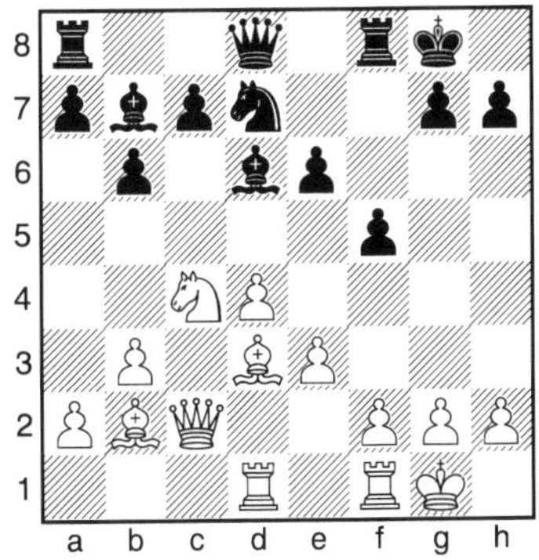

Jetzt sind die Weichen gestellt und das bekannte Feuerwerk kann beginnen.

13...♗xh2+ 14.♔xh2 ♕h4+ 15.♔g1

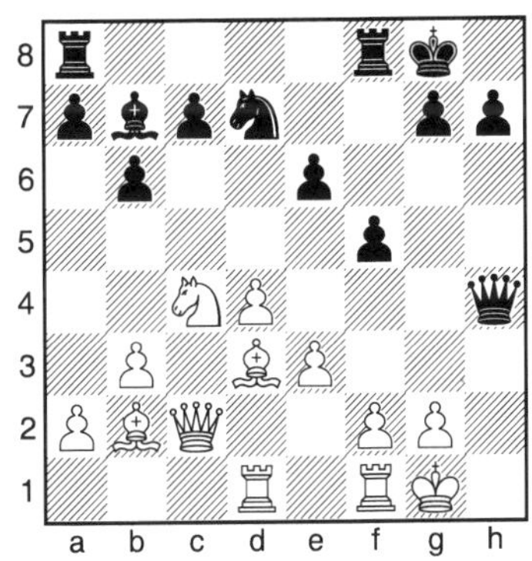

Da das zweite Opfer auf g2 jetzt allerdings nicht ausreichen würde (siehe nächste Anmerkung), muss stattdessen mittels Blockade die Verteidigung durch einen Zug des f-Bauern verhindert werden.

15...♗f3!!

Nach 15...♗xg2? und der Folge 16.f4

♗xf1 17.♔xf1 ♖f6 18.♕f2 ♕h5 19.♔e1 hätte Weiß überlebt.

16.♘d2

1) Nach 16.gxf3 ♕g5+ 17.♔h2 ♖f6 ist das Matt nicht mehr zu parieren.

2) Und nach 16.♗e2 könnte Schwarz doch noch auf 16...♗xg2 zurückgreifen:

a) 17.♔xg2 ♕g5+ 18.♔h1 ♖f6

b) 17.f3 ♖f6 18.♗d3 ♗h3−+

16...♗xg2 17.f3

17.♔xg2 ♕g4+ 18.♔h1 ♖f6 19.♕xc7 e5 −+

17...♖f6 18.♘c4 ♗h3 und **0-1** angesichts der möglichen Folge 19.♕h2 ♖g6+ 20.♔h1 ♗g2+ 21.♔g1 ♗xf3+ 22.♕g2 ♖xg2#.

2) Grundreihenmatt

Es gibt kaum eine Partie, in der dieses Motiv nicht zumindest als Drohung einmal eine Rolle spielt. Es kommt so häufig vor, weil die Schutzbauern des Königs nach der Rochade unversehens zur Mausefalle werden können. Nicht selten sind sogar beide Könige gefährdet, was in dem folgenden brisanten Beispiel der Fall ist.

Haba, Petr (2525)

Lechtynsky, Jiri (2433)

Karlovy Vary 2005

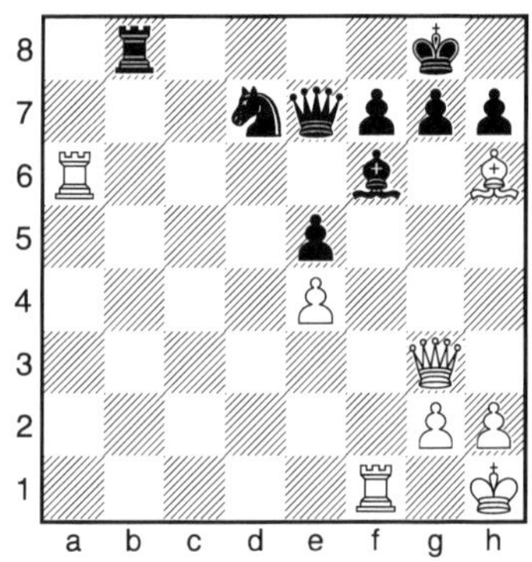

27.h3!

Es ist Vorsicht geboten, denn der überstürzte Ansatz 27.♖axf6? könnte mit 27...♕xf6 28.♕d3 ♕c6 pariert werden, wonach Schwarz plötzlich mit einem gesunden Mehrbauern dastünde.

In der Partie gewinnt Weiß durch die seelenruhige Schaffung eines Luftlochs.

Überhaupt wäre bei einem psychologischen Assoziationstest bei den meisten Spielern damit zu rechnen, dass sie auf das Schlüsselwort 'Grundreihenschwäche' mit 'Luftloch' reagieren würden.

27...♘b6

27...g6 28.♖a7 ♖d8 29.♕g4 ♗g7 30.♗xg7 ♔xg7 31.♖d1+−

28.♕g4 ♕d6

28...♔f8 29.♖xb6 ♖xb6 30.♗xg7+ ♗xg7 31.♕c8+ ♕e8 32.♕c5+ +−

29.♖xf6! 1-0

Aufgaben zum Thema:
Grundreihenmatt

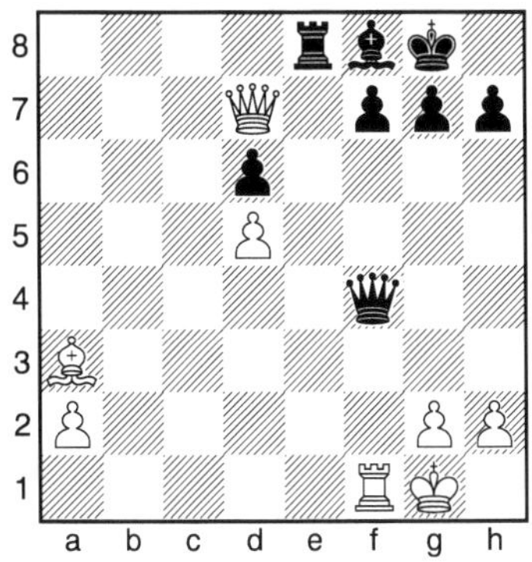

Aufgabe 1 Schwarz am Zug

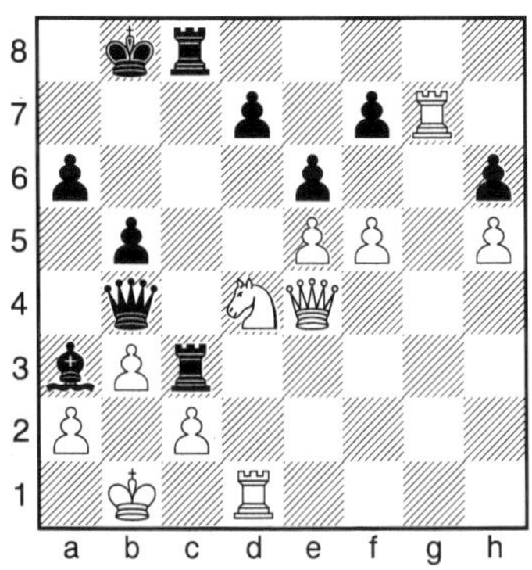

Aufgabe 2 Schwarz am Zug

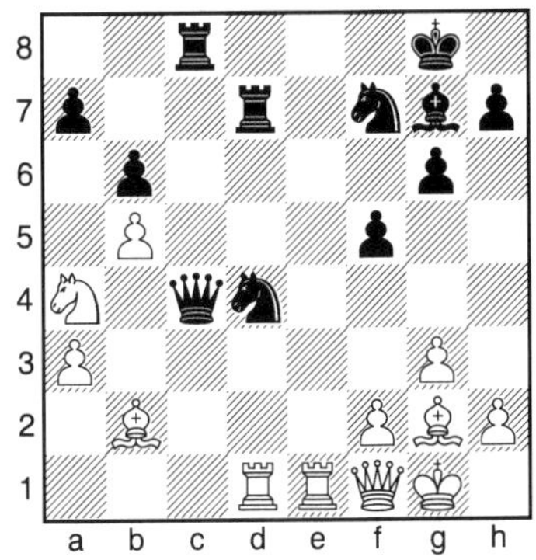

Aufgabe 3 Weiß am Zug

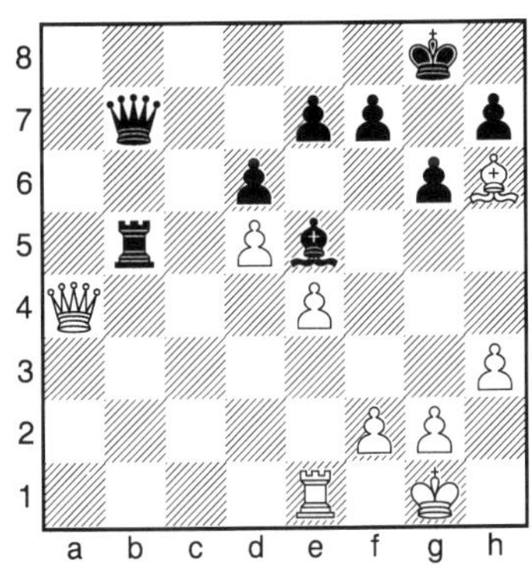

Aufgabe 4 Weiß am Zug

Lösungen der Aufgaben

Lösung 1

Reshevsky, Samuel Herman

Fischer, Robert James

Palma de Mallorca 1970

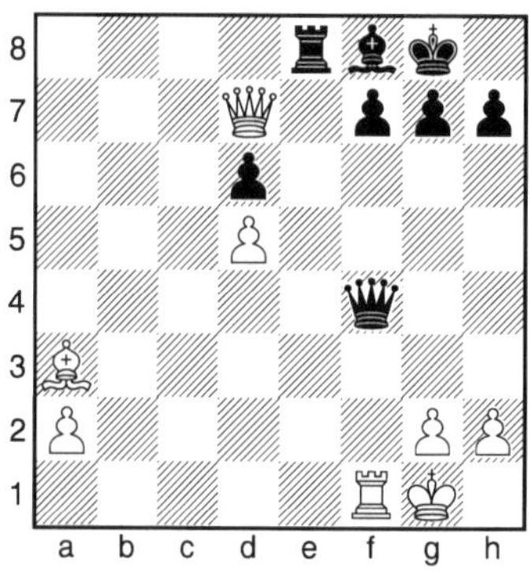

29...♕d4+!

Das ist genauer als 29...♕e3+ 30.♖f2, obwohl diese Alternative auch gewinnt.

1) Allerdings würde 30...♕xa3? wegen 31.♕xf7+ ♔h8 32.♕xf8+ ♖xf8 33.♖xf8# vollkommen nach hinten losgehen.

2) Richtig wäre 30...♖e7! mit folgenden Abspielen:

a) 31.♕xd6 ♕xa3 32.♕xa3 ♖e1+ 33.♖f1 ♖xf1+ 34.♔xf1 ♗xa3−+

b) 31.♕a4 ♖a7 32.♕b3 ♕xb3 33.axb3 ♖xa3−+

30.♔h1 ♕f2! und **0-1** angesichts von 31.♕b5 ♖e1.

Lösung 2

Grandelius, Nils (2672)

Rapport, Richard (2763)

Wijk aan Zee 2022

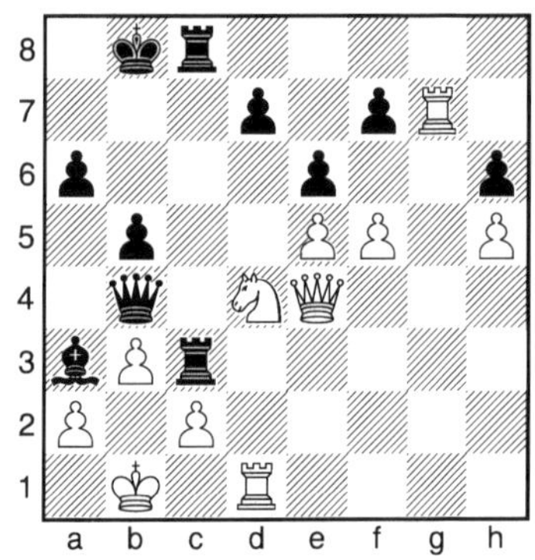

28...♖h3!

28...exf5? wird mit 29.♕d5 pariert.

Nach dem Textzug droht Schwarz, mit ♕b4−c3 kurzen Prozess zu machen.

29.♕e1

29.♖xf7 ♕c3−+

29...♖h1

Erst das ist die subtile Pointe dieser ebenso hübschen wie brutalen Kombination.

30.♖g1

30.♕xb4 ♖xd1

30...♖xg1 31.♕xg1 ♕c3 0-1

Lösung 3

Donchenko, Alexander (2636)

Kanyamarala,Tarun (2343)

Kragero 2022

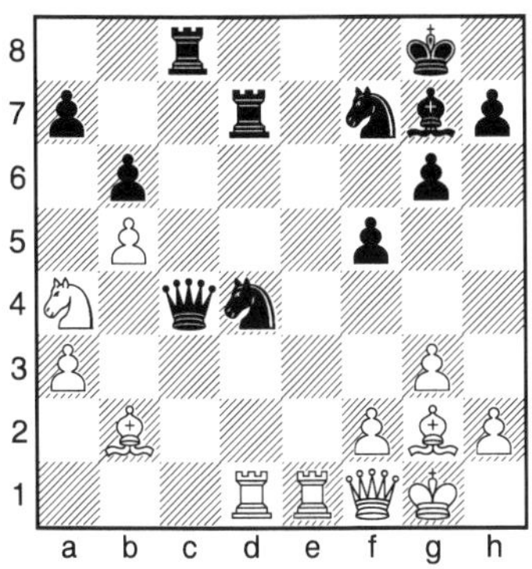

27.♖e8+! ♗f8

27...♖xe8 28.♕xc4 ♘e2+ 29.♕xe2 ♖xe2 30.♖xd7+−

28.♖xc8 ♕xa4

28...♕xc8 29.♖xd4+−

29.♔h1 ♘e5 30.f4 ♘g4 31.♖xd4 ♖xd4 32.♗xd4 ♕xd4 33.♕c4+ ♕xc4 34.♖xc4 ♗c5 35.♗d5+ ♔g7 36.♖a4 1-0

Lösung 4

Lien, Sebastian (1532)

Madsen, Morten (1828)

Kragero 2022

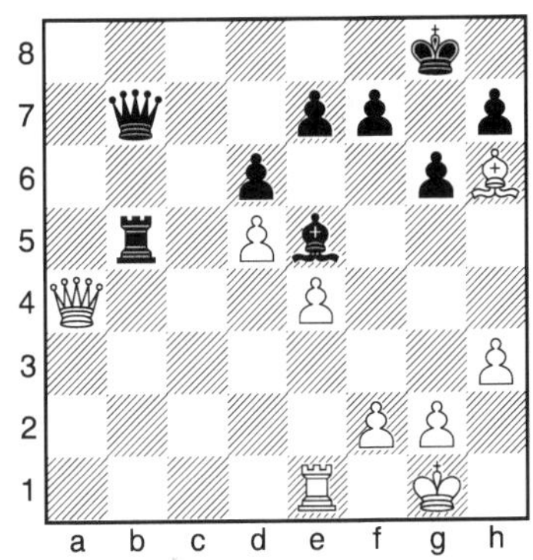

26.♖c1!

Diese auf den ersten Blick harmlos erscheinende einfache Besetzung einer offenen Linie ist angesichts der Drohung ♕a4xb5 dermaßen tödlich, dass Schwarz augenblicklich rettungslos verloren ist:

– z.B. 26...♗g7 27.♕xb5+− Δ27...♕xb5 28.♖c8+ nebst #

– Die Fesselung des weißen Turms mit 26...♖b1 wird mit 27.♕e8# beantwortet.

– Und die entscheidende Pointe der Kombination zeigt sich nach 26...f6, denn diese Schaffung eines Luftlochs reicht nicht aus, weil der König nach 27.♕xb5 ♕xb5 28.♖c8+ ♔f7 29.♖f8# trotzdem mattgesetzt wird.

In der Partie machte Schwarz noch ein paar sinnlose Verzweiflungszüge, bevor er sich in sein Schicksal fügte.

26...♗f4 27.♕xb5

Das gewinnt noch einfacher als 27.♗xf4 usw.

27...♗xh6 28.♕xb7 ♗xc1 29.♕c8+ 1-0

Kapitel 5

Typische Angriffsstrukturen

Auch zu diesem Thema muss ich mich aus Platzgründen auf einige aussagekräftige Beispiele beschränken, in denen Entwicklungsvorsprung und Raumvorteil zu typischen Motiven führen.

5.1 Der Isolani

Ein typisches Beispiel für einen Isolani ist der weiße Bauer auf d4 (oder der schwarze auf d5), dem die Nachbarn auf der c- und e-Linie fehlen. Als positionelles Thema spaltet der Isolani seit jeher die Geister: Einige spielen lieber *mit* dem Isolani, andere *gegen* ihn und wieder andere sind bestrebt, eine solche Konstellation mit beiden Farben zu vermeiden.

Stoica, Valentin (2440)

Flis, Jacek (2410)

Polanica Zdroj 1983 (D42)

1.e4 c6 2.d4 d5 3.exd5 cxd5 4.c4 e6 5.♘c3 ♘f6 6.♘f3 ♗e7 7.cxd5 ♘xd5 8.♗d3 0-0 9.0-0 ♘c6 10.♖e1 ♘f6 11.a3 b6 12.♗c2 ♗b7?!

Genauer ist 12...♗a6 13.b4 ♖c8 14.♗b2 ♗c4.

13.♕d3

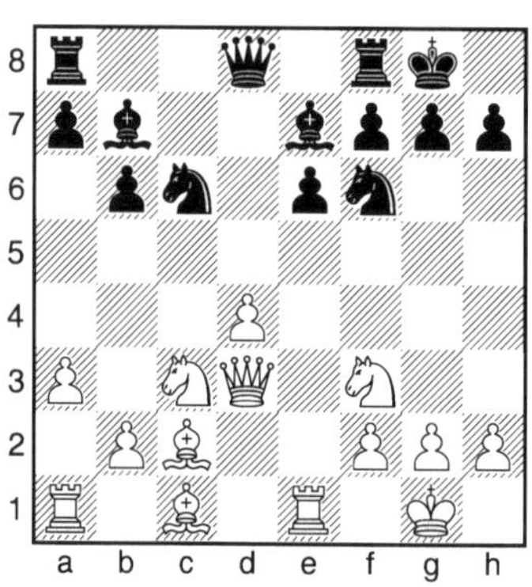

Das Diagramm zeigt eine für dieses Thema typische Stellung. Der Isolani gibt Weiß Raumvorteil im Zentrum und Vorpostenfelder für die Leichtfiguren, im gegebenen Fall das auf e5. Auf lange Sicht kann Schwarz hoffen, dass der Isolani schwach wird, aber bis dahin ist es ein weiter und steiniger Weg. Zunächst muss jedenfalls der weiße Angriff am Königsflügel neutralisiert werden, der seine Kraft speziell der Standard-Batterie auf der Diagonale b1-h7 verdankt.

13...♖e8?

Nach diesem Fehler kann Weiß sofort mit einer taktischen Lösung aufwarten.

Zur Vermeidung des nun folgenden Desasters war 13...g6! mehr oder weniger erzwungen. Nach der möglichen Folge 14.♗h6 ♖e8 15.♖ad1 hätte Weiß nicht mehr als eine leichte Initiative.

14.d5! exd5 15.♗g5 ♘e4

15...g6 16.♖xe7! ♕xe7 (16...♘xe7? 17.♗xf6+-) 17.♘xd5 ♘xd5 18.♗xe7 ♘cxe7 19.♖e1±

16.♘xe4 dxe4 17.♕xe4 g6 18.♕h4 ♕c7?!

18...♗xg5?! (⌓18...h5 19.♗b3±) 19.♘xg5 h5 20.♗b3 (20.♕f4!?+-) 20...♘e5 21.♕f4 ♗d5 22.♘e4 ♗xb3 23.♘f6+ ♔g7 24.♘xe8+ ♕xe8 25.♖xe5+-

19.♗b3!

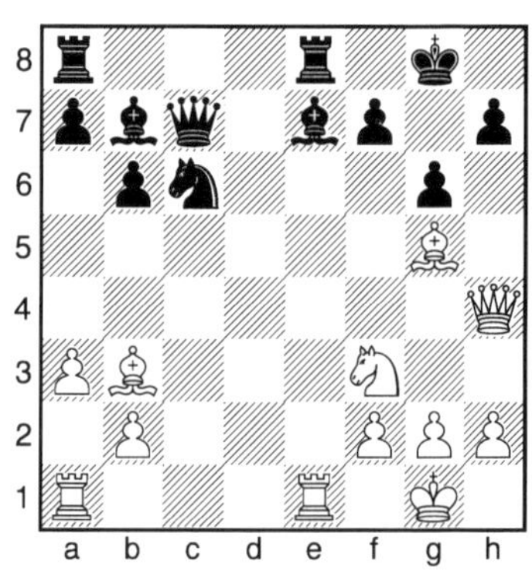

Mit diesem Diagonalwechsel des weißfeldrigen Läufers wird die gegnerische Achillesferse aufs Korn genommen.

19...h5

- 19...♗d6 20.♗f6 ♗f4 21.♗c3+-
- 19...♗f8 20.♗f6 h6 21.♕g4 ♔h7 22.♘g5+ +-

20.♕e4 ♔g7

20...♗xg5 21.♕xg6+ +-

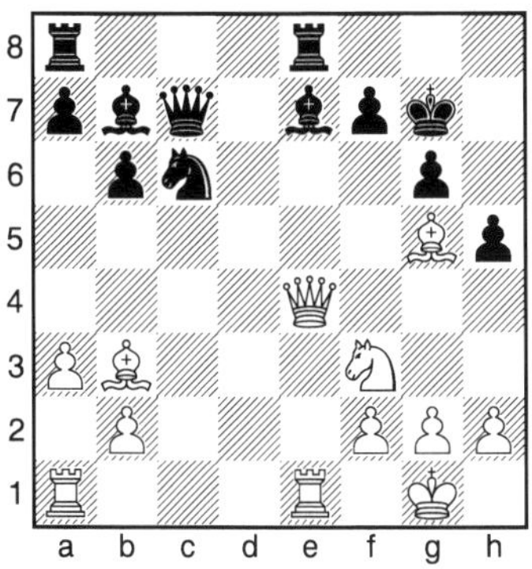

21.♗xf7!!

Dieser großartige und präzise berechnete Überfall zwingt den schwarzen König, seine Schutzburg zu verlassen.

21...♔xf7 22.♗h6 ♕d7

22...♗f8 23.♘g5+ ♔g8 24.♕xg6+ ♔h8 25.♘f7+ ♕xf7 26.♕xf7+-

23.♕c4+ ♔f6 24.♕c3+ ♘d4 25.♘xd4 ♔f7 26.♘f3 ♗f8 27.♗xf8 1-0

5.2 Bauernstrukturen, die einen Königsangriff begünstigen

Ein typisches Beispiel hierfür entsteht oft im Königsinder, wenn Schwarz Bauern nach e5 und f4 stellen kann, wie es in der folgenden Partie geschieht.

Ftaćnik, Lubomir (2585)

Cvitan, Ognjen (2570)

Bundesliga 1997 (E97)

1.d4 ♘f6 2.♘f3 g6 3.c4 ♗g7 4.♘c3 0-0 5.e4 d6 6.♗e2 e5 7.0-0 ♘c6 8.d5 ♘e7 9.♘d2 ♘e8 10.b4 f5 11.c5 ♘f6 12.f3 f4 13.♘c4 g5 14.a4 ♘g6 15.♗a3 ♖f7 16.b5 dxc5 17.♗xc5 h5 18.a5 g4 19.b6 g3

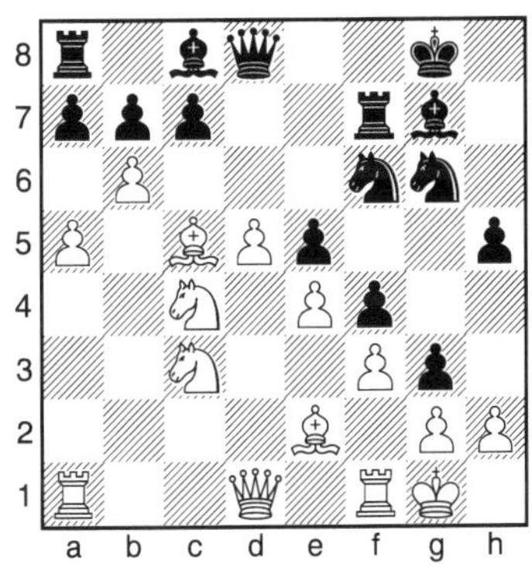

Das Diagramm zeigt eine weit fortgeschrittene und für Königsindisch typische Position. Bisher haben beide Seiten weitgehend auf 'ihrem Flügel' angegriffen, aber jetzt muss Weiß mit einem Defensivzug reagieren.

20.♔h1!

Starke Prophylaxe.

20.h3? gestattet das Standard-Opfer 20...♗xh3!, ohne welches der Königsinder in dieser Form überhaupt nicht spielbar wäre; z.B. 21.gxh3 ♕d7 22.♕d2 ♕xh3 23.♗d3 ♘h4 24.♘xe5 ♘g4 25.♘xf7 ♘f2 26.♖xf2 gxf2+ 27.♕xf2 ♘xf3+ 28.♕xf3 ♕xf3 29.bxc7 ♕xd3 30.d6 ♕xc3 31.d7 ♕xc5+ 32.♔g2 ♕xc7 0-1 C. Houriez (2259) – Y. Ouerk, (2115), Frankreich 2010.

20...♘h7

Damit stellt Schwarz eine teuflische Falle.

Allerdings wäre 20...♗f8 womöglich objektiv besser gewesen.

21.d6 ♕h4 22.♗g1

Jetzt kann Schwarz das Läuferopfer sogar anbringen, ohne dabei einen Bauern zu schlagen.

22...♗h3!?

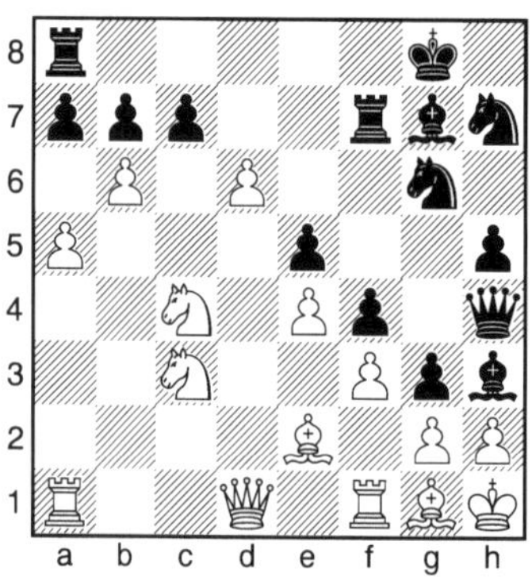

23.bxc7??

Damit geht Weiß kopfüber in die Falle.

1) Nach 23.♖e1?? überlebt er nur einen Zug länger: 23...♗xg2+ 24.♔xg2 ♕h3+ 25.♔xh3 ♘g5+ 26.♔g2 ♘h4+ 27.♔f1 g2+ 28.♔f2 ♘h3#.

2) Die Widerlegung bestand in dem Qualitätsopfer 23.gxh3! ♕xh3 24.♖f2! gxf2 25.♗xf2, denn während der schwarze Angriff gestoppt wurde, hält der weiße am Damenflügel mit unverminderter Kraft an.

a) 25...cxb6 26.axb6 a6 27.♗f1 ♕c8 28.♖c1±

b) 25...axb6 26.♘d5 b5 27.♘xc7 ♖d8 28.♘xb5±

23...♗xg2+!! 24.♔xg2 ♕h3+!

Die phantastische Pointe der ganzen Kombination findet konsequenterweise wieder auf dem Feld h3 statt.

25.♔xh3 ♘g5+ 26.♔g2 ♘h4+ und **0-1** angesichts der Mattsetzung im nächsten Zug.

Natürlich kann auch *Weiß* eine dem Königsinder verwandte Bauernstruktur anstreben.

Kochyev, Alexander (2430)

Shaposhnikov, Evgeny (2415)

Sankt Petersburg1998 (C00)

1.♘f3 ♘f6 2.g3 d5 3.♗g2 e6 4.0-0 ♗e7 5.d3 0-0 6.♘bd2 c5 7.e4 ♘c6 8.♖e1 b5 9.e5 ♘d7 10.♘f1 a5 11.h4! b4 12.h5 ♗a6

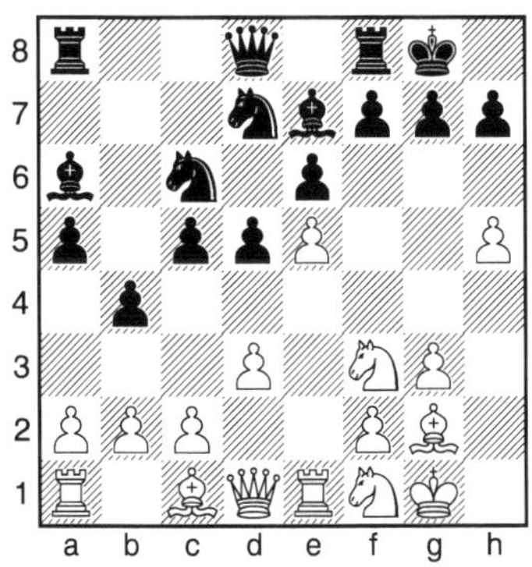

13.h6

Weiß führt einen schwachen Farbkomplex rund um den schwarzen König herbei und baut in der Folge sein ganzes Spiel auf dessen Ausnutzung auf.

13...g6 14.♗f4 a4 15.a3!

Dies verhindert den weiteren Vorstoß a4-a3, woraufhin ein schwacher Farbkomplex entstehen und der Durchbruch c5-c4 möglich würde.

15...♗b5

Die Alternative bestand in 15...bxa3 16.bxa3 ♖b8.

16.♘1h2 ♖c8 17.♘g4

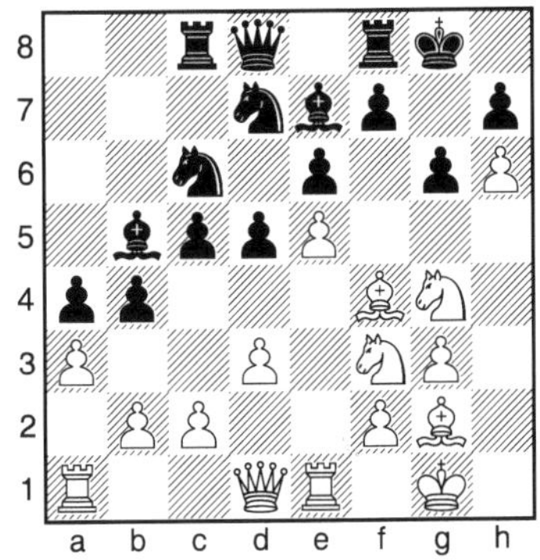

17...c4?

Dieser Vorstoß stellt den Beginn eines fehlerhaften Konzepts dar. Er gestattet dem Weißen nicht nur die Stärkung seines Zentrums und seiner Dominanz auf den schwarzen Feldern, sondern ermöglicht ihm sogar Spiel am Damenflügel.

Nach der richtigen Fortsetzung 17...♘d4! wäre es für Weiß viel schwieriger, den Läufer e7 zu eliminieren – und somit die positionelle Schlüsselfigur zur Bewachung der schwarzen Felder.

18.d4 c3 19.bxc3 bxa3 20.♕d2!? ♘a5 21.♗g5 ♗xg5 22.♘xg5 ♕e7

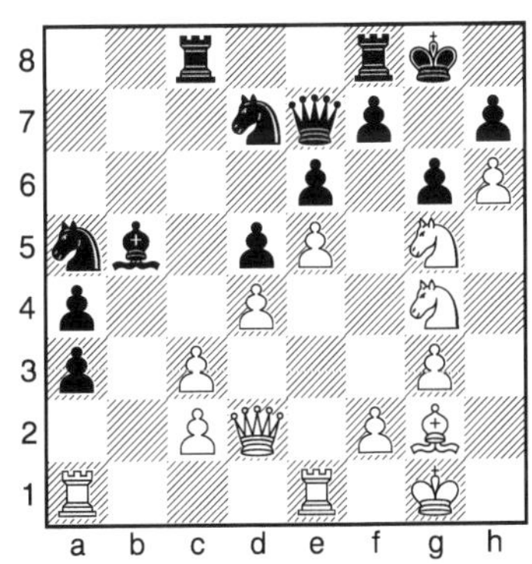

23.♖eb1

Jetzt nutzt Weiß die Linien am Damenflügel, um seine Initiative zu stärken.

23...♖b8 24.♕f4 ♘c4

Die schwarze Stellung am Damenflügel sieht auf den ersten Blick gut aus, ist jedoch nicht wirklich zu verbessern. Und der stolze schwarze Springer auf c4 kann jederzeit vom Läufer g2 eliminiert werden.

24...♗c4 scheitert nach 25.♖xb8 ♖xb8 an dem Überlastungsmotiv 26.♖xa3! (P. Horn im ChessBase Magazin 65) mit der möglichen Folge 26...♖b1+ 27.♔h2 ♗b5 28.c4 ♘xc4 29.♖f3+−.

25.♖b4 ♖b6 26.♗f1 ♖fb8 27.♔h2

Weiß kann sich diesen nützlichen Prophylaxezug erlauben, da Schwarz zum Nichtstun verurteilt ist.

27...♘b2

Auch Abwartezüge bringen keine Abhilfe; z.B. 27...♖8b7 28.♗xc4 ♗xc4 29.♖xa4 a2 30.♘e4 ♖b1 31.♘gf6+ ♘xf6 32.♘xf6+ ♔h8 33.♘d7!+−. (P. Horn)

28.♗xb5 ♖xb5 29.♖xa3 ♖8b7

29...♖xb4 30.cxb4 ♖xb4 31.♖f3! ♖xd4 32.♕xd4 ♕xg5 33.♕a7+−

30.♖xb5 ♖xb5 31.c4! ♘xc4 32.♖xa4 ♖a5 33.♖b4 ♖a7

33...♘cb6 34.♘f6+ ♘xf6 35.♖xb6+−

34.♘f6+ ♘xf6 35.♕xf6 ♕f8 36.♖b8 1-0

Auch ein Blockadeopfer zur Vermeidung der Defensivmaßnahme f7-f6 oder f7-f5 ist häufig anzutreffen.

Kaidanov, Gregory (2625)

Nijboer, Friso (2525)

Elista 1998 (C00)

1.e4 c5 2.♘f3 e6 3.d3 ♘c6 4.g3 d5 5.♘bd2 ♘f6 6.♗g2 ♗e7 7.0-0 b5 8.♖e1 0-0 9.e5 ♘d7 10.♘f1 a5 11.h4 b4 12.♗f4 a4 13.a3 ♗a6 14.♘1h2 c4?!

Die Hauptvarianten sind 14...bxa3 und 14...♗b5.

15.d4 c3 16.bxc3 bxc3 17.♘g5 ♘b6?

Damit entfernt Schwarz einen sehr wichtigen Verteidiger vom Königsflügel.

⌓17...h6 oder 17...♕e8.

18.♕h5 ♗xg5

18...h6?! wird mit 19.♘g4! ignoriert.

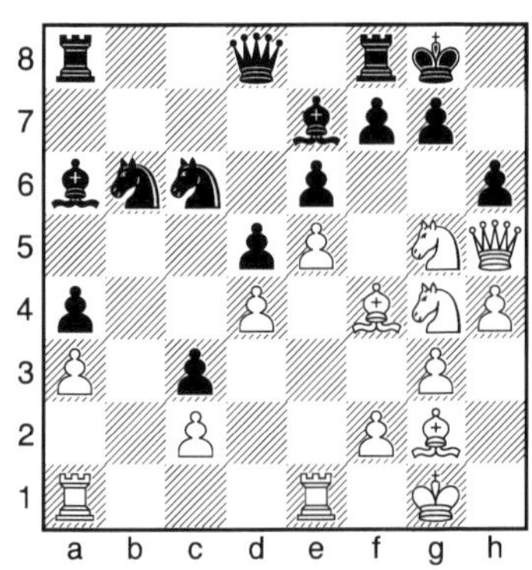

Danach ist der Angriff bereits unparierbar; z.B. 19...hxg5 20.hxg5

1) 20...g6 21.♕h6 ♘xd4 (21...♘d7 22.♗e4+-) 22.♘f6+ ♗xf6 23.exf6 ♘f5 24.♕h3 ♘c4 25.g4 ♘fd6 26.♕h6 ♘e8 27.♖xe6! fxe6 28.♕xg6+ ♔h8 29.♗e4+-

2) 20...♘xd4 21.♘f6+ gxf6 22.gxf6 ♗xf6 23.exf6 ♕xf6 24.♗e5+- (P. Horn im ChessBase Magazin 66 extra)

19.♗xg5 ♕e8?

Die mit diesem Manöver einhergehende Drohung f7-f6 ist zu durchsichtig und kann unter Einsatz taktischer Mittel vermieden werden.

Richtig war die Bereitstellung eines wichtigen Verteidigers mit 19...♘e7! und folgenden Abspielen:

1) 20.♘g4?! kann mit 20...♘d7 ausreichend pariert werden, denn nach der möglichen Folge 21.♘f6+ gxf6 22.exf6 ♘g6 23.♖xe6 fxe6 24.f7+ ♖xf7 25.♗xd8 ♖xd8 26.♕g4 ♘f6 27.♕xe6 ♗c4 hätte Schwarz genug Material für die Dame und praktische Remischancen.

2) Hingegen führt der bessere Ansatz 20.♗f6 (20.♖ab1!?) 20...♔h8 21.♘g4 ♘d7 22.♘h6 ♕e8 23.♕g5 ♘g6 24.h5 zu weißem Angriff.

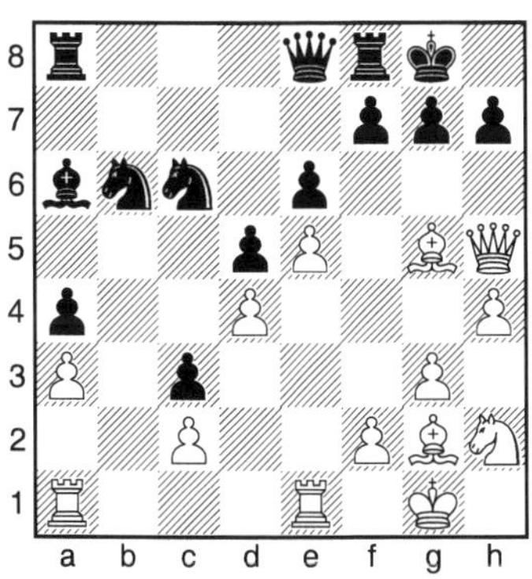

20.♗f6!

Nach diesem typischen Blockadeopfer ist die schwarze Königsstellung nicht mehr zu verteidigen.

20...♘xd4

1) 20...gxf6 21.♘g4 ♘d7 22.♗xd5! exd5 23.exf6 ♔h8 24.♖xe8 (P. Horn) 24...♖axe8 25.♕g5 ♖g8 26.♕xd5+-

2) 20...♔h8 21.♗xg7+ ♔xg7 22.♕g5+ ♔h8 23.♕f6+ ♔g8 24.♘g4+- (P. Horn)

3) Und 20...♘e7 21.♕g5 ♘g6 ...

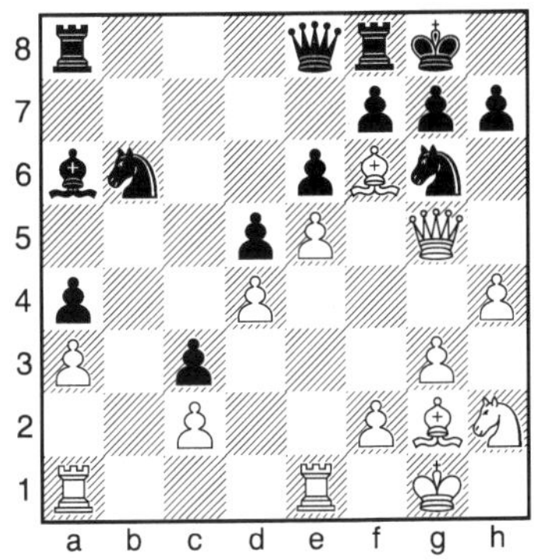

... trifft auf die wunderbare Widerlegung 22.♕h6!! gxh6 23.♘g4 mit der unparierbaren Drohung ♘g4xh6#.

21.♘g4 ♘f5 22.♕g5

Mit der tödlichen Drohung ♘h6+.

22...♔h8

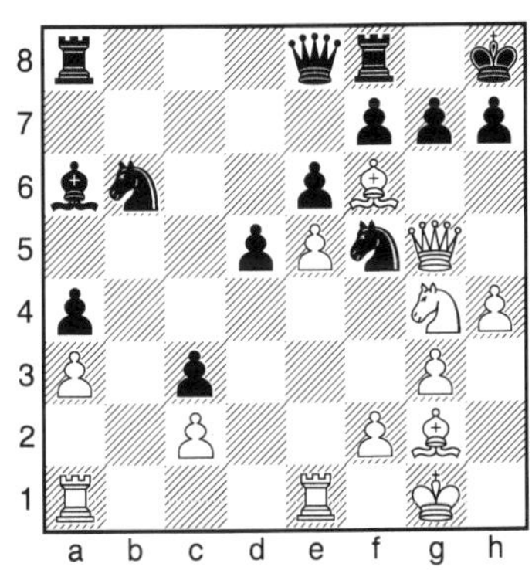

Nun ist die schwarze Königsstellung sturmreif.

23.♗xg7+! ♘xg7 24.♘f6 ♕d8 25.♕h6 ♕xf6 26.♕xf6 ♖ae8 27.g4 ♘d7 28.♕f4 ♗c4 29.h5 ♖c8 30.♖ab1 f5 31.exf6 1-0

Auch in der Französischen Verteidigung entstehen oft Strukturen, die dank des Raumvorteils im Zentrum einen weißen Angriff begünstigen.

Vachier-Lagrave, Maxime (2767)
Nepomniachtchi, Ian (2774)
Jekaterinburg 2020 (C18)

1.e4 e6 2.d4 d5 3.♘c3 ♗b4 4.e5 c5 5.a3 ♗xc3+ 6.bxc3 ♘e7 7.h4 ♕c7 8.h5 h6 9.♖b1 b6 10.♕g4 ♖g8 11.♗b5+

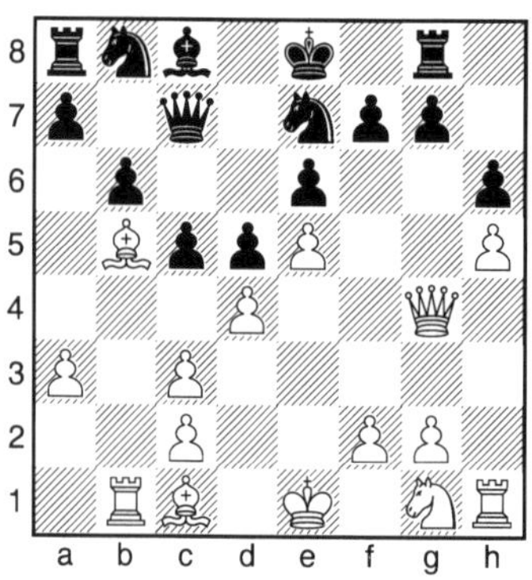

11...♔f8

Diese Neuerung ist von zweifelhaftem Wert, denn es ist durchaus möglich, dass Schwarz aus strategischen Gründen bereits schlecht steht, schließlich ist das Problem der Königssicherheit und der Turmkoordination selbst langfristig Sicht nicht befriedigend zu lösen.

12.♗d3 ♗a6 13.dxc5!? ♗xd3 14.cxd3 ♘d7 15.d4 bxc5 16.♕d1

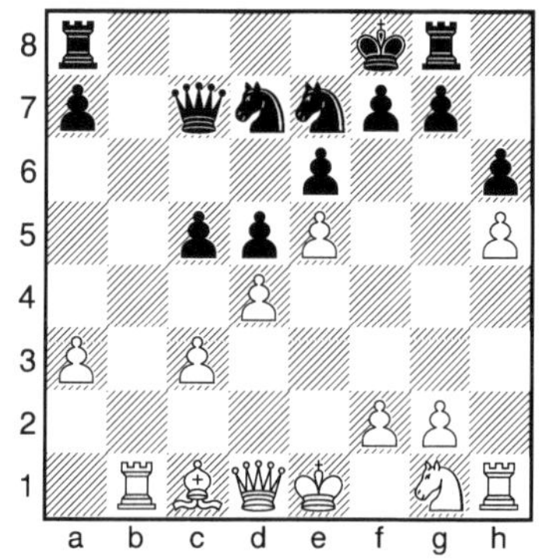

„Bis jetzt hatten beide Spieler wenig Zeit verbraucht und schienen noch in ihrer häuslichen Vorbereitung zu sein.

Engines beurteilen die Stellung als ausgeglichen, Online-Kommentatoren vertraten die Ansicht, dass Schwarz gut steht, und selbst Magnus Carlsen meinte, dies sei wohl der beste ♔f8-Winawer, den er je gesehen habe.

Aber dieser Einschätzung kann ich absolut nicht zustimmen. Weiß ist zwar in der Entwicklung zurückgeblieben, aber seine Figuren haben eine Zukunft und vor allem steht sein König sicher, während der schwarze gefährdet ist, so lange die Damen noch auf dem Brett sind. Ich bevorzuge hier definitiv Weiß.

Auch neige ich zu der Ansicht, dass das ganze weiße Herangehen ein AlphaZero-Vorschlag sein könnte, da wir es hier mit einem typischen Beispiel für langfristigen Positionsdruck zu tun haben."

(Romain Edouard im ChessBase Magazin 195)

16...♕a5 17.♗d2!

Im Gegensatz zu dem verzichtbaren a-Bauern muss dessen Kollege auf c3 unbedingt erhalten bleiben.

17...♖b8

An 17...♕xa3? 18.♘e2 ♕a6 19.0-0 dürfte Schwarz keine Freude haben.

18.♘e2

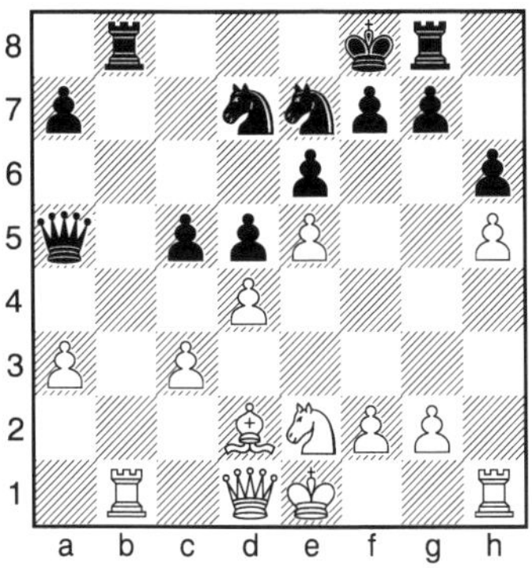

18...c4?

Das ist ein strategischer Fehler, weil Schwarz danach keinerlei Gegendruck mehr erzeugen kann und Weiß auf mittlere Sicht quasi ein Freispiel am Königsflügel erhält.

⌓18...♖xb1 19.♕xb1 ♕a6 (Edouard)

19.0-0 ♖b6 20.♕c2 ♖h8?!

„Nepo ist definitiv ratlos, was er tun soll, und das war ja von Anfang an das Hauptproblem seiner Position." (Edouard)

21.a4 ♔e8 22.♖b4 ♘c6

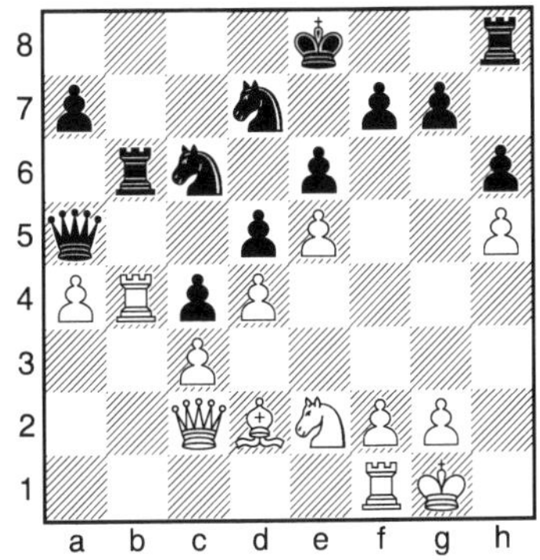

23.f4!

MVL zeigt sich unbeeindruckt vom drohenden Qualitätsverlust und legt einfach mit seinem Königsangriff los.

23...♘e7

Nach 23...♘xb4 24.cxb4 ♕a6 25.f5 ist unschwer zu erkennen, dass die Überlebenschancen des schwarzen Königs gleich null sind.

24.♖fb1 f5 25.♖b5 ♕a6

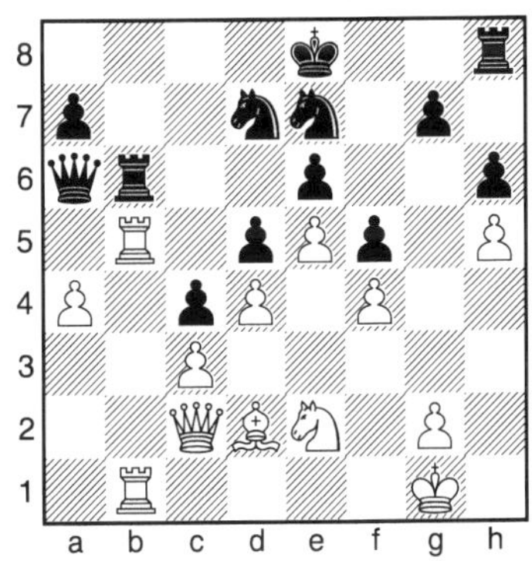

26.♗c1!

Das Eingreifen dieses Läufers via a3 wird in typischer Weise den Tag entscheiden.

26...♔f7 27.♗a3 ♖hb8 28.♗xe7 ♔xe7 29.g4! ♖xb5

29...fxg4 30.♖xb6 ♖xb6 31.♖f1+−

30.axb5 ♖xb5 31.gxf5! ♖xb1+ 32.♕xb1 exf5 33.♘g3! ♕b6 34.♘xf5+ ♔f8 35.♕a1 ♕e6 36.♘g3!

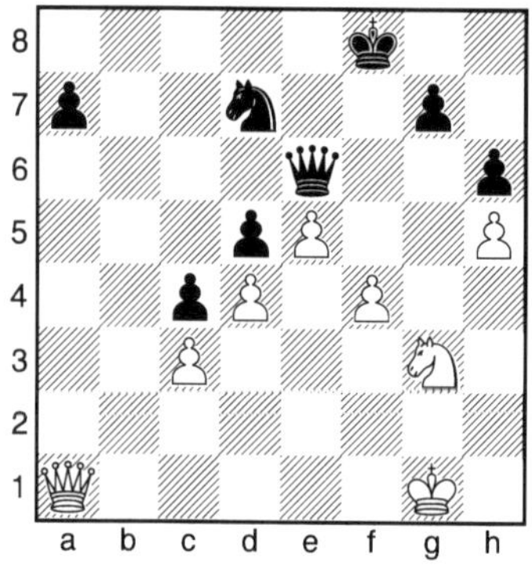

Ein treffliches Beispiel für die Richtigkeit des Satzes: Der Springer ist der beste Freund des Königs.

36...♕g4 37.♔g2 ♕xf4 38.♕xa7 ♔e7 39.♕a3+ ♔d8 40.♕d6 g5 41.hxg6 h5 42.g7 1-0

Kapitel 6

Angriff mit ungleichfarbigen Läufern

In diesem Kapitel geht es um einen typischen Unterschied im Materialbestand, der für den Angreifer günstig ist, wenn dessen Läufer effektiv eingesetzt werden kann. Es war ein Lieblingsthema des legendären Trainers Mark Dworetski, der auch den folgenden Klassiker genau unter die Lupe genommen hat.

Karpow, Anatoli (2720)

Kasparow, Garri (2700)

WM Moskau 1985

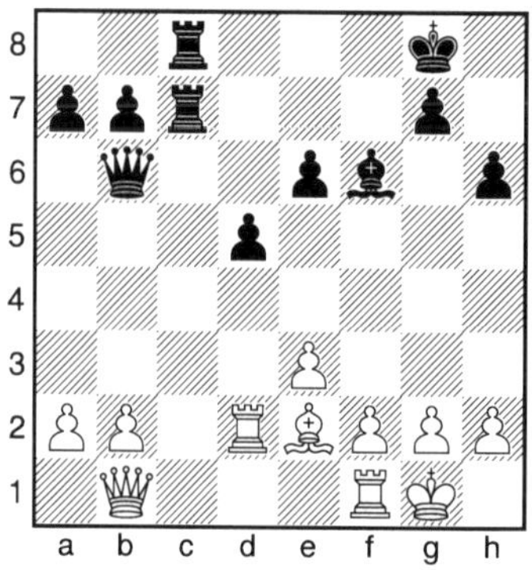

22.♗g4!

Karpow nimmt eine der weißfeldrigen Schwachstellen ins Visier. Objektiv sollte die Stellung noch haltbar sein, aber die schwarze Aufgabe ist sehr undankbar. Denn es wird nur auf *zwei* Ergebnisse gespielt und Weiß kann risikolos immer weiter Druck machen.

22...♖c4 23.h3 ♕c6 24.♕d3 ♔h8?! 25.♖fd1 a5 26.b3 ♖c3 27.♕e2 ♖f8 28.♗h5 b5 29.♗g6 ♗d8 30.♗d3 b4 31.♕g4 ♕e8 32.e4 ♗g5?!

32...♗b6 ist aktiver.

33.♖c2

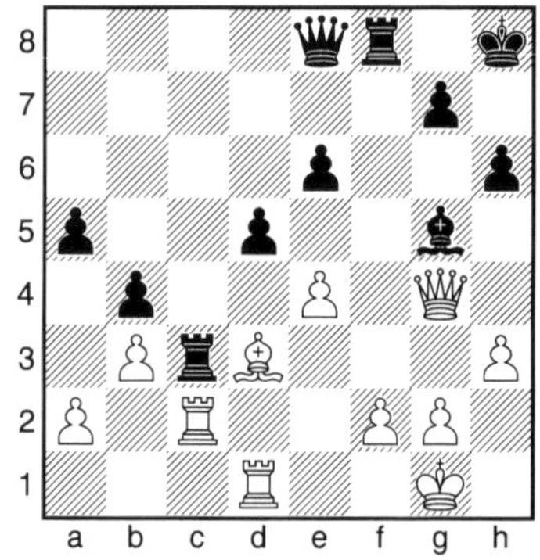

33...♖xc2?!

Der Abtausch des aktiven Turms ist ein strategischer Fehler.

In seinem Buch *Positionelles Schach* gibt Dworetski 33...♕c8! 34.exd5 exd5 35.♕xc8 ♖fxc8 36.♖e2 ♖c1 37.♖xc1 ♖xc1+ 38.♔h2 ♖c8 39.♗g6 ♗f6 als haltbar an.

34.♗xc2 ♕c6?!

34...♗d8 war genauer.

35.♕e2 ♕c5 36.♖f1 ♕c3 37.exd5 exd5

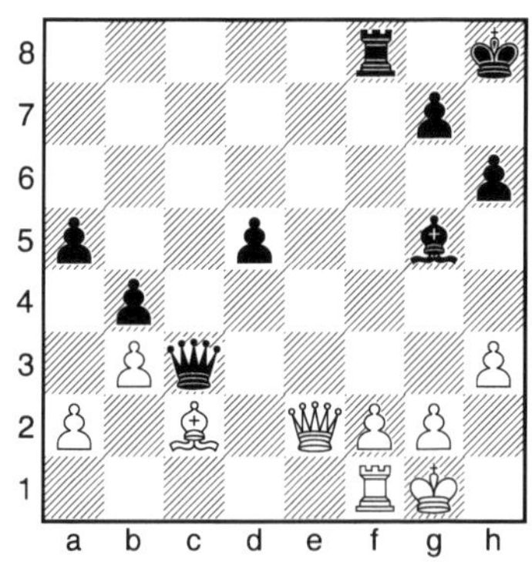

38.♗b1!?

Ein typischer Karpowscher Prophylaxe-zug, bevor es dann langsam aber sicher aktiv zur Sache geht.

38...♕d2?

Danach verlieren die schwarzen Figu-ren ihre Koordination.

Das aktive 38...♗d8 39.♕e6 ♕f6 40.♕xd5 ♗b6 bot weit bessere Remischancen.

39.♕e5 ♖d8 40.♕f5 ♔g8 41.♕e6+ ♔h8 42.♕g6 ♔g8 43.♕e6+ ♔h8 44.♗f5 ♕c3 45.♕g6 ♔g8 46.♗e6+ ♔h8 47.♗f5 ♔g8

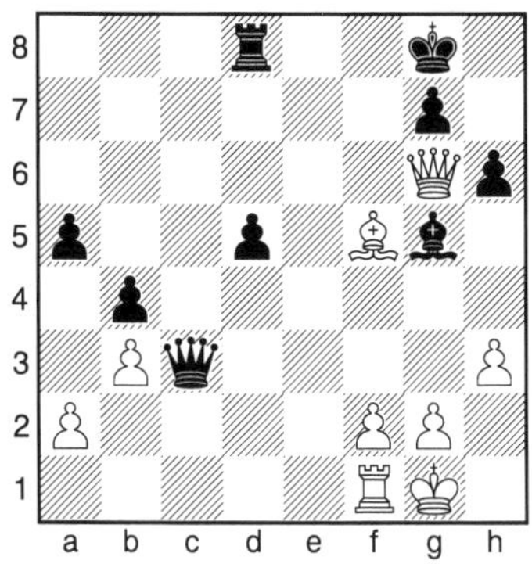

48.g3

Damit beginnt der nächste Abschnitt der weißen Strategie.

48...♔f8 49.♔g2 ♕f6 50.♕h7 ♕f7 51.h4!

Die Restriktion geht weiter. In der Folge komplementieren die Bauern auf schwarzen Feldern den weißfeldrigen Läufer.

51...♗d2 52.♖d1 ♗c3 53.♖d3

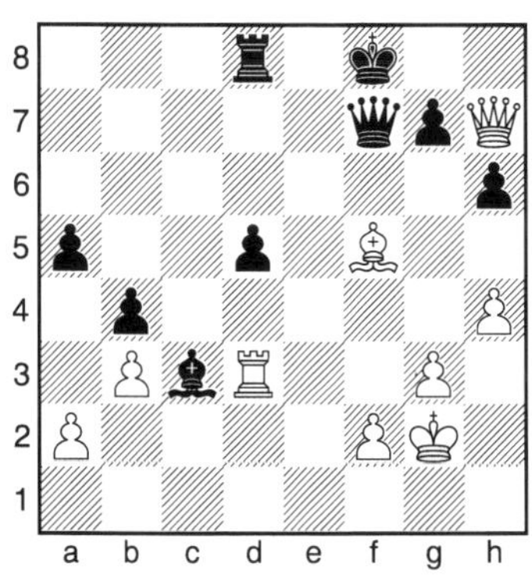

53...♖d6?

Danach brechen die Dämme.

53...♗f6! 54.♖f3 ♕g8 55.♕g6 ♕f7 56.♕g4 ♕c7 war zwar zäher, obwohl letztlich auch kaum zu halten.

54.♖f3! ♔e7 55.♕h8

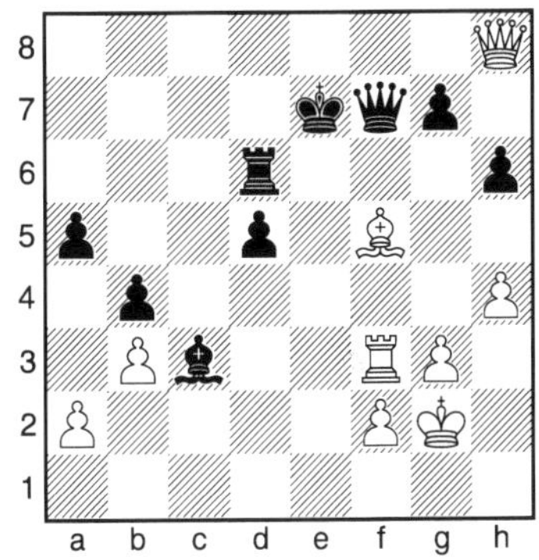

55...d4?!

Danach verliert Schwarz völlig die Kontrolle über die weißen Felder.

1) 55...♕f8?! 56.♖e3+ ♔f7 57.♗e6+ +−

2) 55...♗d4!? ist zäher, rettet aber auch nicht; z.B. 56.♕a8 ♖f6 57.♕xa5 ♖xf5 58.♕xb4+ ♔e6 59.♖xf5 ♕xf5 60.♕xd4+−.

56.♕c8 ♖f6

56...♕d5 57.♕c7+ ♔e8 58.♗e4 ♕xe4 59.♕xd6+−

57.♕c5+ ♔e8

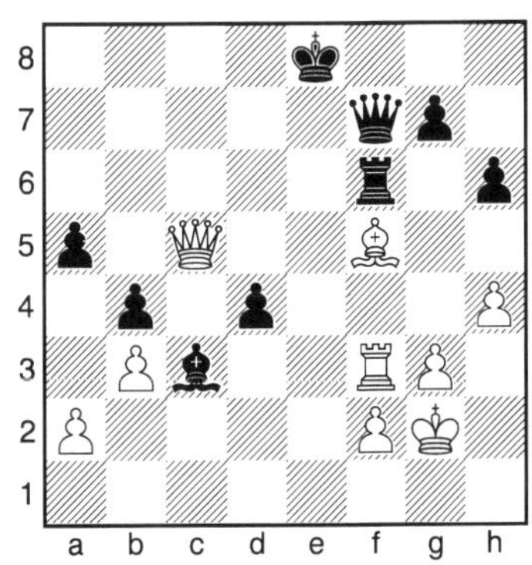

58.♖f4

Der Turm kommt entscheidend in den Angriff. Karpow hat die Taktik voll im Griff.

58...♕b7+ 59.♖e4+! ♔f7

59...♔d8 (59...♖e6!?) 60.♕xa5+

– 60...♕b6 61.♕a8+ ♔c7 62.♖e7+ ♔d6 63.♖d7+ ♔e5 64.♕d5#

– Und 60...♖b6 61.♔h2 g6 62.♖e6...

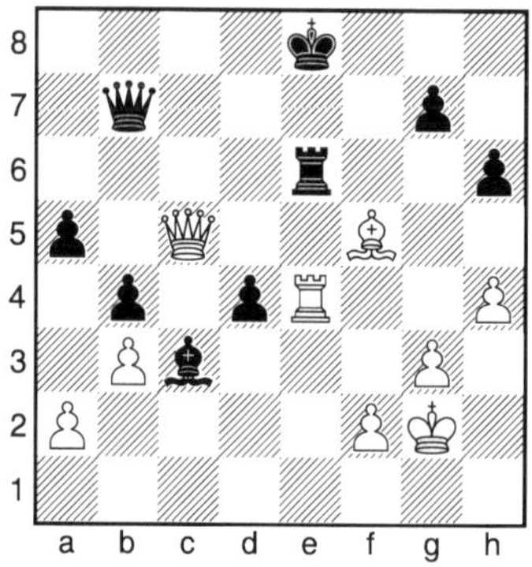

... wird mit 60.♕c4! ♖xe4 61.♕g8+ ♔e7 62.♕xg7+ +– widerlegt.

60.♕c4+ ♔f8 61.♗h7 ♖f7 62.♕e6 ♕d7 63.♕e5! und **1-0** angesichts der möglichen Folge 63...♕d8 64.♕c5+ ♖e7 65.♖f4+ ♔e8 66.♕c6+

– 66...♖d7 67.♕e6+ ♕e7 68.♖f8+ ♔xf8 69.♕g8#

– 66...♕d7 67.♗g6+ ♔d8 68.♖f8+

Mitunter kann der Angreifer sogar Material opfern und auf ungleichfarbige Läufer als möglichen Kompensationsfaktor setzen.

Tal, Michail
Portisch, Lajos
Bled 1965 (C10)

1.e4 e6 2.d4 d5 3.♘c3 ♘f6 4.♗g5 dxe4 5.♘xe4 ♘bd7 6.♘xf6+ ♘xf6 7.♘f3 c5 8.♗c4 cxd4 9.0-0 ♗e7 10.♕e2 h6 11.♗f4 0-0 12.♖ad1 ♗d7 13.♖xd4 ♕b6

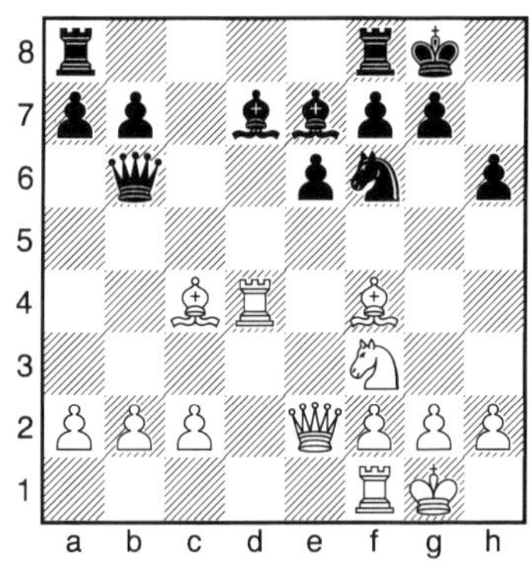

14.♕d2

Mit diesem für ihn typischen Zug setzt Tal kompromisslos auf Angriff.

1) 14.c3!? ♗c6 15.♘e5∓ war objektiv besser.

2) Hingegen führte 14.♖d3 ♗b5 15.♗xb5 ♕xb5 in der Partie M. Tal – P. Benkö, Kandidatenturnier Curaçao 1962, zu keinem Vorteil.

14...♗c6

Gegen 14...♖fc8?! plante Tal 15.♗xh6 gxh6 16.♕xh6 ♕xd4 17.♘xd4 ♖xc4 18.♖d1 „mit gefährlichen Drohungen“.

15.♗xh6

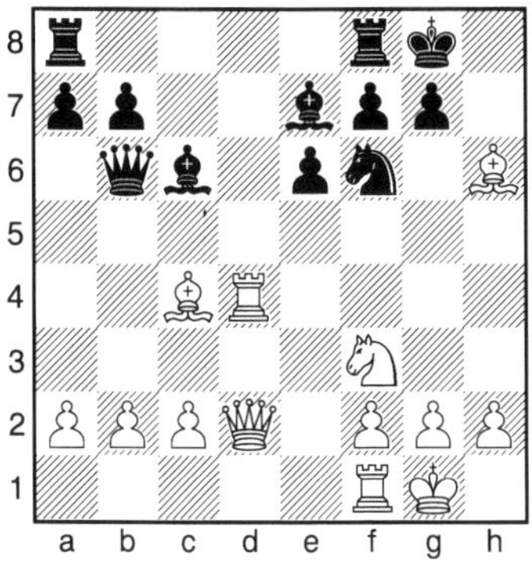

15...♘e4!

Ein lebenswichtiger Zwischenzug zur Koordination der Verteidiger.

Hier ein Blick auf zwei zu riskante Alternativen:

1) 15...♗xf3? 16.♗xg7 ♔xg7 17.♕g5+ ♔h7 18.♖h4+ ♘h5 19.♗d3+ f5 20.♕xe7+ ♔g8 21.♗c4 ♘g7 22.gxf3 ♖ae8 23.♕g5 ♕xb2 24.♖h6+−

2) 15...gxh6? 16.♕xh6 ♗e4 17.♗d3 e5 18.♕g5+ ♗g6 19.♗xg6 exd4 20.♗d3+ ♔h8 21.♖e1 ♘g8 22.♕h5+ ♕h6 23.♕xh6+ ♘xh6 24.♖xe7±

16.♕f4 gxh6 17.♖xe4

17.♕xh6 ♖ad8 18.♗xe6 ♖xd4 19.♗f5 ♘f6 20.♕g5+= (Tal)

17...♗xe4 18.♕xe4 ♖ad8

Tal ging davon aus, dass 18...♕xb2 wegen 19.♘e5 verliert. Tatsächlich kann Schwarz sich jedoch halten.

1) 19...♗g5 (19...♗f6? 20.♗d3+− Tal) 20.f4 ♗e7 21.♔h1 ♖ac8 22.♗xe6 ♕xc2 23.♘d3 fxe6 24.♕g6+ =

2) Nach 19...♕b4 20.♕g4+ ♔h8 21.♕h5 ♔g7 22.♕g4+ muss Weiß sich mit Dauerschach begnügen, denn 22...♗g5? ist wegen 23.h4 ♕c3 24.♘xf7 ♖xf7 25.hxg5 ♕e5 26.gxh6+ ♔xh6 27.♗xe6 zu riskant.

19.b3 ♗c5 20.♕f4 ♔g7 21.♕e5+ f6 22.♕g3+ ♔h7 23.♖e1?!

Nach dieser Schwächung des Bauern f2 erhält Schwarz Gegenspiel.

Stattdessen sollte Weiß mit 23.c3 ♖g8 (23...a5 24.a3) 24.♕h3 f5 25.b4 ♗f8 26.♖e1 selbst um mehr schwarzfeldrigen Einfluss kämpfen.

23...♖g8

Die Alternative war 23...♗b4 24.c3 (Tal) 24...♖g8 (Nunn) 25.♕h3 ♗xc3 26.♖xe6 ♖d1+ 27.♗f1 ♕c5 28.g3 mit schwer einzuschätzender Stellung.

24.♕h4 ♖d6?!

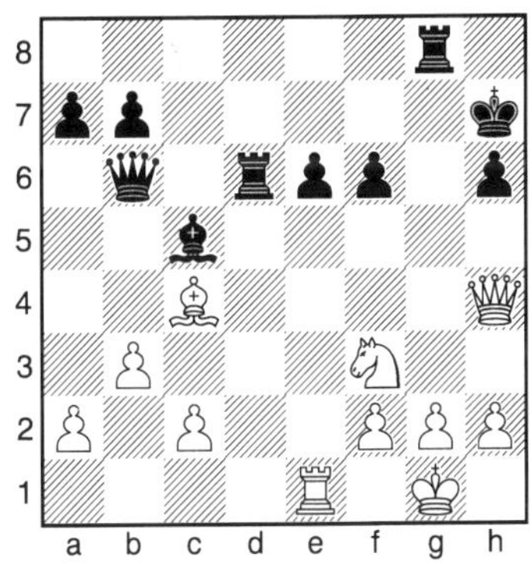

24...♗b4!? war immer noch angezeigt:

– 25.♖xe6?? ♖d1+ 26.♗f1 ♕xe6−+

– 25.♗xe6 ♗xe1 26.♗xg8+ ♔xg8∓

– 25.♖f1 ♖g6 26.♗xe6 ♕xe6 27.♕xb4 ♕g4 28.♕xg4 ♖xg4 29.♖e1 ♖g7∓

25.♔f1

Mit dieser bemerkenswerten Prophylaxemaßnahme entzieht sich der König den Gefahren, die in den gegnerischen

Angriffsstraßen lauern. Auch Kasparow war später dafür bekannt, vor einem scharfen Angriffssturm noch einen prophylaktischen Königszug einzustreuen, um die eigene Stellung abzusichern.

Tals Trainer Koblenz schlug direkt nach der Partie 25.c3!? a5 26.a3!! vor, was vermutlich noch stärker ist. Nach 26...♖g6 würde die Folge 27.♔f1 ♗xa3 28.♘d4 ♗c5 29.♘xe6 ♖d2 30.♘xc5 ♕xc5 31.♕f4 zu weißer Initiative führen.

25...f5 26.h3 ♖g6

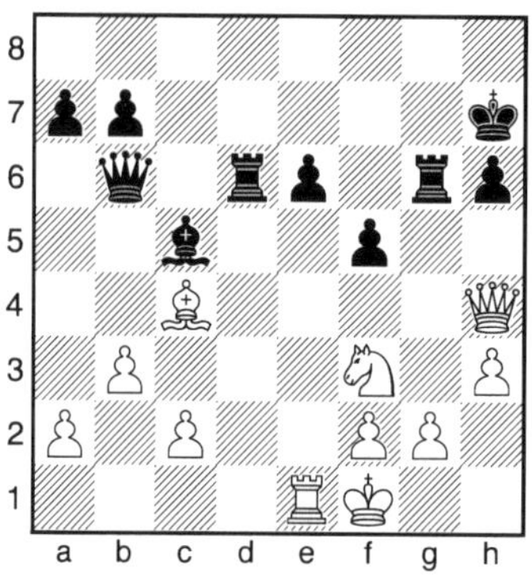

27.g4?!

1) Mit 27.c3 ♕c6 28.a4 könnte Weiß den Kampf fortsetzen, obwohl sich die Stellung im dynamischen Gleichgewicht befinden sollte.

2) 27.♕e7+ hätte das Remis direkt forciert: 27...♖g7 28.♕e8 ♖g8 29.♕f7+ ♖g7 30.♘g5+ hxg5 31.♕h5+ ♔g8 32.♕e8+ usw.

27...♖d7?

27...♕c6

1) 28.♘e5? ♕h1+ 29.♔e2 ♖d2+ 30.♔xd2 ♗b4+ 31.c3 ♗xc3+ 32.♔xc3 ♕xe1+ 33.♔c2 ♕xe5∓

2) Nach 28.gxf5 28...exf5 29.♕h5 (29.♖e7+? ♔h8 30.♕f4 ♖d1+∓) hat Weiß immer noch Kompensation, aber der schwarze Gegenangriff hat durch die weißfeldrigen Schwächungen deutlich an Stärke gewonnen.

28.♖xe6 ♖d1+ 29.♔g2 ♖xe6 30.♗xe6 fxg4

30...♕d8 31.♗xf5+ ♔g7 32.g5 ♕d6 33.b4 ♗d4 34.gxh6+ ♔f8 35.♘g5+−

31.♕xg4 ♖d8 32.♘e5 1-0

Kasimdzhanov, Rustam (2678)

Kasparow, Garri (2804)

Linares 2005

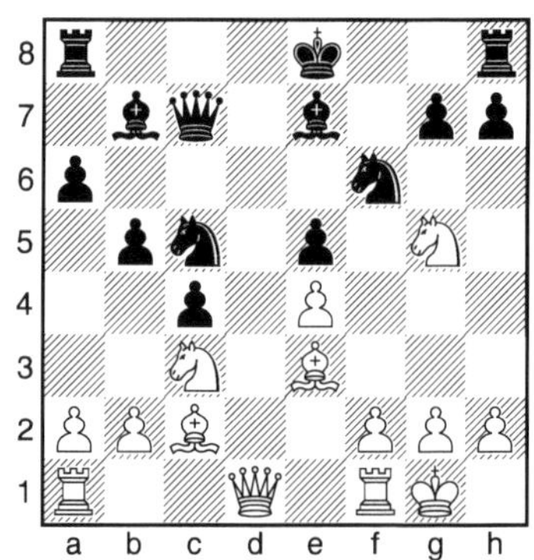

Das folgende Qualitätsopfer stammt eigentlich von dem Computerprogramm ‘Deep Junior’. Denn Kasparow und seinem Mitarbeiter Dokhojan war aufgefallen, dass selbiges nach ...

17...0−0!?

... eine *positive* Bewertung für Schwarz anzeigte!

Anzumerken ist, dass ‘Alpha-Beta Computerprogramme’ eigentlich von ihrer 'Natur' her Pragmatiker sind, wobei die Bewertungsfunktion selbstredend eine 'Theorie von außen' hereinbringt. So war 'Deep Junior' wegen seiner relativ geringen Bewertung des Materials quasi der Aktivspieler unter den Engines jener Zeit. Allerdings ist die Stellung objektiv wohl ungefähr ausgeglichen, woran man sieht, dass 'Deep Junior' das Material etwas zu niedrig bewertete.

18.♗xc5 ♗xc5 19.♘e6 ♕b6 20.♘xf8 ♖xf8

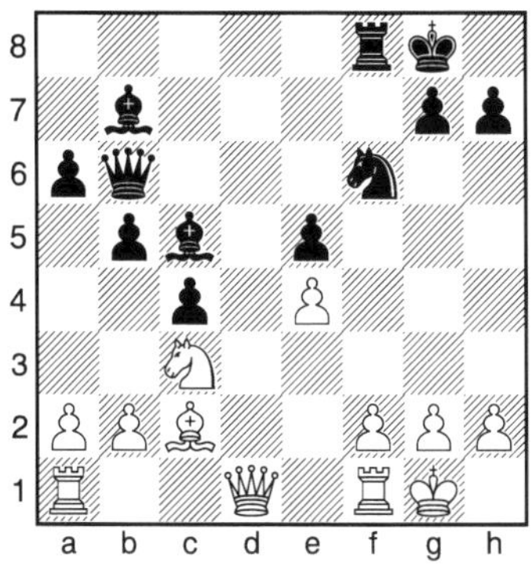

Hat ein Läufer eines Läuferpaares keinen Gegenspieler, so kann man diesen (mit einem Ausdruck des Trainers Holger Borchers) als 'grünen Läufer' bezeichnen. (Denn dieser ist der Hoffnungsträger des Angreifers und 'Grün ist die Hoffnung'!)

Hier stellt der mächtige 'grüne Läufer' auf c5 einen Hauptbestandteil der schwarzen Kompensation dar.

21.♘d5

Kasimdjanow will sich durch Abtausch entlasten, aber das hat einen gewissen Preis. Denn es verliert nicht nur den Bauern f2, sondern geht vor allem auch auf Kosten der Königssicherheit, was gegen einen starken Aktivspieler stets bedenklich ist. Allerdings spricht laut Computer objektiv nichts gegen den Textzug.

Aus praktischer Sicht war 21.♕e2!? möglicherweise besser. Laut Kasparow sollte die Stellung nach 21...♕e6 im dynamischen Gleichgewicht sein.

21...♗xd5 22.exd5 ♗xf2+ 23.♔h1

23.♖xf2?? ♘g4−+

23...e4

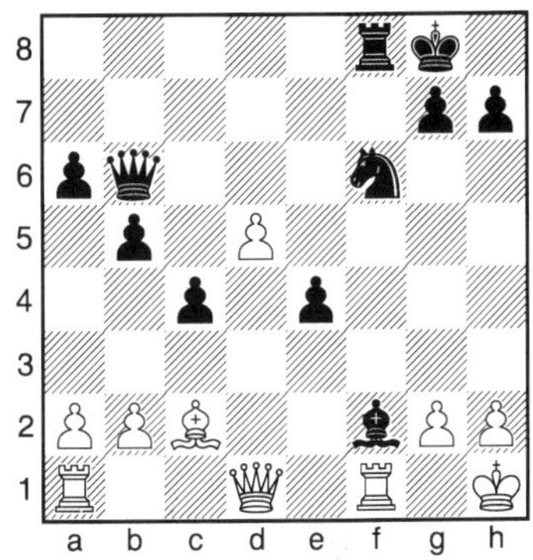

24.♕e2?

Nun kommt dieser Zug zu spät und angesichts des e−Freibauern in Verbindung mit dem Königsangriff hat Schwarz schon mehr als genug Kompensation für die Qualität.

Weiß musste das von Schwarz angeschlagene dynamische Tempo der Initiative mitgehen; z.B. 24.d6 e3 25.a4 g6 26.axb5 axb5 27.b3 c3 28.♕d3 ♕c5 29.♗d1 ♖d8 30.♖a6=.

24...e3 25.♖fd1?

Ein Fehler kommt selten allein, und nach der Wahl des falschen Turms gewinnt Schwarz im Königsangriff. Mit 25.♖ad1 ♕d6 26.♗f5 war der Schaden in Grenzen zu halten.

25...♕d6−+ 26.a4

– Nun konnte 26.♗f5 mit 26...♕e5 beantwortet werden; z.B. 27.♗e6+ ♔h8 28.a4 ♘e4 29.axb5 ♗g3.

– Und auf 26.♖d4 folgt 26...h5 27.♖ad1 ♘g4 28.♖xg4 hxg4 29.♕xg4 ♖f6.

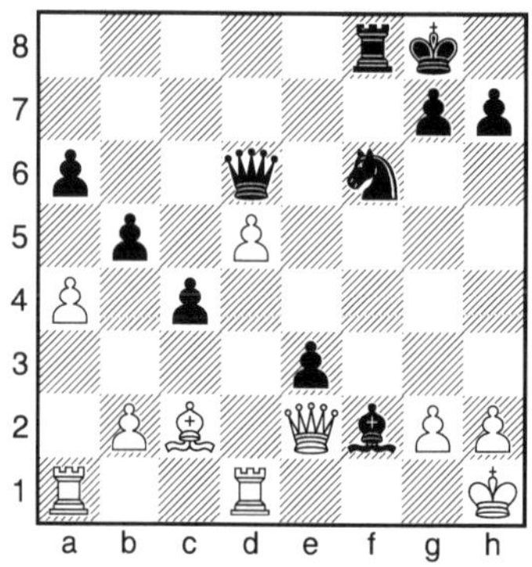

26...g6!

Das lässt nicht nur den gegnerischen Läufer auf Granit beißen, sondern es bereitet auch ♘h5 vor. Solche Züge, die Angriff und Verteidigung verbinden, sind oft besonders gut.

27.axb5 axb5 28.g3 ♘h5 29.♕g4

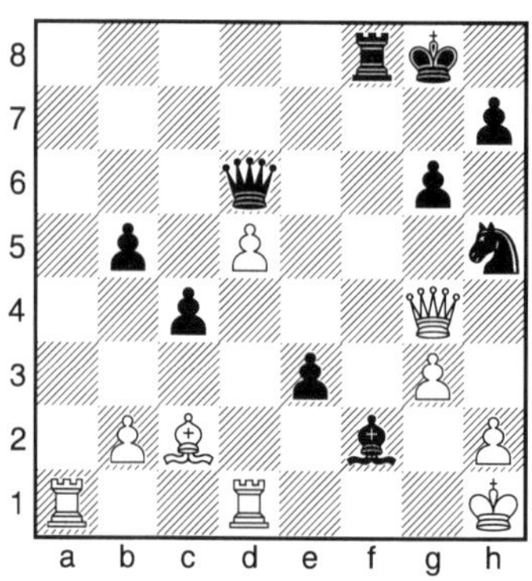

Nun ist bereits die Zeit für die Abschlusskombination gekommen.

29...♗xg3! 30.hxg3

– 30.♕e6+ ♕xe6 31.dxe6 ♗h4 – 30.♖g1 ♗xh2 31.♕xh5 ♗xg1 32.♖xg1 ♖f1 33.♕g4 ♖f2 34.♖g2 e2

30...♘xg3+ 31.♔g2

31.♔g1 e2

31...♖f2+ 32.♔h3 ♘f5 33.♖h1 h5 34.♕xg6+ ♕xg6 35.♖hg1 ♕xg1 36.♖xg1+ ♔f7 0–1

Im nächsten Beispiel kann der Angreifer sogar eine ganze Figur opfern.

Nepomniachtchi, Ian (2749)
Li, Chao (2720)
Sharjah 2017 (C42)

1.e4 e5 2.♘f3 ♘f6 3.♘xe5 d6 4.♘f3 ♘xe4 5.d4 d5 6.♗d3 ♗d6 7.0-0 0-0 8.c4 c6 9.♘c3 ♘xc3 10.bxc3 dxc4 11.♗xc4 ♗f5 12.♗g5!?

Diese Neuerung wirkt auf den ersten Blick unlogisch, aber Nepomniachtchi ist zielgenau präpariert und weiß genau, was er tut.

12...♕c7 13.♖e1 h6 14.♘h4 ♗h7

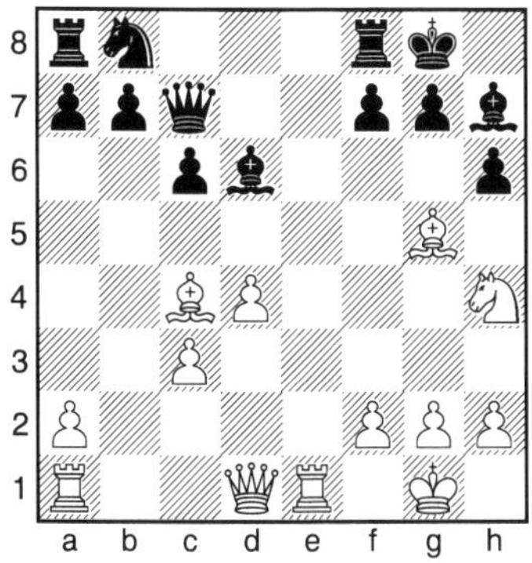

15.♗xh6!!

Das ist die vorbereitete Pointe des forschen Angriffsspiels.

15...♗xh2+

Zur Schadensbegrenzung war die Alternative 15...gxh6 erzwungen, wonach es folgendermaßen weitergehen könnte: 16.♕g4+ ♔h8 17.♘f5 ♗xf5 18.♕xf5 ♗xh2+ (18...f6? 19.♖e6+−) 19.♔h1 ♕f4

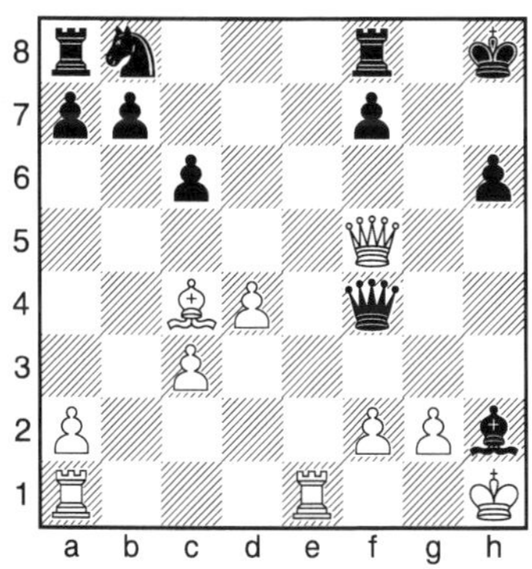

Und jetzt z.B. 20.♕h3 (Silver im ChessBase Magazin 177) 20...♘d7 21.♖e7 ♘b6 22.♗b3 ♘d5 23.♗xd5 cxd5 24.♕xh2 ♕xh2+ 25.♔xh2 ♖ac8 mit guten praktischen Remischancen.

16.♔h1 ♗f4?

Dieser Entlastungsversuch bewirkt das genaue Gegenteil, denn Weiß verfügt über einen gewaltigen Konter.

Erzwungen war 16...gxh6, was nach 17.♕g4+ ♔h8 18.♘f5 ♗xf5 19.♕xf5 ♕f4 unter Zugumstellung zur 15...gxh6 Variante geführt hätte.

17.♗xg7! ♔xg7 18.♕g4+ ♔h8 19.♘f5 ♗xf5

19...♖g8 20.♖e8+−

20.♕xf5 ♕d6 21.g3 ♗h6

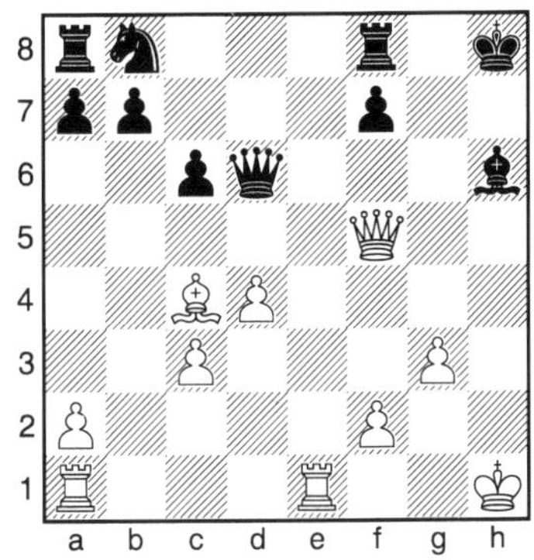

22.♔g2!

Nachdem der König den Türmen den Weg frei macht, dringt der Angriff mühelos durch.

22...b5 23.♗b3 ♕g6 24.♕xg6 fxg6 25.♖e7 g5 26.♖e6 ♔g7 27.♖h1 ♖h8 28.♖e7+ ♔g6 29.♗c2+ und **1-0** angesichts der möglichen Folge 29...♔f6 30.♖he1 g4 31.♖1e6+ ♔g5 32.♖g6+ ♔h5 33.♖e5+ ♗g5 34.♖exg5#.

Die Faustregel aus dem Mittelspiel, gemäß derer ungleichfarbige Läufer den Angreifer begünstigen, gilt auch im Endspiel, wenn es sich nicht um ein reines Läuferendspiel handelt.

Carlsen, Magnus (2862)

Vachier-Lagrave, Maxime (2784)

Opera Rapid Online 2021

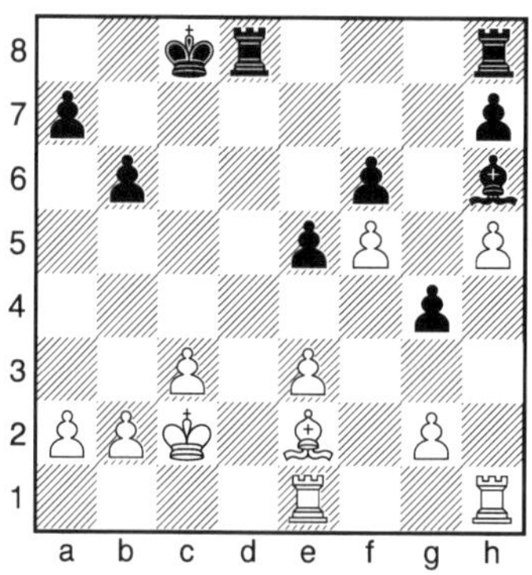

21...g3?

Für diese Schutzmaßnahme hat Schwarz keine Zeit, denn danach wird Magnus Carlsens Powerplay auf den weißen Feldern früher oder später zum Gewinn führen.

Nach der besseren Wahl 21...♔c7! und der Folge 22.♗xg4 e4 steht Weiß natürlich ebenfalls besser, aber die schwarze Stellung ist viel aktiver als in der Partie.

22.♗c4 ♖d6 23.♖h3 ♖hd8 24.♖e2 ♗g5 25.♖xg3 h6 26.♖g4 ♔c7 27.♗a6 ♖d5 28.♖c4+ ♖c5 29.e4 ♖xc4 30.♗xc4 ♗f4 31.♗e6 ♗g3

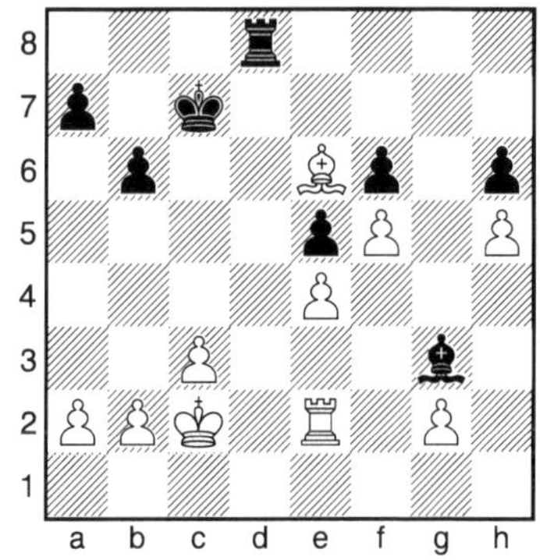

32.b4

32.a4!?+− wird von Engines bevorzugt.

32...b5?!

Die Schaffung eines Aufrollpunkts erleichtert die weiße Aufgabe, aber Schwarz ist ohnehin verloren.

Eine beispielhafte Alternative lautet 32...♔b8 33.♗d5 ♖d7 34.♔b3 ♖c7 35.c4 ♗f4 36.♔a4

1) 36...♖g7 37.c5 ♔c7 38.♖c2 bxc5 39.bxc5 ♗e3 40.♖b2 ♔c8 41.♔b5+−

2) 36...a6 37.♖c2 ♔c8 38.♖c3 ♔d7 39.c5 bxc5 40.bxc5 ♔c8 41.♗e6+ ♔b7 42.g3 ♗d2 43.♖d3 ♗e1 44.♖d6 ♖xc5 45.♗d5+ ♔a7 46.♖xf6+−

33.♗d5 ♔b6 34.♔b3 ♖d7 35.a4 a6 36.♖a2 ♖a7

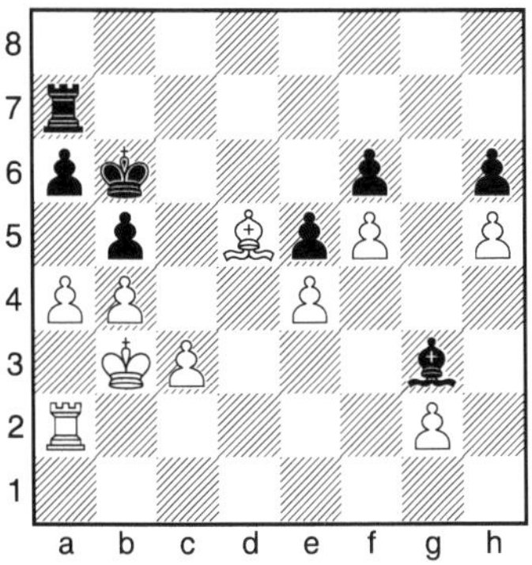

37.a5+

Die weißen Bauern helfen beim Königsangriff, komplementieren den Läufer und legen die schwarzen Schwächen fest. Eine beeindruckende Demonstration fantastischer Angriffstechnik des 16. Weltmeisters!

37...♔c7 38.c4 bxc4+ 39.♗xc4 1-0

Die folgende Hängepartiestellung habe ich zunächst als Sekundant von Alexey Schirow analysiert, der sie auch in seinem Buch „Fire on Board“ bringt. Danach zeigte ich die Analyse dem bekannten Trainer C.D. Meyer und sie war länger Thema beim Hamburger Kadertraining. In den ersten Veröffentlichungen gingen wir davon aus, dass der Abgabezug 61...♔g8?! verliert. Aber nach 15 Jahren rief C.D. Meyer an und ich musste von da an alles ändern.

Das Beispiel lässt mich bis heute nicht los und ich habe es fast allen meinen Schülern und bei vielen Trainingssitzungen und Seminaren gezeigt. Daher kann ich neue Erkenntnisse von Vincent Keymer und Dommaraju Gukesh bieten. Beide waren zu dem relevanten Zeitpunkt 13 Jahre alt und auf dem Weg zum Großmeister bzw. schon dort angekommen. Es ist eines meiner absoluten Lieblingsbeispiele.

Schirow, Alexei (2670)
Lautier, Joel (2635)
München 1993

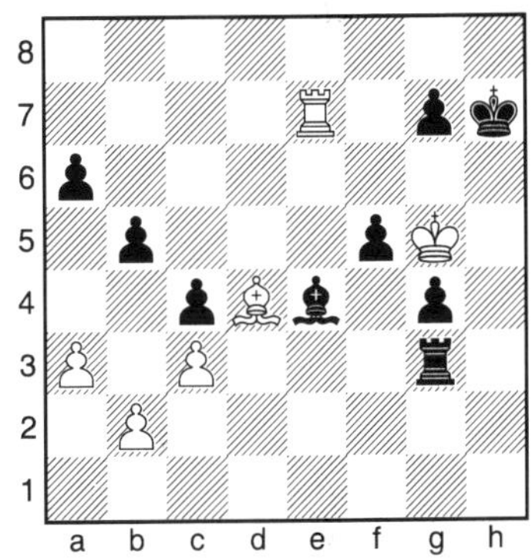

In dieser Stellung gibt es sogar *drei* Remiszüge.

61...♔g8?!

Lautier hatte in der Tat den Zug abgegeben, den wir vor allem erwartet hatten. Ich dachte allerdings 15 Jahre lang, dass er verliert, bis eines Tages C.D. Meyer anrief.

Kurz vor der Wiederaufnahme der Hängepartie hatten Alexey und ich noch eine andere Variante analysiert: 61...♖h3 62.♖xg7+ ♔h8 63.♔g6 f4+ 64.♔g5 ♖d3? (△64...♗c2=)

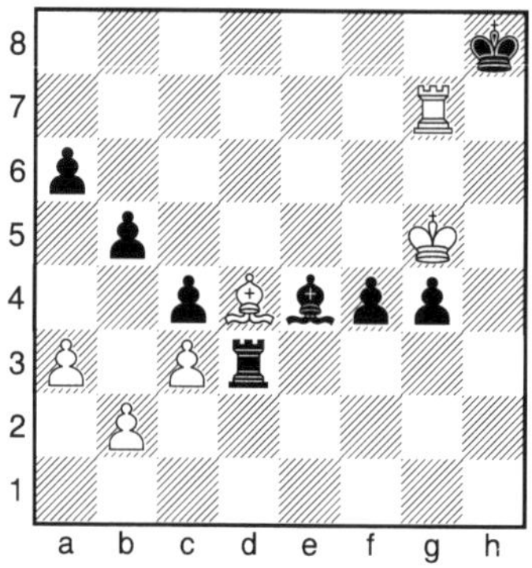

Hier fand ich zum Glück den Gewinn.

(Alexeys Notebook hatte keinen Saft mehr und wir hatten uns noch nicht um einen Adapter gekümmert. 'Fritz' hätte das sicher auch und vor allem schneller gefunden.)

65.♖e7+ ♖xd4 66.cxd4 g3 67.♖xe4 g2 68.♖e1 f3 69.♔g6 f2 70.♖e8#

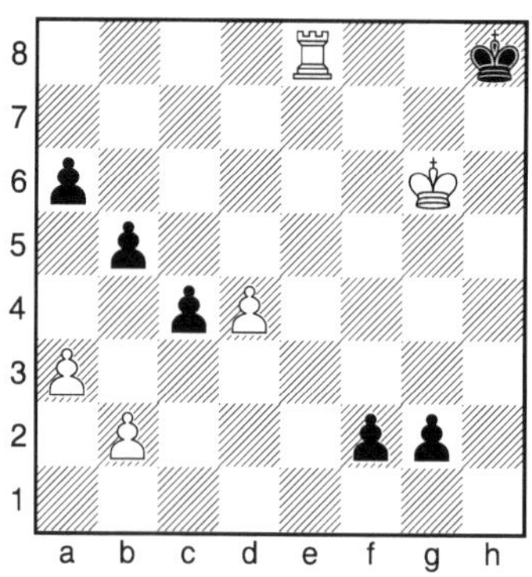

Das war mein wichtigster Beitrag als Sekundant zu Alexeys Turniersieg. Er hatte zwar keinen direkten Einfluss, aber Alexey begann daran zu glauben, dass er in der Hängepartie Gewinnchancen hat.

61...♖d3 ist ebenfalls spielbar.

62.♔g6 ♗c6

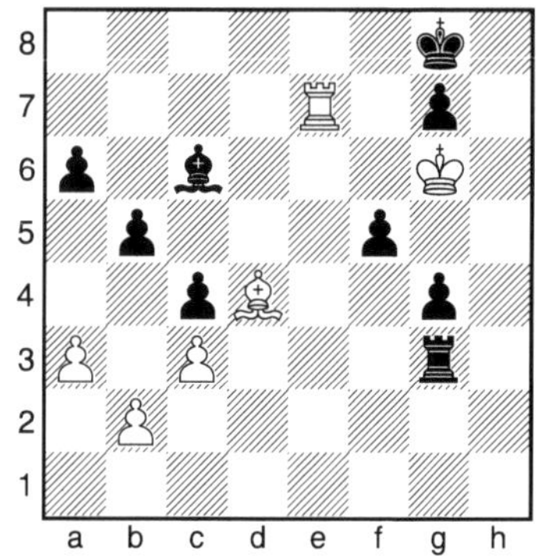

63.♗c5!?

Diesen Trick hatte Lautier zum Glück in der Analyse seiner Hängepartie nicht berücksichtigt.

63...♖d3?

63...♔h8!! ist paradoxerweise der einzige Remiszug, den 'Fritz' auf Alexeys Notebook auch noch gefunden hatte, kurz bevor der Akku leer war. Lautier hat vermutlich zur Analyse keinen Computer eingesetzt, die damals ja noch nicht so stark waren wie heute. Nun sollte Weiß mit 64.♗d4 ♔g8 die Stellung wiederholen und danach zu 65.♖xg7+ greifen: 65...♔f8

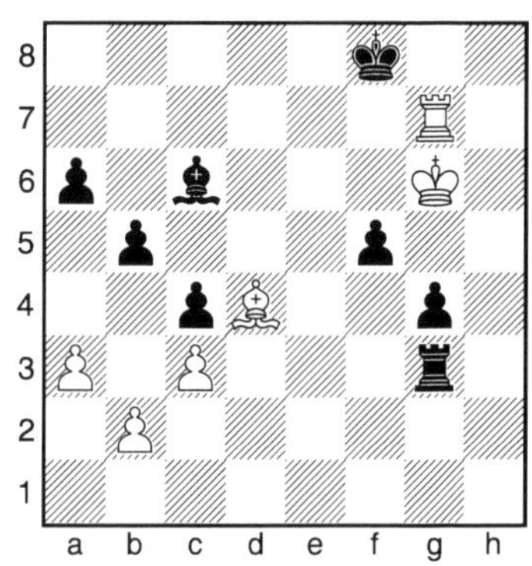

66.♖c7!? Meine Verbesserung, die ich aber erst später fand.

(66.♔f6= kam in der Post mortem Analyse von Schirow und Lautier vor.)

66...♗g2!

(Es geht auch 66...♗h1, während alle anderen Züge verlieren.)

1) Beim Training (in Hamburg Mitte 2019) fragte Gukesh nach 66...♗e8+? 67.♔f6 ♖g2.

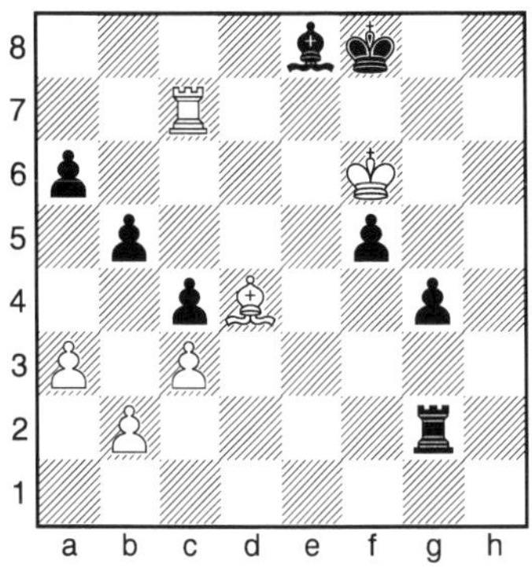

Und es war ein Computer, der den Gewinn fand: 68.♖h7

(68.♖c8? ♖e2 69.♗c5+ ♔g8 70.♗e7 gewinnt zwar den Läufer, aber nicht die Partie: 70...g3 71.♖xe8+ ♔h7 72.♖d8 ♖xe7 73.♔xe7 g2 74.♖d1 f4 75.♔f6 f3 76.♖d7+ =.)

68...♔g8 69.♖g7+ ♔h8 70.♖e7 ♗c6 71.♖e6 ♗d7 72.♖d6 ♗e8 73.♖d8+−

2) 66...♗d5? 67.♖c5 ♗e6 (67...♗b7 68.♖e5+−) 68.♔f6

Erst jetzt kann dieser Zug erfolgen, weil er mit Tempo geschieht.

68...♗d7 69.♖c7

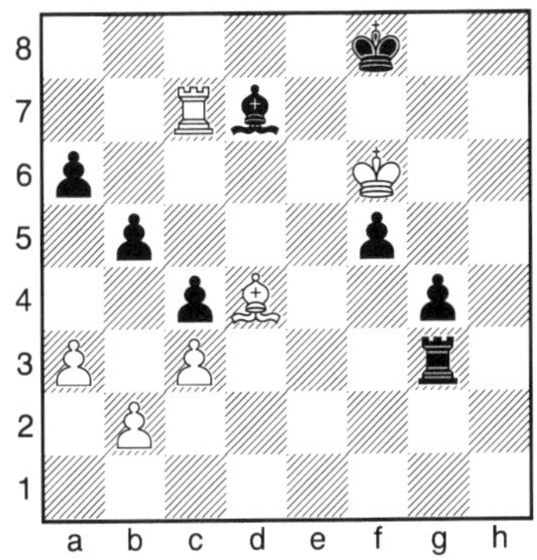

Nun hat Schwarz nur die Wahl, wie er verlieren möchte; z.B. 69...♔e8 70.♖a7 ♔d8 (70...♗c8?! 71.♖e7+ ♔d8?! 72.♗b6#) 71.♗b6+ ♔c8 72.♖c7+ ♔d8 73.♖c5+ ♔e8 74.♖e5+ ♔f8 75.♗c5+ ♔g8 76.♖d5 ♖d3 77.♗d4+−.

3) 66...♗e4? 67.♔f6+− ♔e8 68.♔e6 ♔d8 69.♖c5 ♗b7 70.♗f6+ ♔e8 71.♖c7 ♖e3+ 72.♗e5 ♖xe5+ 73.♔xe5

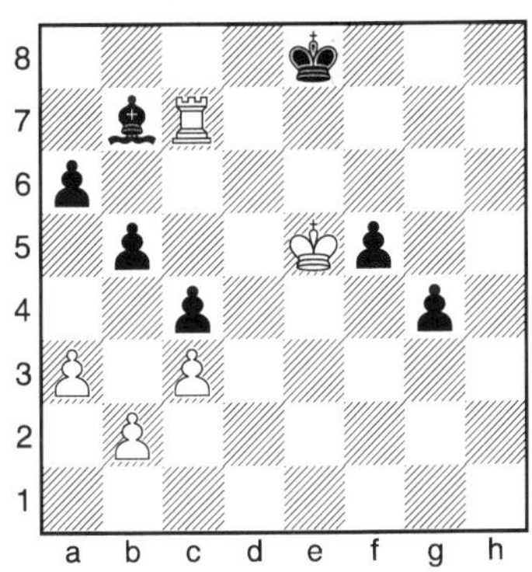

Ich dachte 15 Jahre lang, dass Weiß gewinnt, aber das stimmt nicht, wie C.D. Meyer mit Hilfe von Engines nachwies, nachdem die 'Sechssteiner Tablebases' für die Suche verfügbar waren. Zwar fand ich zusammen mit Vincent Keymer Fehler in seiner Analyse, die aber reparabel sein sollten.

73...♗e4 74.♔f4 ♔d8 75.♖a7 ♔c8 76.♖xa6 ♔b7 77.♖g6 ♗d3 78.♔e5 ♔c7 79.♔d4

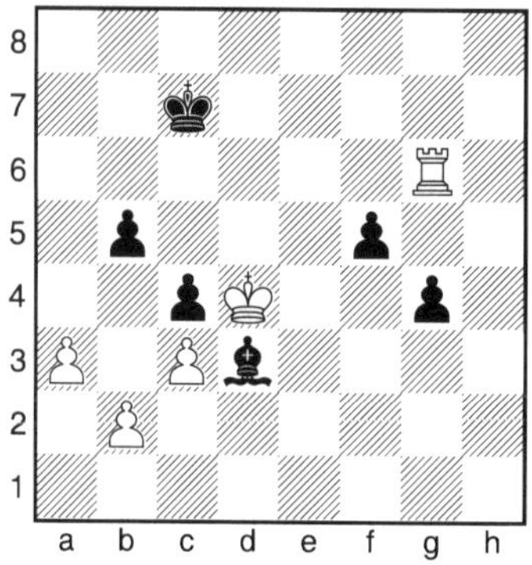

Und hier fand Vincent Keymer 79...♗c2!

(C.D. Meyers 79...♗e2? verliert hingegen: 80.♖f6 ♗d3 81.b3 Der Ausheber! 81...g3 82.bxc4 bxc4 83.♔e3 g2 84.♔f2 ♗e4 85.♔g1 ♔b7 86.♖d6 ♔c7 87.♖d4 ♔b6 88.♖xc4+-)

Eine Beispielvariante lautet 80.♔c5 ♔d7 81.♔xb5.

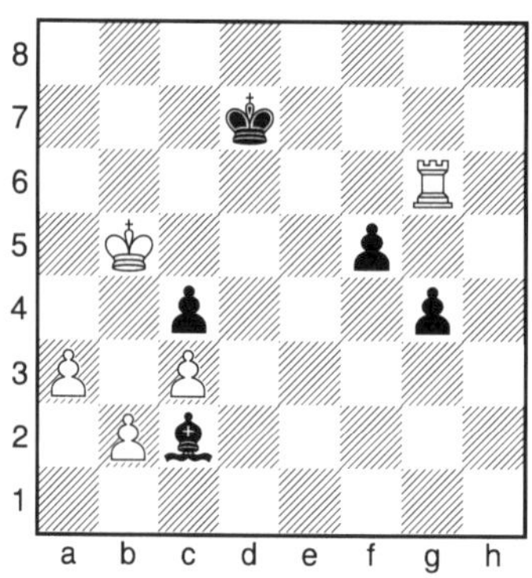

Nun kommt das schwarze Gegenspiel gerade rechtzeitig: 81...♔e7 82.♔xc4 ♔f7 83.♖g5 ♔f6 84.♖g8 ♔f7 85.♖d8 g3 86.♖d2 f4 87.♔d4 f3 88.♔e3 f2=. (Schirow in 'Endgame Magic 136' im Jahr 2019)

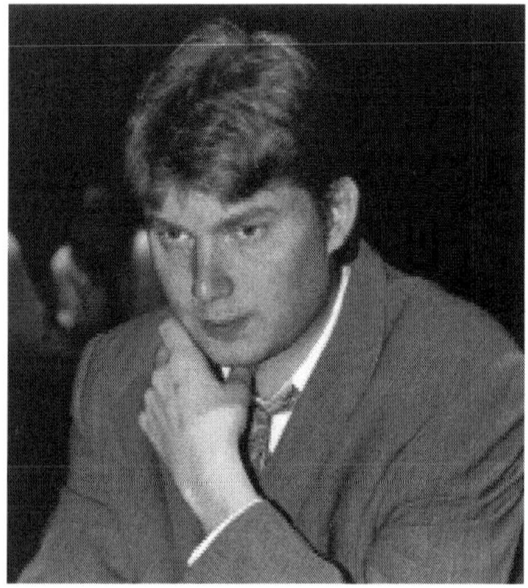

Alexei Schirow

64.♖xg7+ ♔h8 65.♗d4! ♖xd4 66.cxd4 f4 67.♖c7 ♗e4+ 68.♔h6 ♗d5

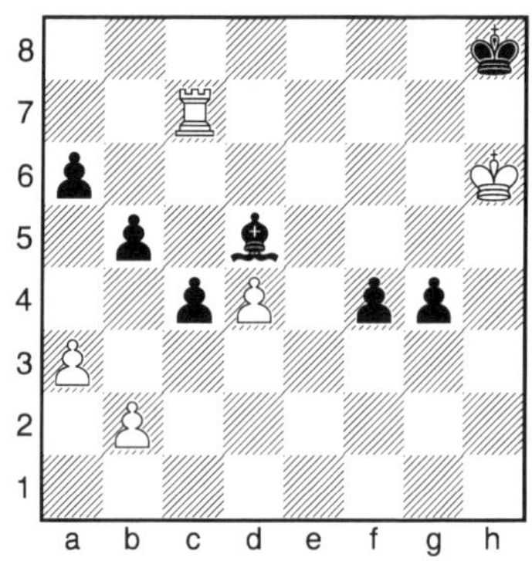

69.♖c5!

Schirow ist nun stets ein Tempo schneller.

69...♗g8 70.d5 f3 71.d6 ♗e6

71...f2 72.♖f5 g3 73.d7 g2 74.d8♕ g1♕ 75.♕f6+ ♕g7+ 76.♕xg7#

72.♖e5 ♗d7 73.♖e7 f2 74.♖xd7 ♔g8 75.♖g7+ ♔f8 76.d7 1–0

Diese Analyse basiert auf einem Artikel, der Ende Mai 2020 im 'Schachmagazin 64' erschien.

Aufgaben zum Thema:
Angriff mit ungleichfarbigen Läufern

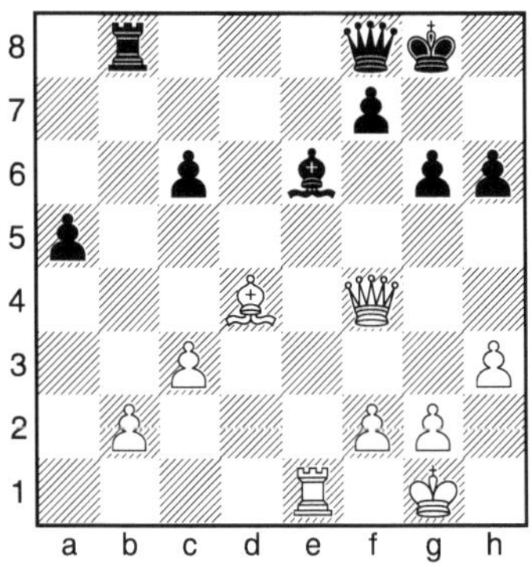

Aufgabe 1 Weiß am Zug

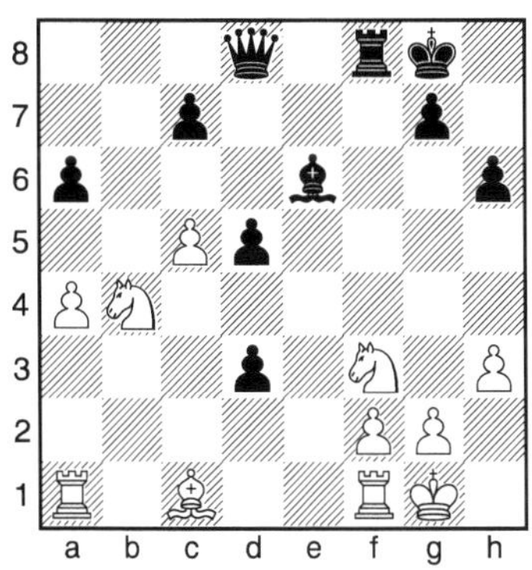

Aufgabe 2 Schwarz am Zug

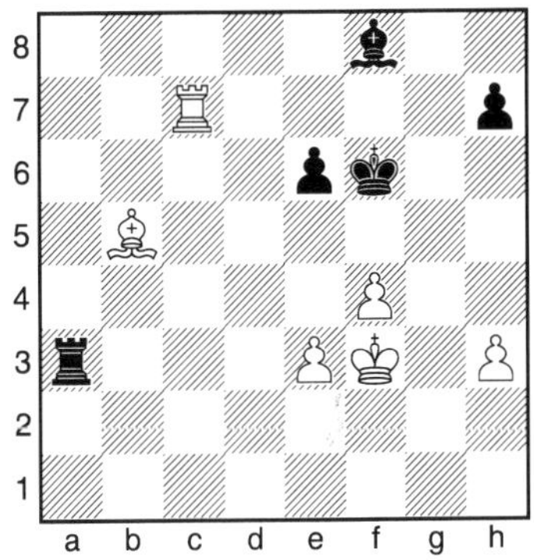

Aufgabe 3 Weiß am Zug

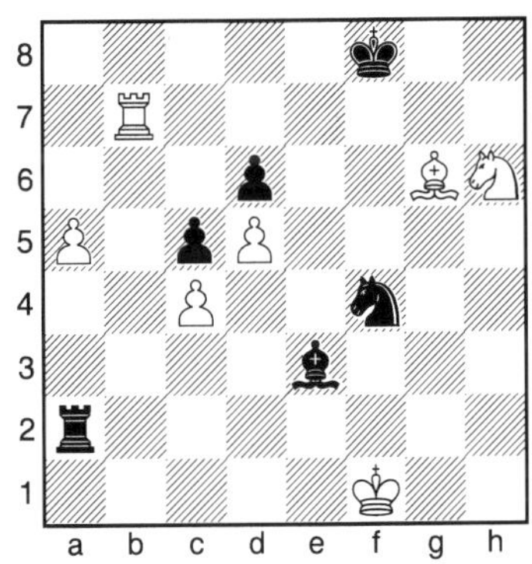

Aufgabe 4 Schwarz am Zug

Lösungen der Aufgaben

Lösung 1

Aronian, Levon (2772)

Kosteniuk, Alexandra (2516)

Airthings Masters Online 2022

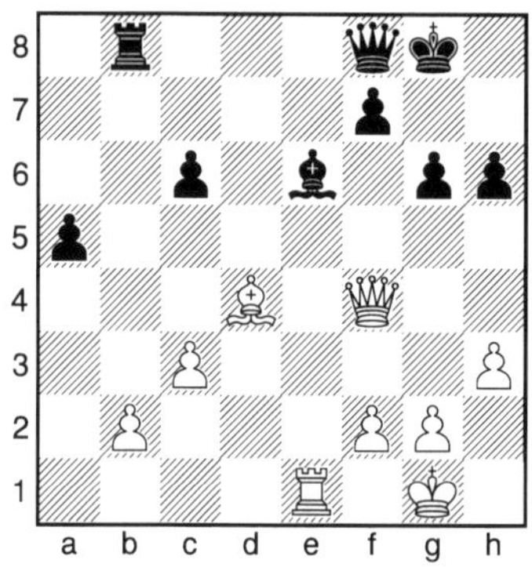

33.♗c5! ♕d8

– 33...g5 34.♕e5 ♕d8 35.♗d4+

– 33...♕xc5 34.♕xb8+ +–

34.♕xh6 ♗f5 35.g4 ♗c2 36.♗e7 ♕e8 37.♖e3 ♕d7 38.♗f6 1-0

Lösung 2

Kollars, Dmitrij (2648)

Kazakouski, Valery (2528)

Chennai 2022

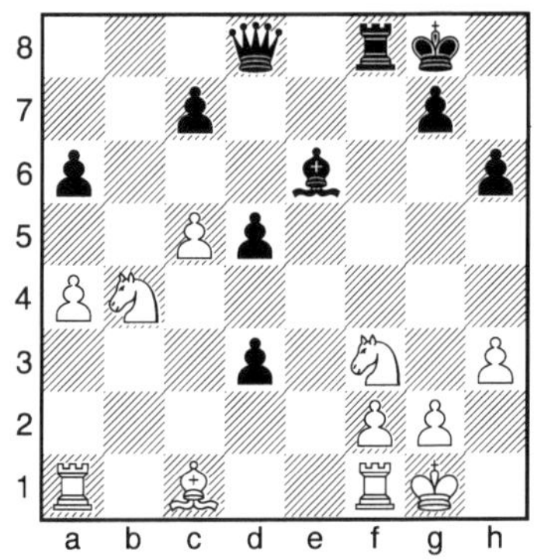

27...♖xf3!

27...♗xh3? 28.♘e5 ♕f6 29.♘bxd3 ist besser für Weiß.

28.gxf3 ♕f6

28...♗xh3–+

29.♗d2 ♕xf3 30.♘xd3 ♕xd3 31.♖fe1 ♗xh3 32.♖e3 ♕xd2 33.♖xh3 d4 34.♖g3 d3 35.♖b1 ♔h7 36.♔g2 ♕c2 37.♖e1 d2 38.♖e7 h5 39.♖exg7+ ♔h6 40.♖e7 ♕f5 0-1

Lösung 3

Vitiugov, Nikita (2681)

Bacrot, Etienne (2709)

Ohrid 2009

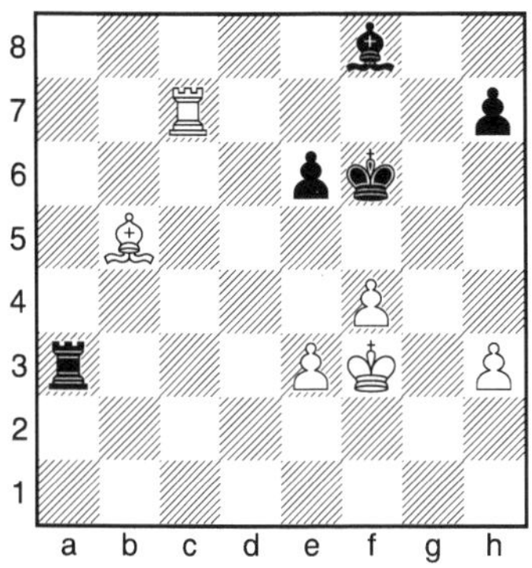

37.♖c6!

Damit nimmt Weiß den Bauern e6 aufs Korn, der unweigerlich fallen wird.

Hier ein Blick auf zwei Fehlversuche, nach denen Schwarz jeweils gute Remischancen erhält.

1) 37.♖xh7? ♗c5 38.♗e8 ♖xe3+ 39.♔g4 e5 40.f5 e4 41.♖h6+ ♔g7 42.♖e6 ♖e2 43.f6+ ♔h6 44.♔f5 ♗f8

2) 37.♗c4? ♖c3 38.♖c6 ♗d6

37...♖a7 38.♗c4 ♖e7 39.e4 ♗h6 40.e5+ 1-0

Lösung 4

Lobron, Eric (2585)

Polgar, Judit (2665)

Dortmund 1996

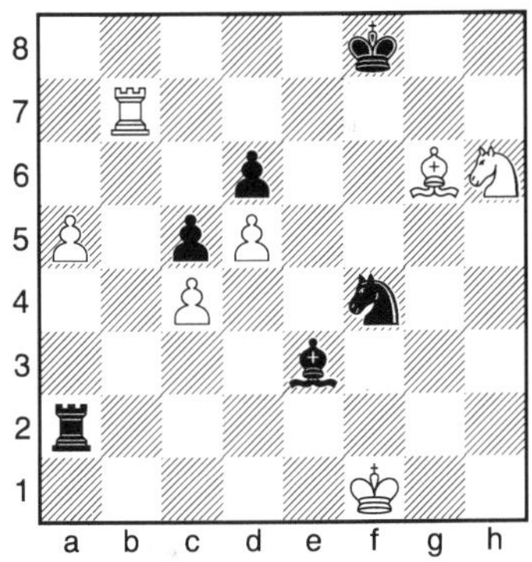

51...♖f2+

– 51...♖a1+? 52.♗b1±

– 51...♘xg6? 52.♖b8+ ♔e7 53.♘f5+ ♔f6 54.♘xe3 ♔e5 55.♖d8=

52.♔e1

52.♔g1 ♖f3+ 53.♔h1 ♖h3

52...♘g2+ 53.♔d1 ♗xh6 0-1

Kapitel 7

Angriff auf einem schwachen Felderkomplex

Das Thema ist eng mit dem Angriff mit ungleichfarbigen Läufern verwandt.

Mit dem Begriff *Schwäche* bezeichnet man Felder oder auch Bauern, die nicht mehr von eigenen Bauern gedeckt bzw. gegen feindliche Angriffe verteidigt werden können.

Es gelten folgende Faustregeln:

- Schon eine einzelne Schwäche kann dazu neigen, die ganze Umgebung und somit einen gesamten *Felderkomplex* anzustecken.
- Als Angreifer sollte man darauf abzielen, die Verteidiger schwacher Felderkomplexe abzutauschen.
- Falls die eigene Stellung eine *statische* Schwäche aufweist, sollte man sich in der Regel nicht rein passiv verteidigen.
- Wenn der Verteidiger sein Spiel nicht dynamisieren und sich entsprechend keine Gegenchancen verschaffen kann, sollte der Angreifer systematisch und in aller Ruhe Druck gegen die Schwäche aufbauen und auf lange Sicht das 'Prinzip der zwei Schwächen' zum Einsatz bringen.

Dieses besagt: Da das Spiel gegen eine einzige Schwäche häufig nicht zum Gewinn ausreicht, sollte der Angreifer bestrebt sein, eine zweite Schwäche zu schaffen, und zwar möglichst weit weg von der bereits bestehenden. Wenn dies gelingt, ist es sehr wahrscheinlich, dass der Verteidiger früher oder später mit der ausreichenden Deckung beider Schwächen überfordert wird.

Die Schwäche des Feldes f5 als Springervorposten ist ein klassisches Thema. Dazu vertrat der zweite Weltmeister Emanuel Lasker die Ansicht, ein starker weißer Springer auf f5 (oder ein schwarzer auf f4) könne sogar einen Minusbauern aufwiegen.

Im folgenden Beispiel demonstriert Magnus Carlsen auf sehr lehrreiche Weise, wie man einen Gegner ausmanövrieren kann, dessen Stellung solche Schwächen aufweist – wie im gegebenen Fall die weißen Felder und besonders das Feld f5.

Carlsen, Magnus (2861)

Sokolov, Ivan (2663)

Wijk aan Zee 2013

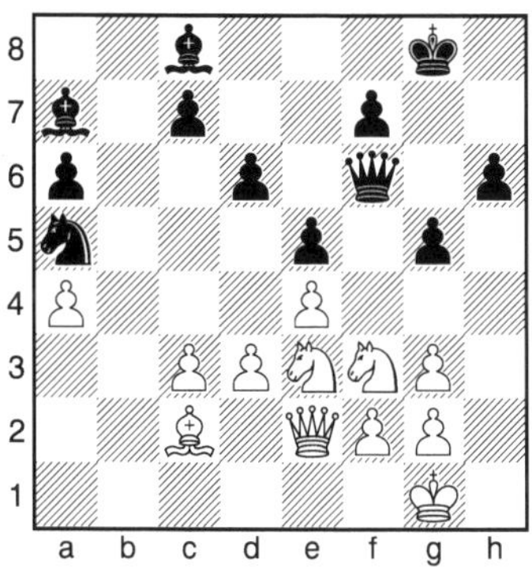

Auf den ersten Blick scheint nicht viel los zu sein. Doch Magnus hat erkannt, dass dies der Moment ist, den Finger auf die weißfeldrigen Wunden im gegnerischen Lager zu legen.

26.d4

„Das ist die Pointe. Ich habe Zeit, Initiative zu entwickeln, bevor Schwarz seinen Springer und seine Läufer wieder ins Spiel bringen kann."

(Magnus Carlsen im *ChessBase Magazin* 154)

26...g4?!

Dieser unbedachte Vorstoß öffnet dem weißen Springer eine vielversprechende Reiseroute.

1) Laut Magnus war 26...c6 angebracht, um dem weißen Springer das Zentrumsfeld d5 zu nehmen. Weiß steht allerdings auch dann besser und hat vielfältige Optionen wie z.B. 27.♕d3 oder auch direkt 27.♘f5.

2) 26...exd4?! 27.cxd4 ♗xd4? scheitert übrigens an 28.♘d5 ♕g7 29.♘e7+ +–.

27.♘d5 ♕d8 28.♘h4 c6

Nach 28...exd4? 29.♕d2 (29.♘f5!?) gerät Schwarz auf die Verliererstraße; z.B. 29...♕g5 30.♕xg5+ hxg5 31.♘e7+ ♔f8 32.♘xc8 gxh4 33.♘xa7 dxc3 34.gxh4 ♘c4 35.♗d1 ♘a3 36.a5 c2 37.♗xc2 ♘xc2 38.♘b5+–.

29.♘e3 h5

Laut Magnus scheitert 29...exd4? diesmal an 30.♘hf5+–.

30.♘hf5 ♕f6 31.♕d3 ♗b6 32.♗b1

Weiß lässt den Springer a5 einen Moment aus den Augen, aber der Gegner kann keinen Nutzen daraus ziehen (siehe nächste Anmerkung).

32...♔f8

32...♘b3?! kann mit 33.♕c4 beantwortet werden, denn 33...♘d2? scheitert an 34.♕xc6+–.

33.♗a2 ♗c7

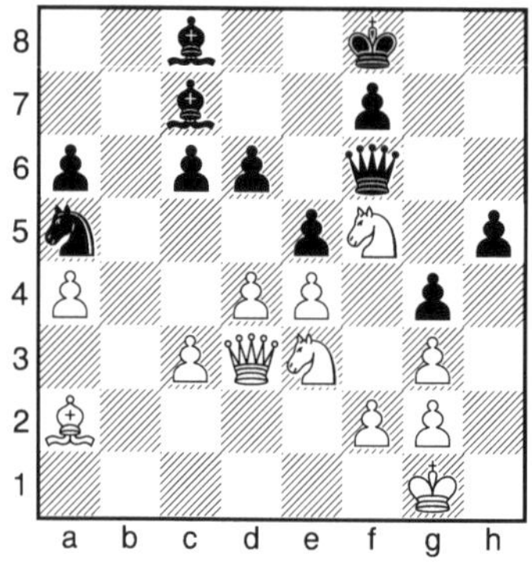

„Ich habe alles erreicht, was ich wollte, aber ein leichter Durchbruch ist immer noch nicht in Sicht, denn Versuche, mit f3 oder f4 am Königsflügel zu spielen, sind keineswegs überzeugend. Ich kam zu dem Schluss, dass ich wohl irgendwie a6 angreifen muss, womöglich nach Einschub der Züge d4-d5 und c6-c5.“ (Magnus Carlsen)

34.♕b1! ♔e8 35.♕b4 d5!?

Dieser Vorstoß ist vermutlich gut, weil der deplatzierte Randspringer die Möglichkeit erhält, via c4 ins Spiel zurückzukommen. Wie es bei statischen Schwächen üblich ist, verspricht rein passives Abwarten kaum Erfolg, da Weiß sein Spiel dann einfach weiter verstärken könnte.

36.♗b1 exd4?!

Diese Stellungsöffnung kommt eher Weiß zugute.

Nach 36...♘c4! steht Weiß zwar besser, aber ein Gewinn ist nicht in Sicht. Hier ein Blick auf zwei mögliche Abspiele, in denen Schwarz jeweils Gegenspiel erhält:

– 37.♘xc4 dxc4 38.♕xc4 ♗xf5 39.exf5 exd4 40.cxd4 ♗b6

– 37.exd5 ♘xe3 38.♘xe3 exd4 39.cxd4 h4 40.♕c5 hxg3

37.cxd4 dxe4?!

Erneut war 37...♘c4 38.e5 ♕g5 39.♗d3 ♘xe3 40.♘xe3 ♗d7 das geringere Übel.

38.♗xe4 ♗e6 39.♕c5 ♔d7

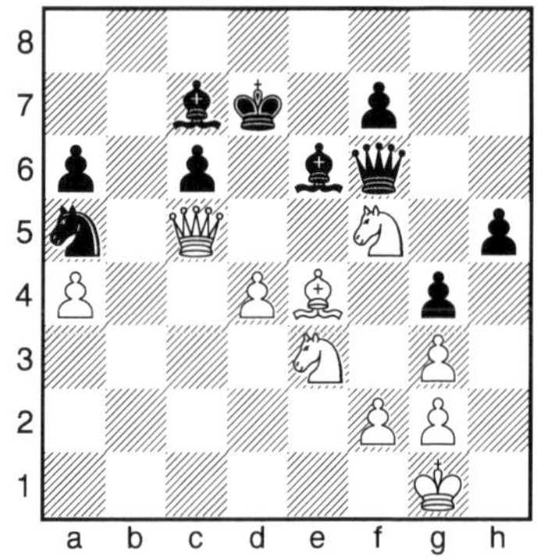

40.d5!

Magnus öffnet die Stellung im richtigen Moment, wonach der schwarze König kein sicheres Plätzchen mehr findet. Somit wird ein Vorteil in einen anderen umgewandelt – nämlich das Spiel gegen Schwächen in direkten Königsangriff.

40...cxd5 41.♘xd5 ♗xd5 42.♕xd5+ ♔c8 43.♘e3

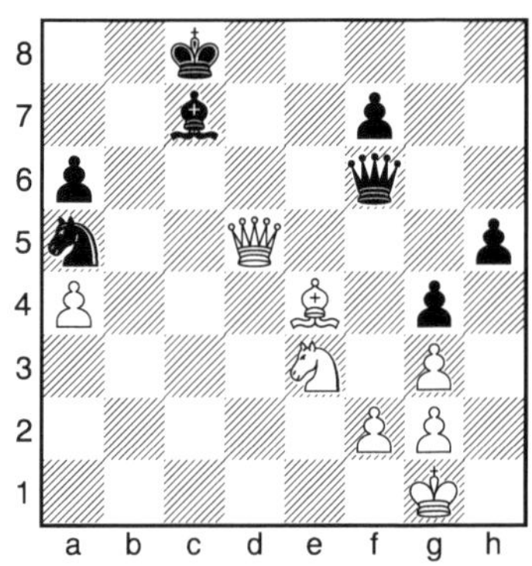

„Zwar ist das Material noch ausgeglichen, aber der Unterschied in den Bereichen Aktivität und Königssicherheit ist einfach zu gewaltig."

(Magnus Carlsen)

43...♕a1+ 44.♔h2 ♕xa4

44...h4 45.♕a8+ ♔d7 46.♗f5+ ♔e7 47.♘d5+ ♔d6 48.♘xc7 hxg3+ 49.fxg3 ♔xc7 50.♕c8+ ♔b6 51.♕d8+ ♔a7 52.♕xa5 ♕h8+ 53.♔g1 ♕d4+ 54.♔f1+− (Magnus Carlsen)

45.♕a8+ ♔d7

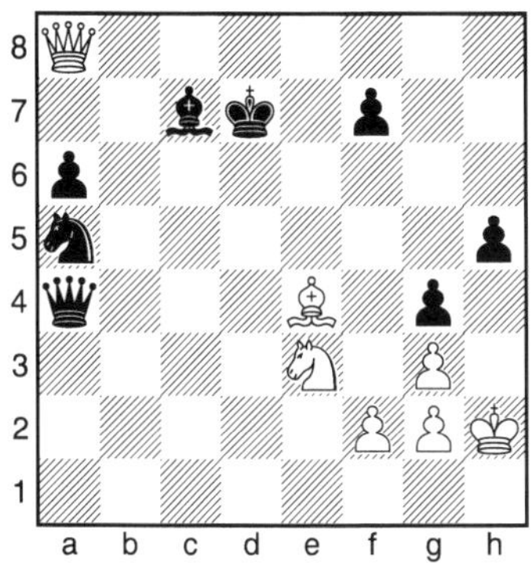

46.♘d5?

„Aus reiner Faulheit spielte ich diesen Zug recht schnell, und zwar in der Annahme, die Antwort ♗d8 sei tatsächlich der einzige Zug." (Carlsen)

⌓46.♗f5+ ♔e7 47.♕a7 ♕c6 48.♕d4+− „Zentralisation! Und die Drohung ♘d5 ist tödlich." (Carlsen)

46...♗d8?

– Nach 46...♕c6! ist der weiße Gewinn wahrscheinlich, aber nicht sicher; z.B. 47.♕h8 ♕e6 (Magnus Carlsen) 48.♘f6+ ♔d6 49.♗d5 ♕e7 50.♕h6 ♔c5 und Schwarz kann noch Widerstand leisten.

– 46...♕d4?! ist besser als die Partiefolge, sollte aber langfristig ebenfalls verlieren; z.B. 47.♕f8 ♕e5 48.♕xf7+ ♔c6 49.♘f6+ ♔b5 50.♗d3+ ♔c6 51.♘xh5 (Magnus Carlsen) 51...♔b7 52.♘f6 ♘c6 53.♘xg4+−.

47.♗f5+ ♔e8 48.♕c8 und **1-0**, da es gegen die Drohung ♗d7+ keine Parade gibt.

Nicht selten lohnt sich sogar eine materielle Investition, um einen solchen Angriff starten zu können.

Gurgenidze, Bukhuti

Tal, Michail

Moskau 1957

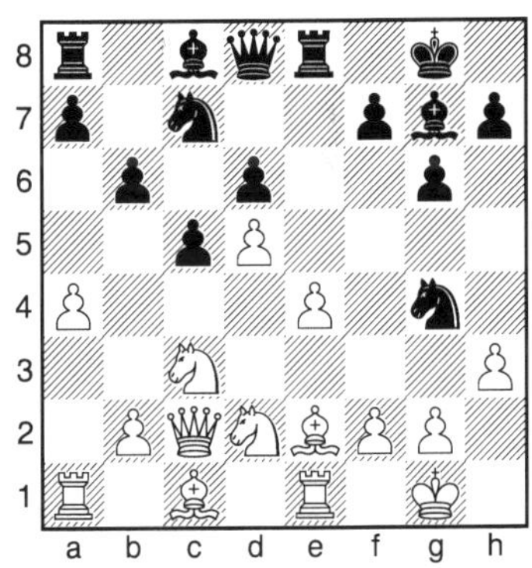

Die weiße Stellung ist schwarzfeldrig stark geschwächt, weil viele Bauern auf weißen Feldern stehen.

14...♘xf2!! 15.♔xf2?

Nach 15.♘f3! ♗xc3 16.bxc3 ♘xe4 17.♗d3 hätte Weiß dank des Läuferpaars immerhin noch gewisse Kompensation gehabt. Nun jedoch geht er hoffnungslos im Angriffswirbel unter.

15...♕h4+ 16.♔f1 ♗d4 17.♘d1

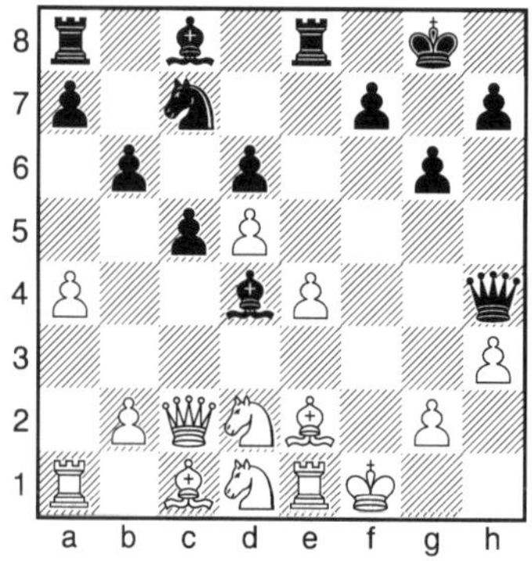

17...♕xh3!

Die schwarzen Felder sind tödlich geschwächt, doch wie so oft erfolgt der entscheidende Durchbruch auf einem Feld der *anderen* Farbe – im vorliegenden Fall auf einem *weißen*.

18.♗f3

18.gxh3? ♗xh3#

18...♕h2 19.♘e3

1) 19.♘f2

a) Nach dem Fehler 19...♘xd5? 20.exd5 ♗a6+ 21.♗e2 ♖xe2 22.♖xe2 ♗xe2+ 23.♔xe2 ♕xg2 24.♕e4 ♕xf2+ 25.♔d3 ♗e5∓ würde Weiß zu billig davonkommen.

b) 19...f5 20.♖a3 ♗a6+ 21.♘c4 ♘xd5−+

2) 19.♘c4 f5 20.♘f2 ♗a6 21.♖a3 ♘xd5 −+

19...f5 20.♘dc4

20.♔e2 ♗xe3 21.♔xe3 ♘xd5+ 22.♔e2 ♘b4 23.♕b3+ d5 24.♔d1 ♗a6−+

20...fxe4 21.♗xe4 ♗a6 22.♗f3 ♖e5 23.♖a3 ♖ae8 24.♗d2

24.♖d3 ♖f5 25.♔e2 ♖xf3 26.♔xf3 ♘xd5 27.♖xd4 cxd4 28.♘xd5 ♖xe1−+

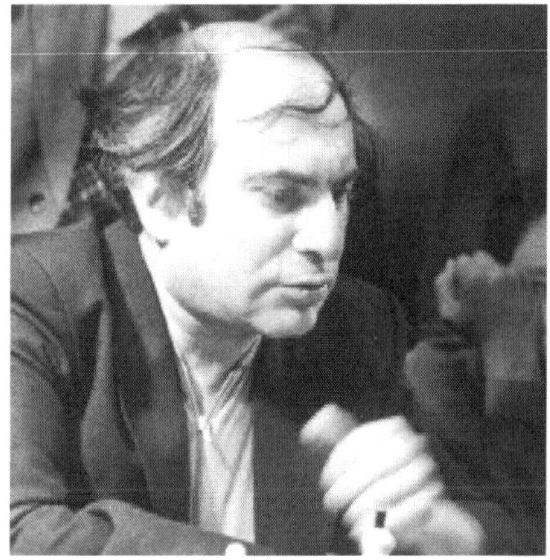

Michail Tal

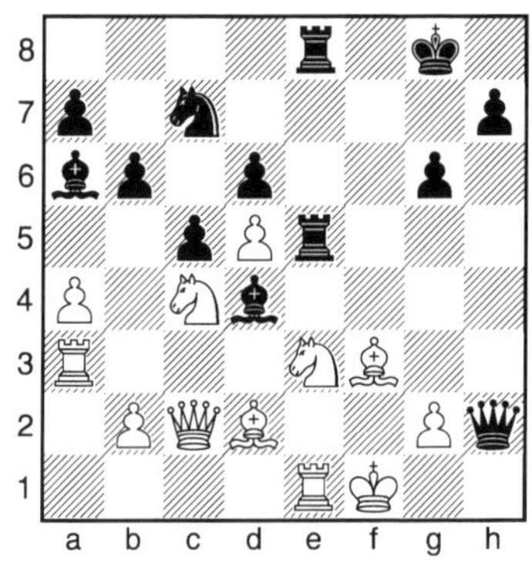

24...♘xd5!

Damit schließt sich auch noch die letzte Figur mit voller Wucht der kämpfenden Truppe an.

25.♗xd5+ ♖xd5 26.♔e2

26.♘xd5? ♕g1#

26...♗xe3 27.♖xe3 ♗xc4+ und **0-1** angesichts der möglichen Folge 28.♔d1 ♖xe3 29.♖xe3 ♕g1+ 30.♖e1 ♕f2 31.♔c1 ♗b3

– 32.♕c3 ♕xe1+ 33.♗xe1 ♖d1

– 32.♕xb3 ♕xd2+ 33.♔b1 ♕xe1+ 34.♔a2 ♕e6−+

Im folgenden Beispiel weist Schachzauberer Tal nach, dass die Schwäche der weißen Felder im gegnerischen Lager tödlich ist.

Tal, Michail (2635)

Myagmarsuren, Lhamsuren (2375)

Nizza 1974

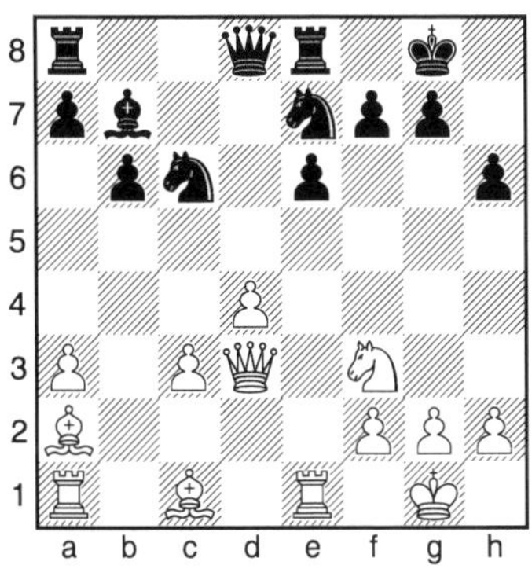

15.♖xe6!!

1) Der verfehlte Ansatz 15.♗xh6? gxh6 16.♗xe6 fxe6 17.♖xe6 könnte noch mit 17...♔g7 18.♘h4 ♕d5 19.♖ae1 ♕g5 20.♘f3 ♕h5 pariert werden.

2) Und auch nach 15.♗b1?♘g6 geht der Angriff nicht weiter.

15...fxe6 16.♗xe6+ ♔f8

16...♔h8? 17.♘g5 hxg5 18.♕h3#

17.♘h4!?

Tal legt den Finger auf die wunden weißen Felder. Ursprünglich hatte er 17.♕h7 geplant und den Zug auch bereits auf seinem Formular notiert. Doch im letzten Moment nahm er davon Abstand, weil er nach 17...♘g6!! die Damen hätte abtauschen müssen.

1) Allerdings ist auch das Endspiel nach 18.♕xg6 ♕f6 19.♕xf6+ gxf6 20.♗xh6+ ♔e7 21.♖e1 sehr aussichtsreich für Weiß.

2) Und 18.♕g8+ ♔e7 19.♕xg7+ ♔xe6 20.♕xg6+ ♔d7 21.♕f5+ sollte ebenfalls gewinnen.

17...♘e5

17...♕d6? führt nach 18.♕f5+ ♘xf5 19.♘g6# zum Matt.

18.♕h7

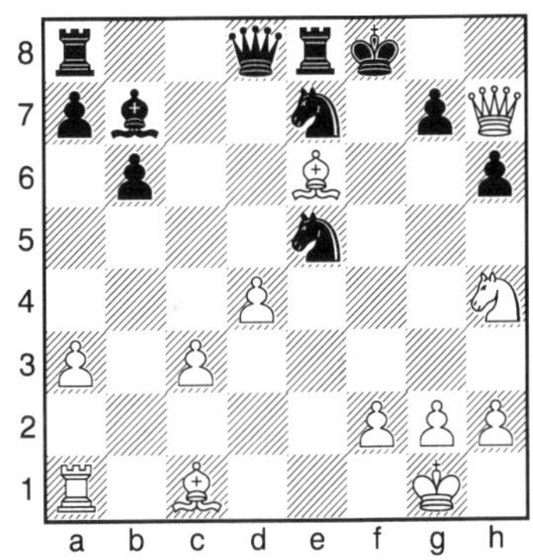

18...♘7c6!!

Schwarz findet die mit Abstand zähste Verteidigung.

1) Am liebsten hätte Tal 18...♘f7? aufs Brett bekommen, weil er darauf die spektakuläre Mattfolge 19.♗xh6!! ♘xh6 20.♕h8+ ♘hg8 21.♕xg8+ ♘xg8 22.♘g6# aus dem Ärmel hätte schütteln können.

2) 18...♘d5? 19.♕g8+ ♔e7 20.♘f5+ ♔f6 21.dxe5+ ♔xe5 22.f4+

a) 22...♘xf4 23.♗xf4+ ♔xf4 24.♖f1+ +−

b) 22...♔e4 23.♘d6+ ♕xd6 24.♕h7+ +− Tal

3) 18...♘5g6? 19.♕xg6 ♘xg6 20.♘xg6#

19.♕g8+ ♔e7 20.♘f5+ ♔f6 21.dxe5+ ♘xe5

21...♔xe5 22.f4+ ♔e4 23.♘g3+ ♔d3 24.♕h7+ g6 25.♕xg6+ ♔xc3 26.♘e2#

22.♕xg7+ ♔xe6 23.♘d4+ ♔d6

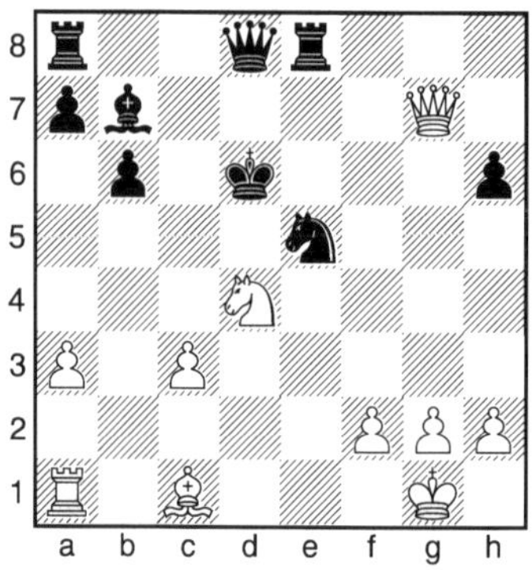

24.♗f4!

Tal hatte richtig eingeschätzt, dass sein mörderischer Angriff mehr als genug Kompensation für den Turm bietet.

Ursprünglich hatte er allerdings 24.♕xb7?! geplant, doch dann wegen der kräftigen Riposte 24...♕d7! wieder Abstand davon genommen.

24...♗d5

24...♕d7 25.♗xe5+ ♖xe5 26.♕f6+ ♖e6 27.♕f4+ ♔e7 (27...♖e5 28.♖d1+-) 28.♘xe6 ♕d5 (28...♕xe6 29.♕c7+ +-) 29.♕g4 ♗c8 30.♘c7+-

25.♖e1 ♔c5 26.♖xe5 ♖xe5

Nach 26...♖g8? hatte Tal 27.♕b7+- geplant.

Allerdings wäre nach 27.♖xd5+ auch die nur aus Schachgeboten bestehende Königsjagd erfolgreich: 27...♔xd5 28.♕e5+ ♔c4 29.♕b5+ ♔xc3 30.♘e2+ ♔c2 31.♕c4+ ♔b2 32.♗c1+ ♔b1 33.♕b3+ ♔a1 34.♕b2#.

27.♕xe5

27.♗xe5!?

27...♕d7 28.♘c2 ♖e8

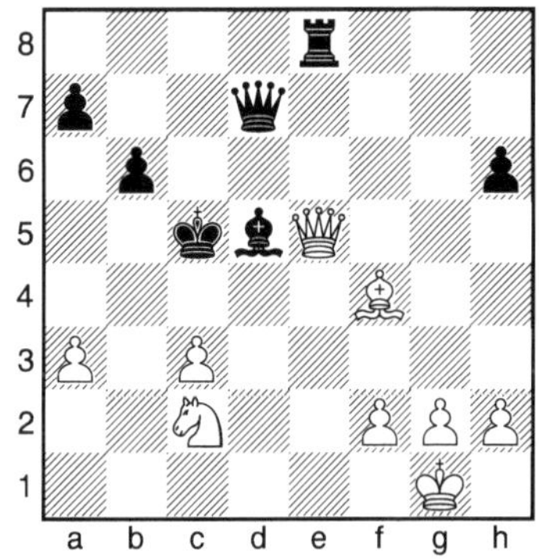

29.♕d4+!

Für diesen Zug investierte Tal 20 Minuten seiner restlichen Bedenkzeit.

Zu Recht erschien ihm die Alternative 29.♗e3+? ♔b5 30.c4+ ♔xc4 31.♕d4+ ♔b5 32.♕d3+ ♔c6 33.♘b4+ ♔b7 34.♕xd5+ ♕xd5 35.♘xd5 ♖d8 36.♘c3 ♖d3 nicht klar genug.

29...♔c6 30.c4!

Weiß beginnt mit der Erhöhung des weißfeldrigen Drucks, was eine typische Strategie darstellt, da er auf den schwarzen Feldern bereits dominiert.

Hingegen würde 30.♕a4+? b5 31.♕a6+ ♔c5 weißfeldrig absolut nichts leisten.

30...♗e6 31.♕e4+

Mit diesem Schach wird der schwarze König an der Flucht gehindert.

Stattdessen würde 31.♘b4+? ♔b7 32.♕e4+? ♗d5-+ laut Tal völlig nach hinten losgehen.

31...♔c5 32.h3!?

In aller Ruhe schafft Weiß zunächst noch mögliche Probleme auf seiner Grundreihe ab.

Tatsächlich war aber auch direkt 32.♗e3+ ♔d6 33.♘d4 spielbar.

32...♗f5 33.♗e3+ ♔d6 34.♕f4+ ♔e7 35.♘d4 und **1-0** angesichts der möglichen Folge 35...♗g6 36.♘b5 ♖g8 37.♕xh6.

Auch im nächsten Beispiel gibt es einen munteren Opferreigen.

Pavlovic, Milos (2548)

Janssen, Ruud (2489)

Wijk aan Zee 2004

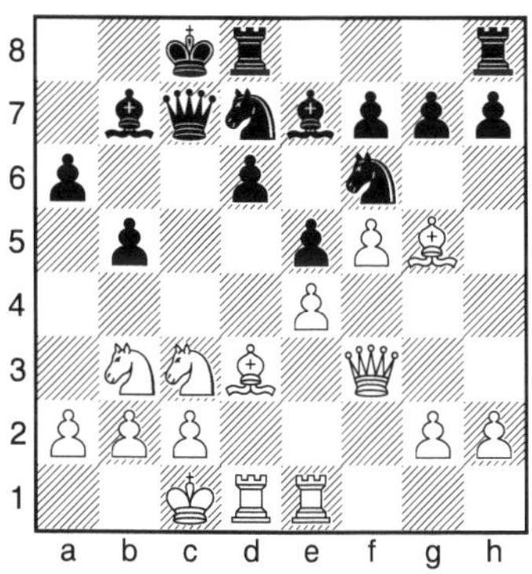

Offensichtlich ist das Feld d5 schwach, da es nicht mehr mit Bauern gedeckt werden kann. Und da es weitere Schwächen auf c6 und b7 gibt, kann Weiß versuchen, den weißfeldrig geschwächten Farbkomplex auszunutzen und dies mit einem Angriff zu kombinieren.

14.a4!

Dieses sehr starke Bauernopfer dient dem Zweck, sich noch mehr weißfeldrigen Einfluss zu verschaffen.

14...♘xe4?

Nach der richtigen Folge 14...b4 nahm die Partie V. Kotronias – B. Jobava, Batumi 2002, folgenden Verlauf: 15.♗xf6 ♘xf6 16.♘d5 ♘xd5 17.exd5 a5 18.♖e4 ♔b8 19.♗b5 (oder 19.♖c4 ♕b6 20.♗e4 ♖c8 21.♖c6+–) 19...♖c8 20.♖c4 ♕b6 21.♖c6!! ♗xc6 22.dxc6

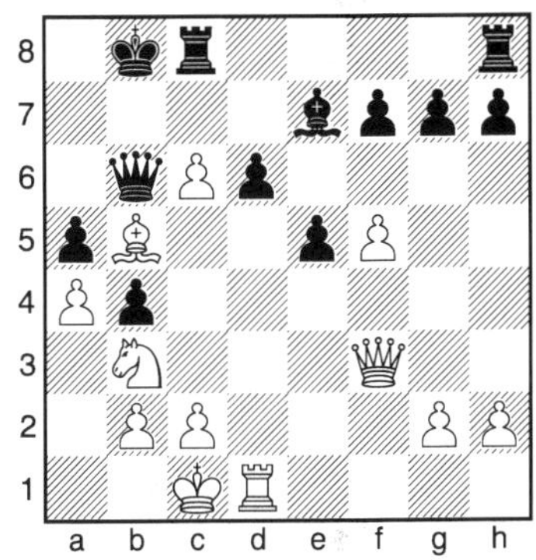

Weiß steht strategisch auf Gewinn, aber dieser Vorteil ist nicht einfach analytisch nachzuweisen bzw. tatsächlich in einen Sieg umzuwandeln.

15.♗xe4 ♗xg5+ 16.♔b1 bxa4 17.♗xb7+ ♕xb7 18.♘e4 ♗e7 19.♘a5 ♕c7

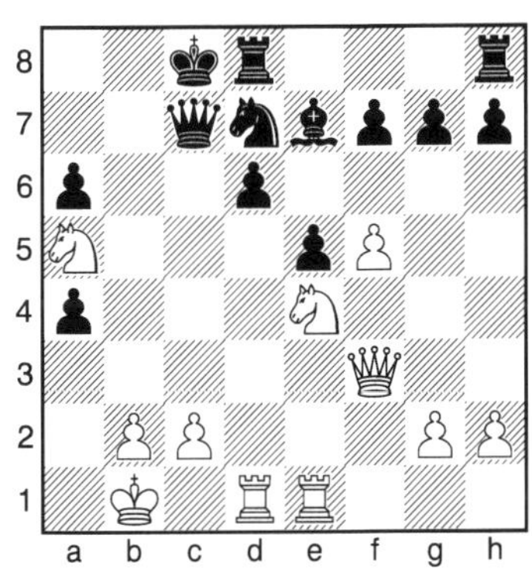

20.♘c3!!

Mit dieser taktischen Pointe demonstriert Weiß, dass sein Plan der vollständigen Beherrschung der weißen Felder voll aufgegangen ist.

20...♕xa5 21.♕a8+ ♘b8 22.♘d5 ♖d7 23.♖e4

Alle Angreifer werden zur Party eingeladen, wobei zu beachten ist, dass alle Gäste auf *weißen* Feldern Platz genommen haben.

23...♖c7 24.♖xa4 ♕c5 25.♖c4 ♕xc4 26.♘b6+ ♔d8 27.♘xc4 ♖xc4 28.♕xb8+ ♖c8 29.♕a7 h5 30.♖d3 ♖h6 31.♖b3 ♖c7 32.♖b8+ ♔d7 33.♕xa6 d5 34.♕b5+ 1-0

Kapitel 8

Tals magische Angriffe

Besonders in seiner Jugend zeichnete den 8. Weltmeister ein sehr scharfer Stil aus. Es folgen einige Faustregeln bzw. Zitate mit entsprechenden Beispielen.

A) Angriffsvorbereitung mittels Opfer zur Erzielung von Entwicklungsvorsprung

Diese Strategie wurde sehr oft von Tal angewandt – wie beispielsweise auch in der berühmten folgenden Partie.

Tal, Michail

Platonov, Igor

Dubna 1973 (B97)

1.e4 c5 2.♘f3 d6 3.d4 cxd4 4.♘xd4 ♘f6 5.♘c3 a6 6.♗g5 e6 7.f4 ♕b6 8.♕d2

Die Variante mit dem notorischen 'vergifteten Bauern' aus dem Najdorf-Sizilianer beruht auf einem typischen Bauernopfer zum Wohle der Entwicklung.

8...♕xb2 9.♘b3

Diese Nebenvariante (statt 9.♖b1) bietet wahrscheinlich nicht genügend Kompensation, zumindest nicht in der Art und Weise, wie Tal sie spielt. Entsprechend ist diese Partie also ein gutes Beispiel für Tals pointierte Aussage: Es gibt korrekte Opfer – und meine.

9...♕a3 10.♗xf6 gxf6 11.♗e2 ♘c6 12.0-0 ♗d7 13.♗h5 ♗g7

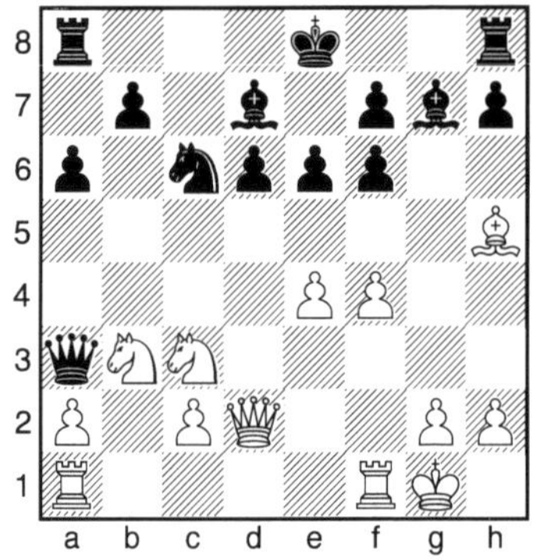

14.♖f3

Tal bereitet die Aktivierung beider Türme vor. Diese Art, einen Angriff einzuleiten, war ein für ihn typisches Markenzeichen.

14.♖ad1 wird von Engines bevorzugt, aber solch positionelle Spielführung war offenbar nicht das, was Tal vorschwebte.

14...0-0 15.♖af1 ♘a5

Eine viel später gespielte GM-Partie nahm folgenden Verlauf: 15...♖ac8 16.♖g3 ♔h8 17.♖ff3 ♘e7 (17...♗h6!?) 18.f5 d5 19.♖xg7 ♔xg7 20.♖g3+ ♘g6 21.fxg6 hxg6 22.exd5 ♕d6 23.♗e2 f5 24.dxe6 ♕xd2 25.♘xd2 ♗xe6 mit schwarzem Minimalvorteil, O. Zambrana (2515) – G. Vescovi (2632), Bogota 2010.

16.♖h3

Wenn Weiß 16.♔h1!? spielen wollte, wäre dies wohl ein guter Moment dafür gewesen.

16...♘xb3 17.axb3 ♖ac8

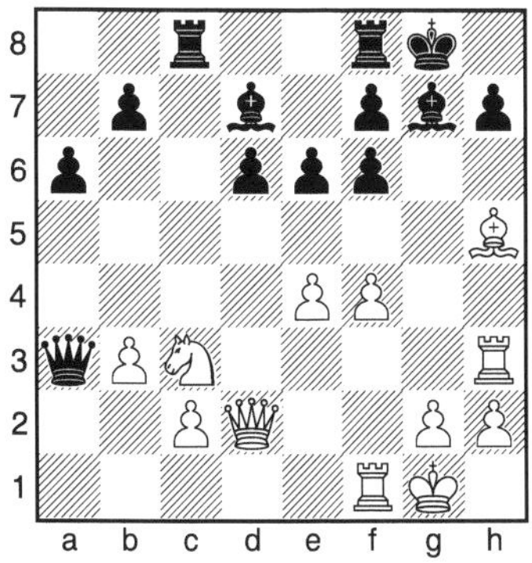

18.♔h1?!

Tal sichert zuerst seinen König, aber für solchen Luxus bleibt keine Zeit. Stattdessen sollte mit 18.♘d1 ♕c5+ 19.♘e3 sein Springer als weiterer Angreifer zum Königsflügel gebracht werden.

18...f5! 19.exf5

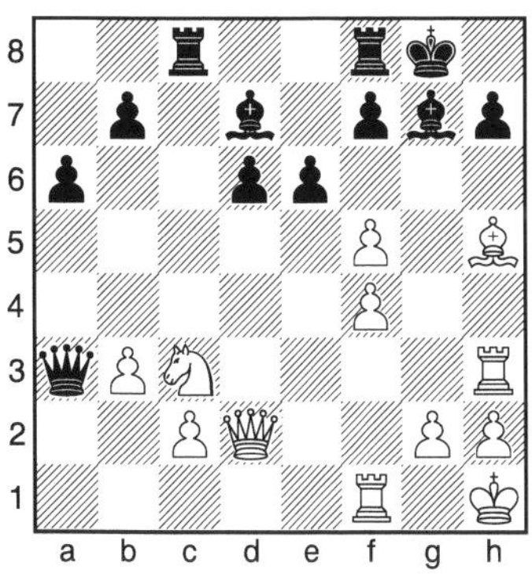

19...♕b4!

Die Widerlegung.

20.f6

In dem für ihn typischen Stil setzt Tal den Angriff fort.

20.♖ff3 exf5 21.♖d3 ♖fe8 22.♘e2 ♕xd2 23.♖xd2 begrenzt den Schaden, ist aber trotzdem deutlich besser für Schwarz und absolut nicht in Tals Sinne.

20...♗xf6

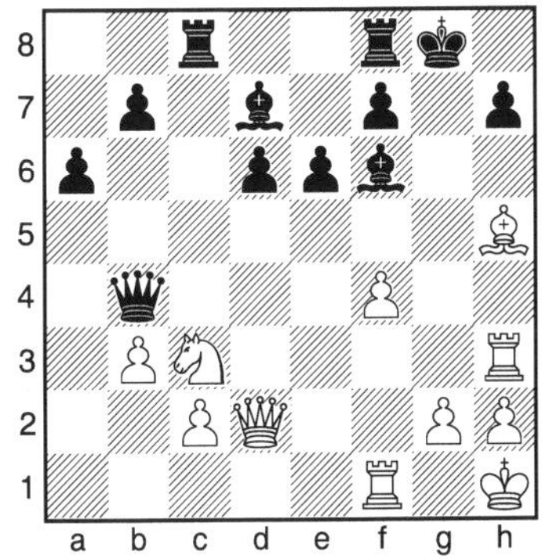

21.f5

Ein typisches Opfer, um Angriffsstraßen zur schwarzen Königsburg zu öffnen.

21.♖ff3 kan mit 21...♔h8 22.♗g4 ♖g8 23.♕d3 ♖g7 24.♘d5 exd5 25.♗xd7 ♖xc2! pariert werden.

21...♖xc3?

Schwarz ist zu gierig.

1) 21...♗xc3?? ist sogar noch schlechter angesichts der möglichen Folge 22.♕g5+ ♔h8 23.♗g6 fxg6 24.♕xg6+–.

2) Aber mit 21...exf5 war Tals Konzept zu widerlegen: 22.♕h6 ♗g7 23.♘d5 ♗xh6 24.♘xb4 ♗g7 25.♗d1 ♗e6–+.

22.♖g3+ ♔h8?

Dieser unbedachte Zug läuft geradewegs in eine verblüffende Widerlegung.

Nach der erzwungenen Alternative 22...♗g7! wäre Weiß nicht über ein Remis hinausgekommen.

1) 23.♖xg7+ ♔xg7 24.♕g5+ ♔h8 25.♕f6+ =

2) 23.f6 ♖f3 24.♖xg7+ ♔h8 25.♕c1 ♖xf1+ 26.♕xf1 ♖g8 27.♖xf7 ♗c6 28.♗f3 ♕f4=

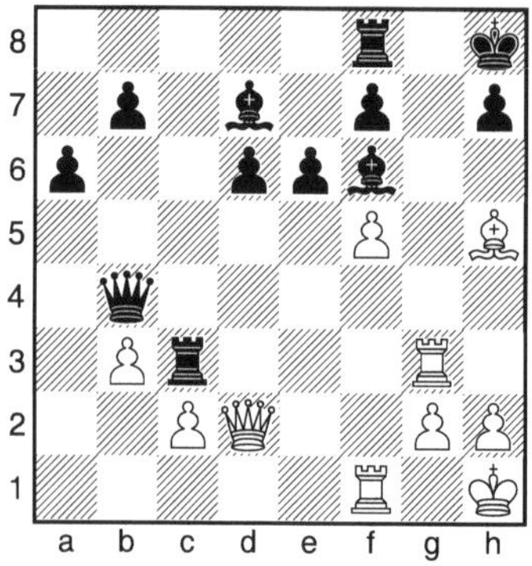

23.♕h6

23.fxe6?? trifft auf die Widerlegung 23...♖f3−+.

Nach dem Textzug hieß es sofort **1−0**, weil auch Schwarz erspäht hatte, dass auf 23...♖xg3 die eigentliche Pointe 24.♗g6!! Δ24...♖xg6 25.fxg6 folgt.

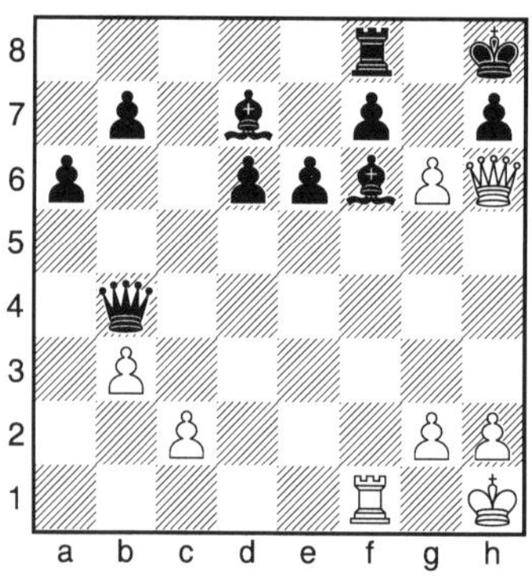

Danach kann die Doppeldrohung ♕xf8# und ♕xh7# nicht pariert werden. Eine wirklich magische Schlusspointe!

B) Zentralisieren und opfern!

Diese Maxime von Tal ist natürlich eng verwandt mit der unter Punkt A) behandelten.

Tal, Michail

Tringov, Georgi

Amsterdam 1964 (B06)

1.e4 g6 2.d4 ♗g7 3.♘c3 d6 4.♘f3 c6 5.♗g5 ♕b6 6.♕d2

Ein ganz ähnliches Bauernopfer zum Wohle rascher Entwicklung.

6...♕xb2 7.♖b1 ♕a3 8.♗c4 ♕a5 9.0-0 e6

1) Der natürliche Zug 9...♘f6? wird mit 10.e5 ♘h5 11.exd6 e6 12.♘b5+− widerlegt.

2) Aber die Alternative 9...♘d7!? kam ernstlich in Betracht.

10.♖fe1 a6?

Für solcherlei Vorsorge hat Schwarz keine Zeit.

Ein besserer Verteidigungsaufbau bestand in 10...h6 11.♗f4 ♕c7.

11.♗f4 e5?

Die Stellung für Weiß zu öffnen ist geradezu selbstmörderisch. Aber guter Rat war schon teuer, da die weißen Kräfte sehr gut zentralisiert und bereit zum Opferspiel sind.

1) Nach 11...♕c7 würde der für Tals Stil typische Angriff 12.e5 d5 13.♗xd5 cxd5 14.♘xd5 voll durchschlagen.

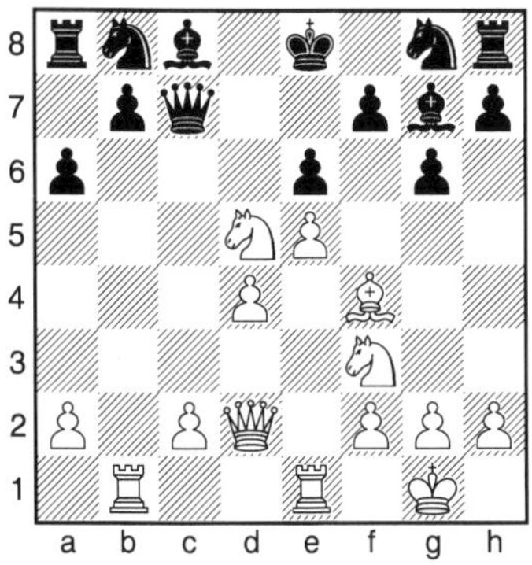

a) 14...exd5 15.e6 ♕d8 16.exf7+ ♔xf7 17.♘g5+ ♔f8 18.♖xb7+-

b) 14...♕c6 15.♘b6 ♘d7 16.♘xa8 b5 17.d5 ♕xa8 18.dxe6 fxe6 19.♘g5 ♕d5 20.♕a5+-

2) 11...♕d8 mag relativ am besten sein, aber nach 12.d5 e5 13.dxc6 ♘xc6 14.♘g5 ♘h6 15.♗e3 bleibt Weiß trotzdem klar obenauf.

12.dxe5 dxe5

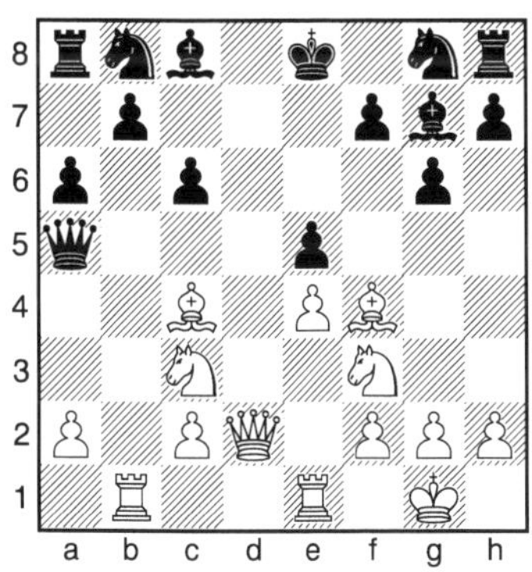

13.♕d6!

Tals Dame dringt ins Herz der schwarzen Stellung ein.

13...♕xc3

13...exf4 14.♘d5 cxd5 15.exd5+ +-

14.♖ed1 ♘d7

- 14...♕xc4? 15.♕d8#

- 14...♗f6 15.♘xe5+-

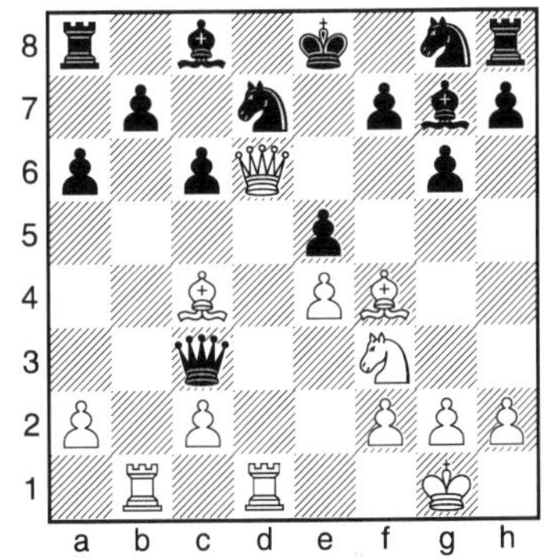

15.♗xf7+

Dieses Opfer zieht den gegnerischen König ins Freie und leitet somit die abschließende Matt-Treibjagd ein.

15...♔xf7 16.♘g5+ ♔e8 17.♕e6+ und **1-0** angesichts der Mattfolge:

- 17...♘e7 18.♕f7+ ♔d8 19.♘e6#

- 17...♔d8 18.♘f7+ ♔c7 19.♕d6#

C) Beim Schach gibt es keinen Schlagzwang.

Diesen Unterschied zum Damespiel machen sich versierte Angriffsspieler häufig zunutze. Nach einem gegnerischen Schlagzug verschwenden sie keine wertvolle Zeit dafür, das Material durch Zurückschlagen wieder auszugleichen, sondern bringen stattdessen frische Kräfte in den Angriff.

Tal, Michail

Lutikov, Anatoly

Tallinn 1964 (C40)

1.e4 e5 2.♘f3 d5?! 3.exd5 e4 4.♕e2 f5?

Dieser Vorstoß geht definitiv zu weit, da Schwarz zu viel Zeit verliert.

4...♘f6 ist das geringere Übel.

5.d3 ♘f6 6.dxe4 fxe4 7.♘c3 ♗b4?! 8.♕b5+ c6 9.♕xb4 exf3 10.♗g5 cxd5 11.0-0-0 ♘c6 12.♕a3 ♗e6

12...♕e7 13.♕b3+−

13.♗c4?!

13.♖e1 ist sogar noch besser:

– 13...♔f7 14.♘b5 ♗g4 15.♘d6+ ♔g8 16.♖e8+ +−

– 13...♕e7 14.♕xe7+ ♔xe7 15.♘xd5+ ♔d6 16.♘xf6 gxf6 17.♗xf6 ♖hf8 18.♗h4+−

13...♕e7 14.♘xd5!

Das ist viel stärker als 14.♕xe7+?! ♘xe7 15.♗b5+ ♔f7 16.gxf3.

14...♕xa3

14...♗xd5? trifft auf die Widerlegung 15.♖he1 ♗xc4 16.♖xe7+ ♘xe7 17.♗xf6 gxf6 18.♖e1+−.

15.♘c7+ ♔e7

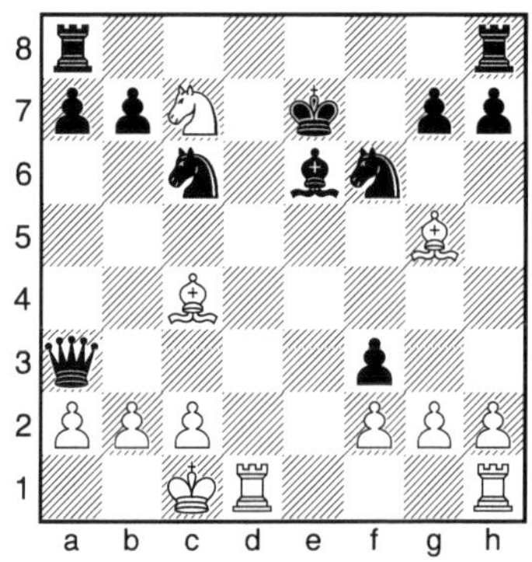

Erstaunlicherweise muss Weiß jetzt nicht die Dame schlagen, sondern ihm stehen stattdessen sogar *zwei* bessere Möglichkeiten zur Auswahl.

16.♖he1

Tal entschied sich unbeirrbar für die Jagd auf den gegnerischen König.

1) 16.♗xe6! ist sogar noch stärker, weil Schwarz die Dame zurückgeben muss, damit die Königsjagd nicht tödlich endet: 16...♕d6 17.♖xd6 ♔xd6 18.♗f4+ ♘e5 19.♘xa8 ♔xe6 20.♘c7+ ♔f5 21.♗xe5 ♔xe5

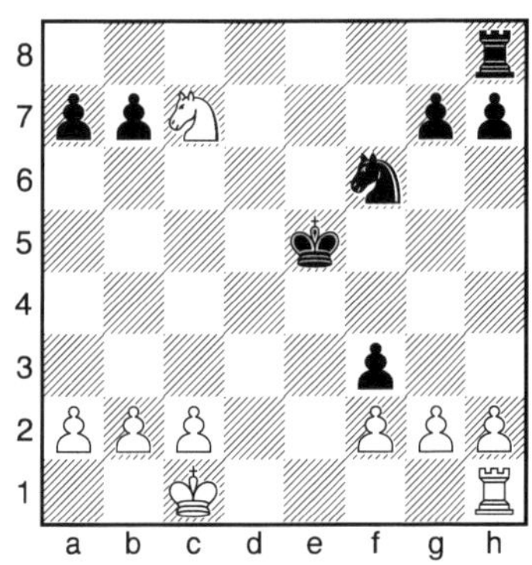

An dieser Stelle hatte Tal die Stärke des Schachgebots 22.♖e1+! unterschätzt, wonach Weiß klaren Vorteil hätte. Stattdessen hatte er sich nur 22.gxf3 angeschaut, wonach ihm das Endspiel allerdings nicht klar genug erschien.

2) Das Zurückschlagen 16.bxa3? gefolgt von 16...♗xc4 17.♖he1+ ♔f7 18.♘xa8 ♖xa8 spielt Schwarz in die Hände, denn da das dynamische weiße Potenzial stark reduziert ist, stünde der schwarze König nicht nur sicher, sondern könnte sich sogar als aktiver Kämpfer nützlich machen.

16...♕c5?!

Hier steht die Dame sehr unglücklich, weil sie sich im Einflussbereich des Springers befindet.

Erforderlich war 16...♕a5, weil Schwarz nach 17.♖xe6+ ♔f8 18.♗f4 über eine verblüffende Verteidigungsressource verfügt.

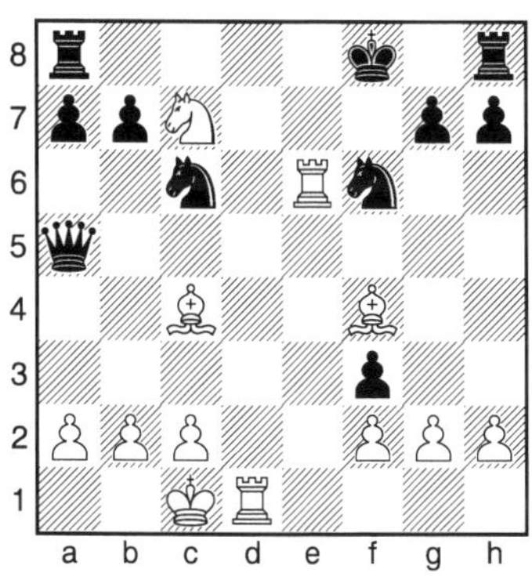

1) Nach dem völlig absurd wirkenden und somit typischen *Computer*–Vorschlag 18...b5!! und der möglichen Folge 19.♗b3 ♖d8 20.♖xc6 ♖xd1+ 21.♔xd1 ♔e7 22.gxf3 hat Weiß zwar ausreichende Kompensation, aber nicht mehr.

2) Tal gab nur die Variante 18...♖d8? 19.♖xd8+ ♘xd8 20.♗d6+ ♔f7 21.♖e5+ ♔g6 22.♖xa5 fxg2 23.♗d3+ mit weißem Gewinn.

17.♖xe6+ ♔f8 18.♖xf6+ gxf6 19.♘e6+ ♔e7 20.♘xc5 fxg5 21.♖d7+ ♔f6 22.♖d6+

Mit der Alternative 22.gxf3!? ♖hd8 23.♖xb7 ♘e5 24.♗e2 konnte Weiß mehr Druck erzeugen.

22...♔e7 23.♖e6+ ♔d8 24.♘xb7+ ♔c7 25.♗d5

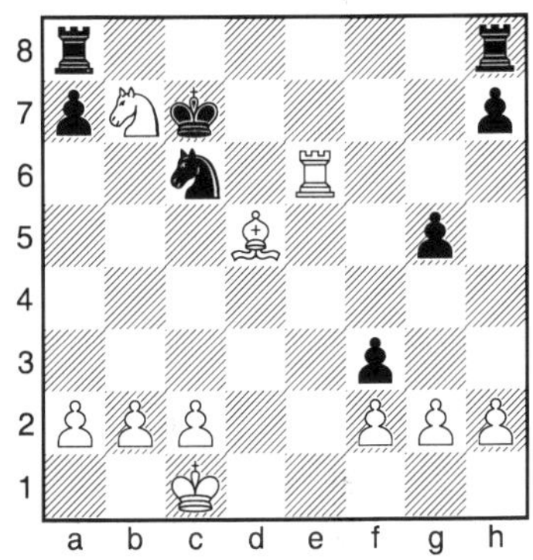

25...♘b4?

Damit verliert Schwarz zu viel Zeit.

25...fxg2! 26.♖xc6+ ♔xb7 27.♖g6+ ♔c7 28.♖xg5 war mehr oder weniger erzwungen, und nach 28...♖ad8 29.c4 ♖he8 sollte Schwarz sich halten können.

26.♗xf3 ♖ae8 27.♘c5 ♘xa2+ 28.♔b1 ♖xe6?

28...♘b4 29.c3 g4 30.♗xg4 ♘c6 verliert zwar auch, ist jedoch aus praktischer Sicht besser.

29.♘xe6+ ♔d7 30.♘c5+ ♔d6 31.♘d3 1-0

D) Oft öffnet ein Springeropfer Angriffswege für die weitreichenden 'Langschrittler'.

Häufig wird ein solches auch eingesetzt, um den Bauernschild des verteidigenden Königs zu durchlöchern.

Tal, Michail

Teschner, Rudolf

Wien 1957 (C84)

1.e4 e5 2.♘f3 ♘c6 3.♗b5 a6 4.♗a4 ♘f6 5.0-0 d6 6.c3 ♗e7 7.d4 b5 8.♗b3 ♗g4

Häufiger wird 8...0-0 gespielt.

9.h3 ♗xf3 10.♕xf3 exd4 11.♕g3 g6

Nach 11...0-0 und der Folge 12.♗h6 ♘e8 13.♗d5 ♕d7 ...

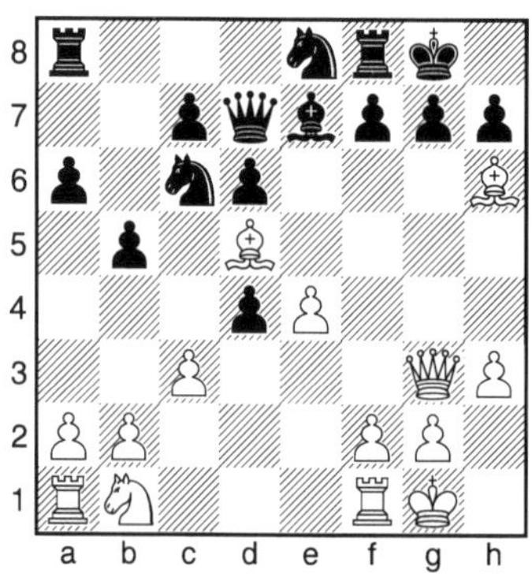

... 14.♕g4! ♕xg4 15.hxg4 gxh6 16.♗xc6 dxc3 17.♘xc3 ♖b8 18.♘d5 hat Weiß dank der weißfeldrigen Dominanz langfristige Kompensation für den Bauern.

12.♗d5 ♕d7 13.♗h6 ♖b8

– 13...0-0-0? trifft auf die Widerlegung 14.a4 ♘h5 15.♕g4+–.

– Und die Alternative 13...♗f8 wird mit 14.♗g5 beantwortet.

14.f4

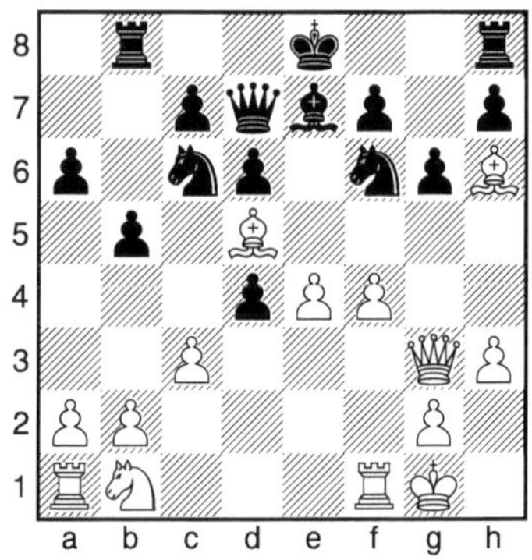

14...♘d8?

Dieser Rückzug ist zu gekünstelt.

Mehr Widerstand war mit 14...♘a5 15.♘d2 ♘xd5 16.exd5 ♕f5 zu leisten, da der schwarze König zum Damenflügel marschieren könnte.

15.♘d2 c6 16.♗b3 dxc3 17.♕xc3 ♕a7+ 18.♔h1 ♕c5 19.♕d3 ♘d7

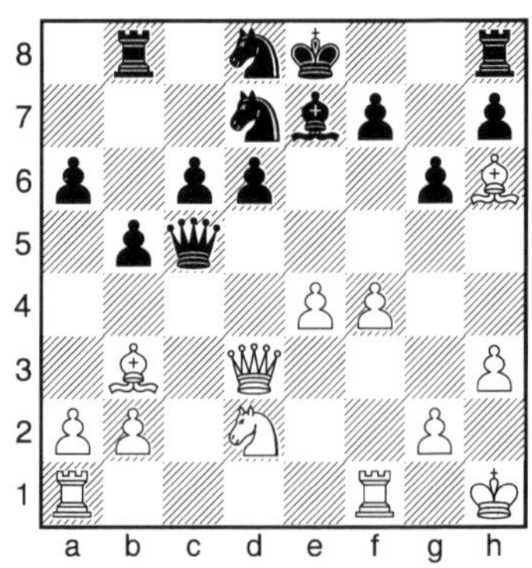

Nun ist es an der Zeit, das Zentrum zu öffnen.

20.e5 d5

20...dxe5? trifft auf 21.fxe5 ♘xe5 22.♕g3 ♗f8 23.♘e4+−.

21.f5

21.♖ac1! ist etwas genauer.

21...gxf5?

Dies öffnet dem weißen Angriff Tür und Tor.

Nach der besseren Verteidigung 21...♘xe5! 22.♕g3 f6 stünde Weiß zwar besser, aber Schwarz könnte noch kämpfen.

22.♕xf5 ♘f8

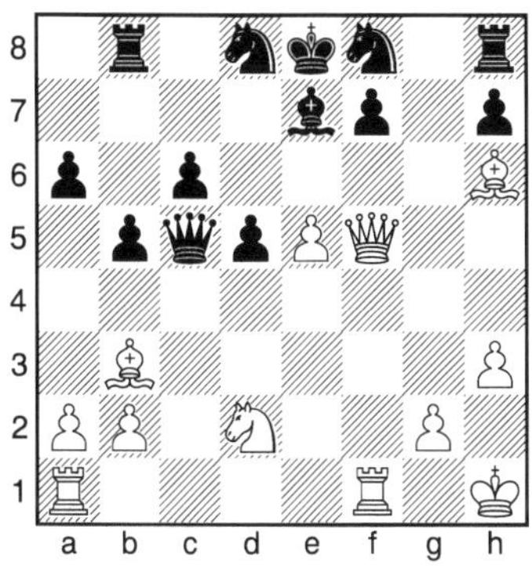

Jetzt ist die Zeit reif, um die Stellung für die weißen Langschrittler zu öffnen.

23.♘e4!

Mit diesem Opfer leitet Tal den direkten Mattangriff ein.

23...dxe4

Auch der Rückzug 23...♕a7 bringt keine Abhilfe; z.B. 24.♘d6+ ♗xd6 25.exd6 ♘fe6 26.♖ae1 ♕d4 27.♗d1 ♔d7 28.♗h5 ♔c8 29.♗xf7 ♘xf7 30.♕xe6+ +−.

24.♖ac1 ♕b6 25.♖cd1!? 1-0

Das Abschneiden des Fluchtwegs ist ein Zeichen für gute Angriffstechnik.

Eine Nebenlösung bestand übrigens in 25.♗xf7+ ♘xf7 26.♕xf7+ ♔d8 27.♗xf8 ♖xf8 28.♖fd1+ ♔c8 29.♕xe7 ♕c7 30.♕e6+ ♔b7 31.♖d7+−.

E) Wenn der Gegner eine deiner Figuren angreift, greife zwei von seinen an!

Und eine weitere Maxime von Tals Angriffsspiel lautete: Der Gegner kann immer nur *eine* Figur pro Zug schlagen.

So auch in dem folgenden Klassiker.

Tal, Michail (2615)

Larsen, Bent (2620)

Montreal 1979 (B66)

1.e4 c5 2.♘f3 ♘c6 3.d4 cxd4 4.♘xd4 ♘f6 5.♘c3 d6 6.♗g5 e6 7.♕d2 ♗e7 8.0-0-0 a6 9.f4 ♕c7 10.♗e2 ♘xd4 11.♕xd4 b5 12.e5 dxe5 13.fxe5 ♘d5 14.♗xe7 ♘xc3

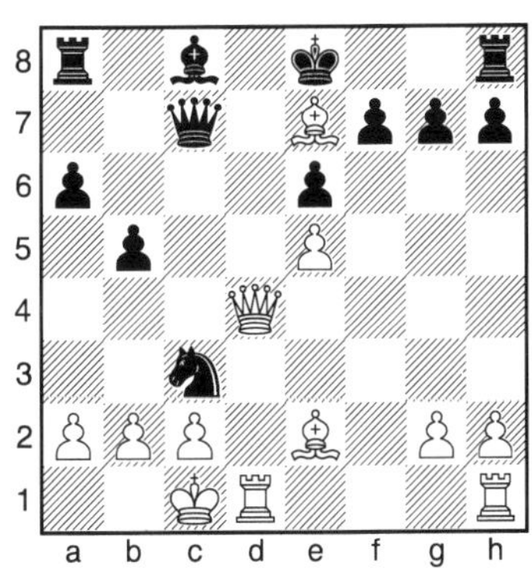

15.♗f3!

Tal greift einfach den Turm auf a8 an und kümmert sich nicht um seine hängenden Figuren auf e7 und d1.

15...♘xd1?

15...♘e2+! 16.♗xe2 ♕xe7 17.♗f3 ♗b7 18.♗xb7 ♕xb7 19.♕d6 ♖c8 20.♖d2 ♕c6 21.♖hd1 ♕xd6 22.♖xd6 ♖a8 23.♖b6 0-0 gibt Schwarz gute praktische Verteidigungschancen, wie fast 20 Jahre später in der Partie N. McDonald (2490) – S. Pedersen (2420), London 1997.

16.♗d6 ♕c4 17.♕b6!

Tal leitet den Mattangriff ein.

17...♘f2 18.♗c6+ ♗d7 19.♗xd7+ ♔xd7 20.♕b7+ ♔d8 21.♕xa8+ ♕c8

21...♔d7 22.♕b7+ ♔d8 23.♕b6+ +–

22.♕a7! 1-0

Da dieser tödliche Doppelangriff selbstredend viel stärker ist als 22.♕xc8+? ♔xc8 23.♖f1 ♘e4 24.♖xf7 ♘xd6 25.exd6±, gab Schwarz unverzüglich auf.

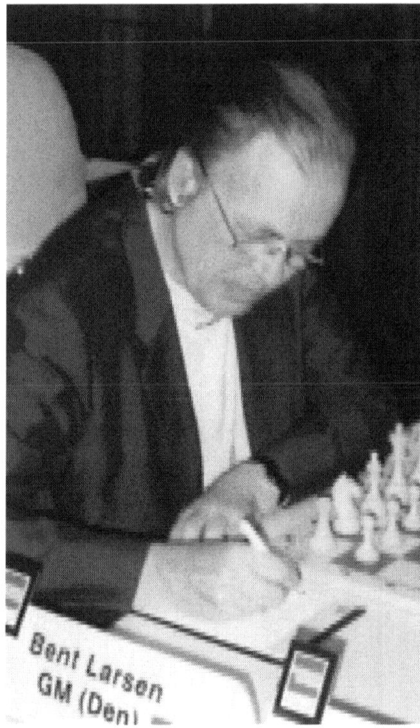

Bent Larsen

Aufgaben zum Thema:
Tals magische Angriffe

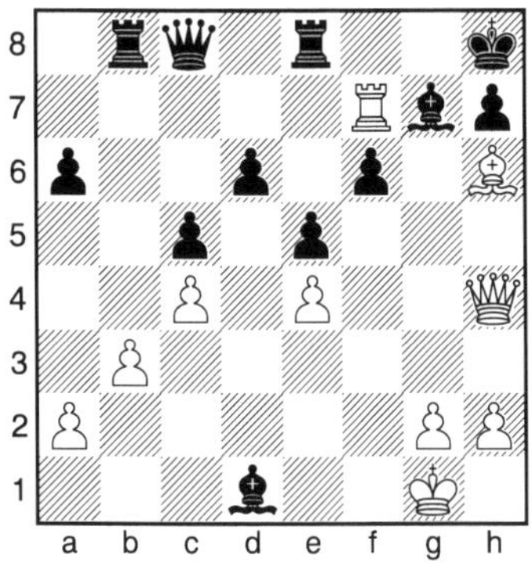

Aufgabe 1 Weiß am Zug

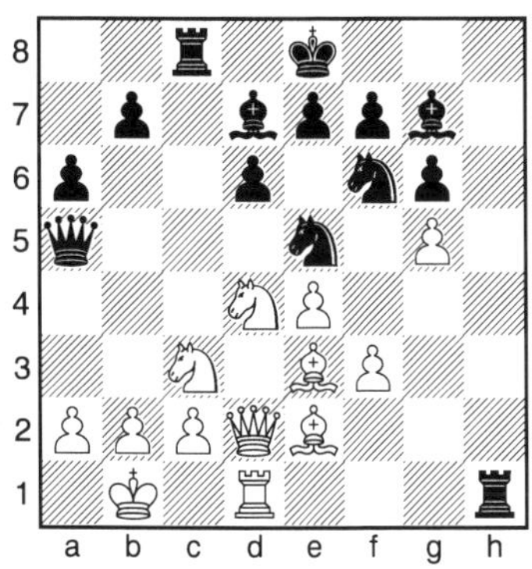

Aufgabe 2 Weiß am Zug

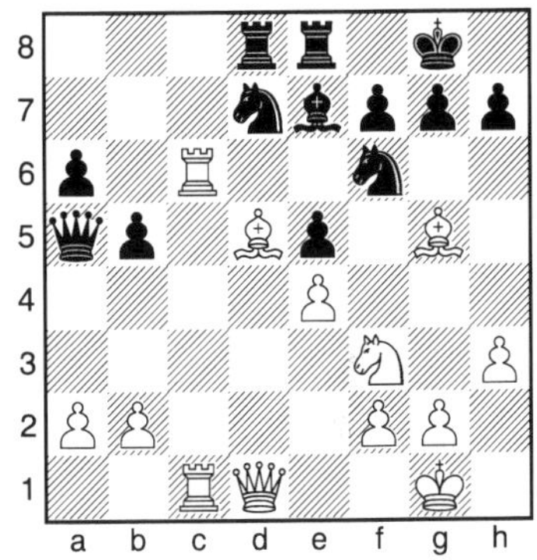

Aufgabe 3

Wo brach das Unheil über Schwarz herein?

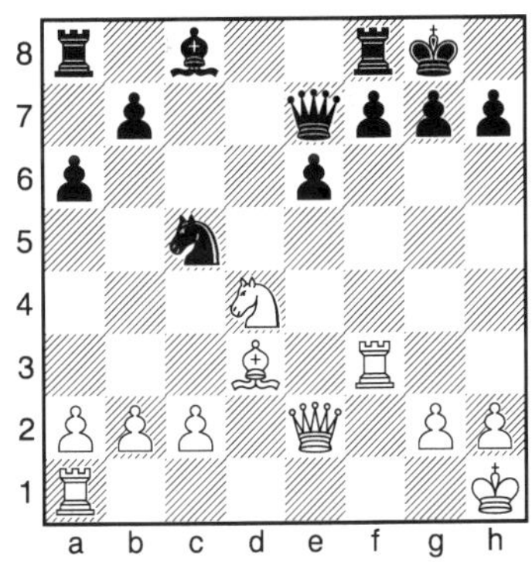

Aufgabe 4

Tal fand selbst im Simultan den Gewinnweg. Können Sie das auch?

Lösungen der Aufgaben

Lösung 1

Tal, Michail (2615)

Rantanen, Yrjo (2460)

Tallinn 1979

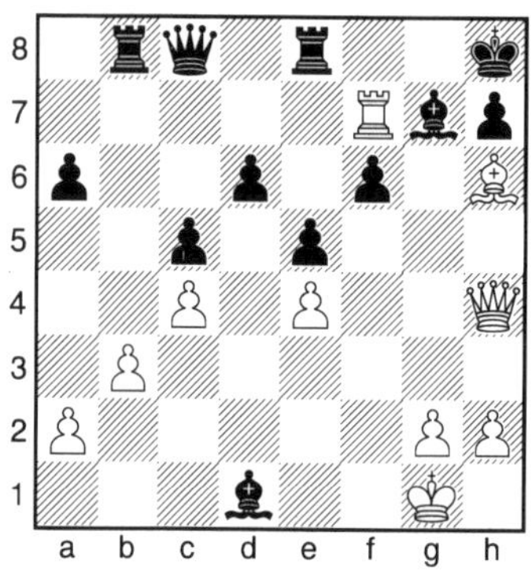

27.♗xg7+

27.♖xg7? wird mit 27...♕e6−+ siegreich abgewehrt.

27...♔g8 28.♗h8!!

Der Läuferzug in die Ecke (statt 28.♕xf6? ♖b7−+) ist die fantastische Pointe.

28...♔xf7 29.♕xf6+ ♔g8 30.♕g7#

Lösung 2

Tal, Michail – N. N.

Deutschland (Simultan) 1969

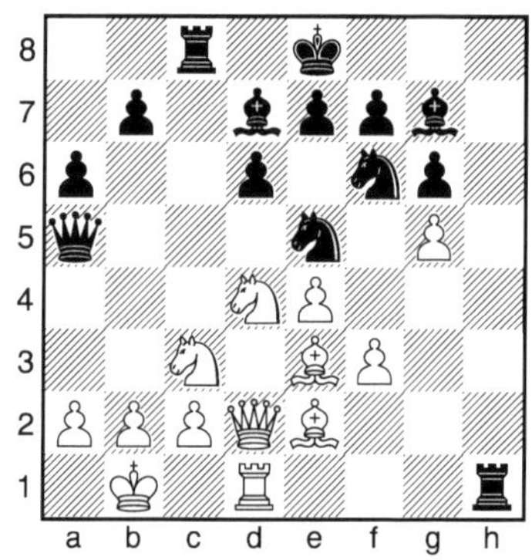

Was hatte Schwarz bei seinem letzten Zug ♖h8xh1 übersehen?

Statt automatisch auf h1 zurückzuschlagen, entkorte Tal nach **16.gxf6! ♖xd1+** die Pointe **17.♘xd1! ♕xd2 18.fxg7 1-0**.

Lösung 3

Tal, Michail – N. N.

Berlin (Simultan) 1975

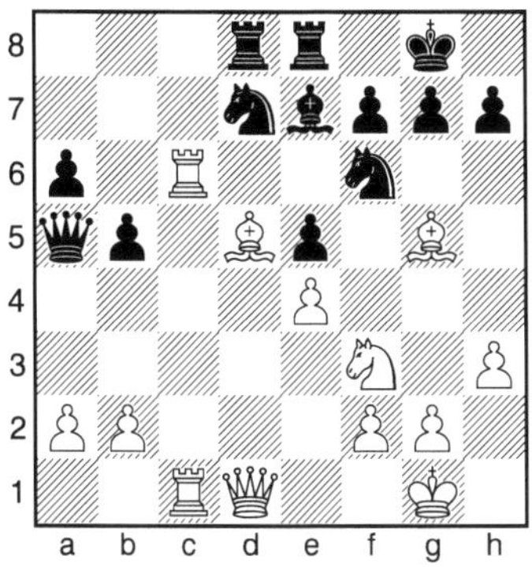

23.♗d2!

Räumt das Feld g5 für den Schlussangriff.

23.♗xf6? ♗xf6 24.♖c7 ist zwar klar besser für Weiß, aber nicht so gut wie die Partiefortsetzung.

23...b4

23...♕a4 24.♗b3 ♕xe4 25.♘g5 ♕d3 26.♘xf7+–

24.♗xf7+ ♔xf7 25.♕b3+ und **1-0** angesichts der möglichen Abspiele:

– 25...♔g6 26.♘h4+ ♔h5 27.♕f3+ ♔xh4 28.♕g3+ ♔h5 29.♕g5#

– 25...♔f8 26.♘g5 ♘d5 27.exd5+–

Lösung 4

Tal, Michail – N. N.

Berlin (Simultan) 1975

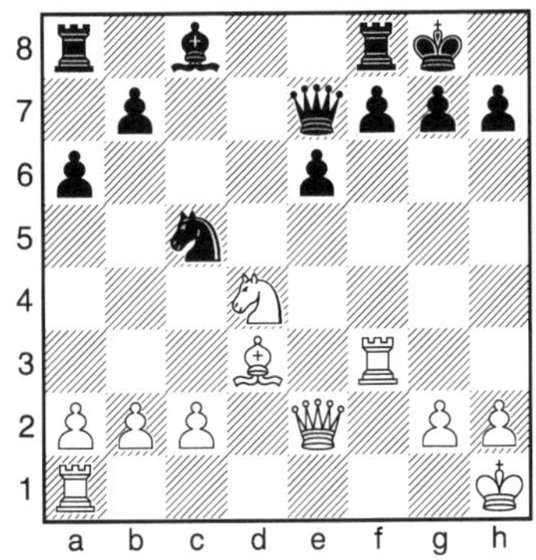

17.♗xh7+!

17.♘f5? ♕c7 18.♘xg7 ♔xg7 19.♖g3+ ♔f6 20.♕h5 ♔e7 schlägt hingegen nicht durch.

17...♔xh7 18.♖h3+

18.♘f5 ♕g5 19.♖h3+ ♔g6 20.♖g3 gewinnt ebenfalls.

18...♔g8 19.♘f5

19.♕h5? f5–+

19...♕g5 20.♕h5 und **1-0** angesichts der Mattfolge 20...♕xh5 21.♘e7+ ♔h7 22.♖xh5#.

Kapitel 9

Mattangriff im Endspiel

Auch in der Schlussphase einer Partie kommt gelegentlich ein Mattangriff vor. Ein wichtiger Unterschied zum Mittelspiel besteht darin, dass der König des Angreifers sich oft höchstpersönlich einschaltet.

9.1 Ein magisches Matt

Im folgenden Beispiel vollbringt Schwarz das Kunststück, bei fast komplett abgeholztem Material mit seinem letzten Bauern mattzusetzen.

Bagi, Mate (2470)
Zvjaginsev, Vadim (2626)
Ulcinj 2019

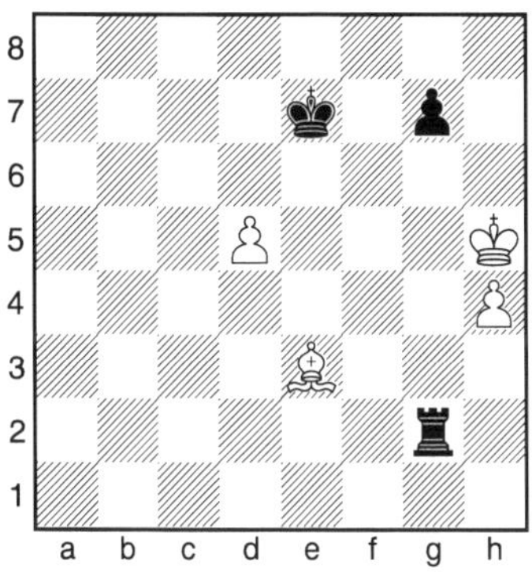

60...♔f6!

So muss der König das Mattnetz knüpfen.

Hier ein Blick auf zwei Fehlversuche:

- 60...♔d6? 61.♗g5 ♔xd5 62.♔g6=
- 60...♔f7? 61.♗g5 ♖g1 62.d6 ♖d1 63.♗f4 ♔f6 64.♔g4=

61.d6

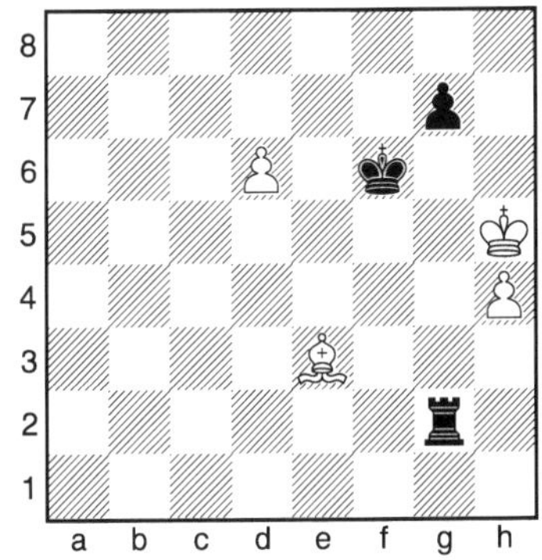

61...♖g6 und **0-1** angesichts der Mattfolge 61...♖g6! 62.d7 ♔f5 63.d8♕ ♖h6+ 64.♗xh6 g6#.

1) Eine Nebenlösung bestand übrigens in 61...♔f5! 62.d7 ♖g6 63.d8♕ ♖h6+ 64.♗xh6 g6#.

2) Hingegen wäre 61...♔e6? verfehlt:

a) 62.♗g5 62...♔xd6 63.♔g6=

b) 62.d7 ♔xd7 63.♗g5!=

9.2 Ein Matt aus heiterem Himmel

Selbst in Turmendspielen mit stark reduziertem Material kommt mitunter ein plötzlicher Mattüberfall vor.

Bok, Benjamin (2624)

Sevian, Samuel (2647)

Sotschi 2021

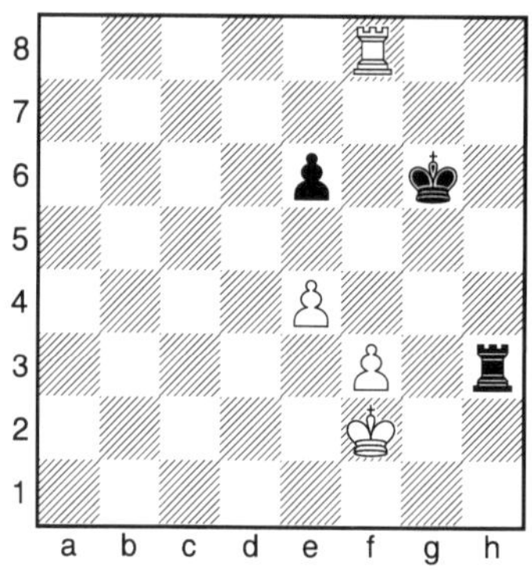

54.e5!

Der einzige Gewinnzug bereitet schon die folgende Pointe vor.

Verfehlt war hingegen 54.♔g2? ♖h5 55.f4 ♔g7 56.♖e8 ♔f7 57.♖a8 ♖b5 58.♔g3 ♖b1 59.♖a7+ ♔f6 60.♖a6 ♔f7=.

54...♔g5

54...♔g7 55.♖f6 ♖h6 56.♖xh6 ♔xh6 57.♔e3 ♔g5 58.♔e4 ♔g6 59.f4 ♔f7 60.♔d4 ♔e7 61.♔c5 ♔d7 62.♔b6+−

55.♔e3!

Das ist die erwähnte Pointe.

Nach 55.♖f6? kann der schwarze König eine aktive Rolle spielen, wie die folgenden Abspiele nach 55...♖h1 beweisen:

1) 56.♔g3 ♖g1+ 57.♔h2 ♖e1 58.f4+ ♔g4=

2) 56.♖xe6 ♔f4=

3) 56.f4+ ♔g4 57.♔e3 ♖e1+ 58.♔d4 ♖d1+ 59.♔c5 ♖d5+ 60.♔c6 ♖d1 61.♖xe6 ♔xf4 62.♖d6 ♖c1+ 63.♔d5 ♖a1 (63...♔f5? 64.♖f6+ +−) 64.♔e6 ♔g5 65.♔f7 ♖a7+ 66.♔f8 ♖a8+ 67.♔e7 ♔f5 68.e6 ♔g6=

55...♖h6

Diese passive Verteidigung hält nicht, weil der schwarze König nun abgedrängt werden kann.

1) 55...♖h4 56.♖f6 ♖a4 57.f4+ ♔g4 58.♖g6+ ♔h5 59.♖xe6+−

2) Und die weiße Hauptpointe zeigt sich nach 55...♖h1 56.f4+ ♔g4 (56...♔g6 57.♖f6+ +−) 57.♖g8+ ♔f5 58.♖g5#.

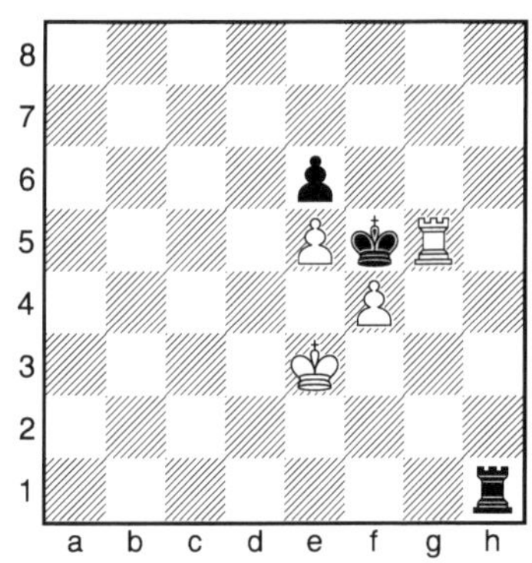

Ein herrliches Matt aus heiterem Himmel!

56.f4+ ♔h5

56...♔g4 57.♖g8+ ♔h5 58.♖g1 ♖h7 59.♖h1+ ♔g6 60.♖xh7 ♔xh7 61.♔d4+−

57.♔e4 ♖h7 58.♖e8 ♖h6 59.f5 exf5+ 60.♔xf5 ♖h7 61.e6 ♔h6 62.♔f6 ♔h5 63.♖g8 ♖h6+ 64.♔f5 1-0

9.3 Ein Mattnetz aus dem Nichts

Turm und Springer können als Duo nicht nur sehr stark sein, sondern unter widrigen Umständen auch sehr unbeholfen oder gar tolpatschig wirken. Im vorliegenden Fall gelingt es Weiß allerdings, den Angriff hervorragend zu koordinieren.

Gavrilescu, David (2512)

Coenen, Norbert (2276)

Bundesliga 2022

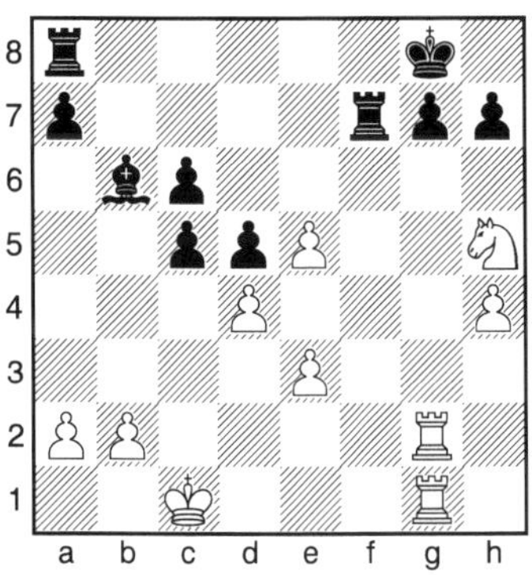

26...cxd4?

Danach schlägt der weiße Angriff mehr oder weniger direkt durch.

26...g6! war erzwungen und hätte laut Computer noch das Gleichgewicht gewhrt; z.B. 27.♘f6+ ♔f8 28.h5 cxd4 29.hxg6 hxg6 30.♖xg6 ♔e7 31.♘g8+ ♖xg8 32.♖xg8 dxe3 33.♖8g7 c5 34.♖xf7+ ♔xf7 35.b3 ♔e6 36.♔c2 c4 37.bxc4 dxc4 38.♖g4 ♔xe5 39.♖xc4=.

27.♖xg7+

27.e6! ♖e7 28.♖xg7+ ♖xg7 29.♖xg7+ ♔h8 30.♖f7+− nebst ♘f6 war sogar noch besser.

27...♖xg7 28.♖xg7+

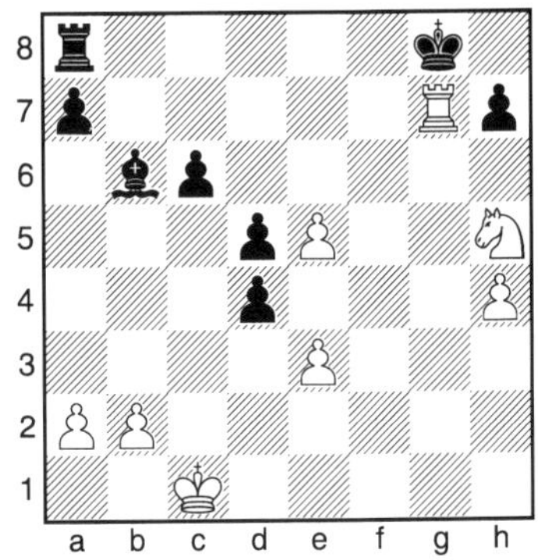

28...♔f8?!

28...♔h8 war weit zäher, hält aber auf lange Sicht auch nicht: 29.♖e7 ♖c8 30.exd4 h6 (30...♗xd4?! 31.♘f6+−) 31.♔c2 ♖c7 32.♖e8+ ♔h7 33.♔d3+−.

29.e6

Wie aus dem Nichts ist ein Mattnetz entstanden.

29...♗d8 30.♖xh7 ♔g8 31.e7 dxe3

31...♔xh7 32.e8♕+−

32.♘f6#

9.4 Die 4. Partiephase

Nach Eröffnung, Mittelspiel und Endspiel kann gelegentlich – was gern vergessen wird – die sogenannte 4. Partiephase folgen, welche entsteht, nachdem beide Seiten sich eine neue Dame geholt haben.

In diesem Fall lautet die wichtigste Faustregel: *Es gewinnt die Seite, deren König sicherer steht*. Oder auch stark vereinfacht ausgedrückt: *Das erste Schach gewinnt!*

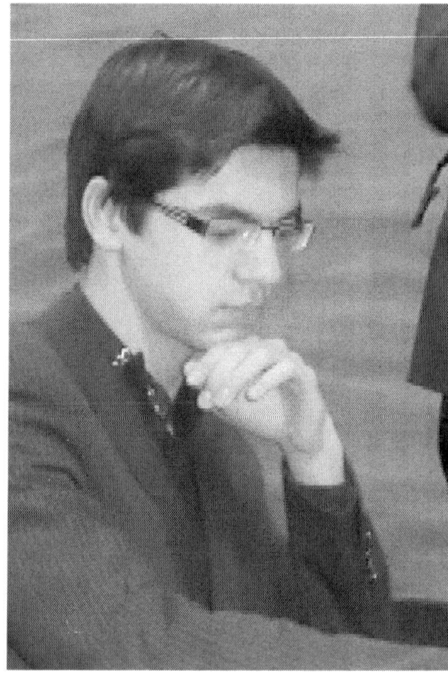

Anish Giri

Vidit, Santosh Gujrathi (2726)

Giri, Anish (2780)

Asian Rapid Chess24 2021

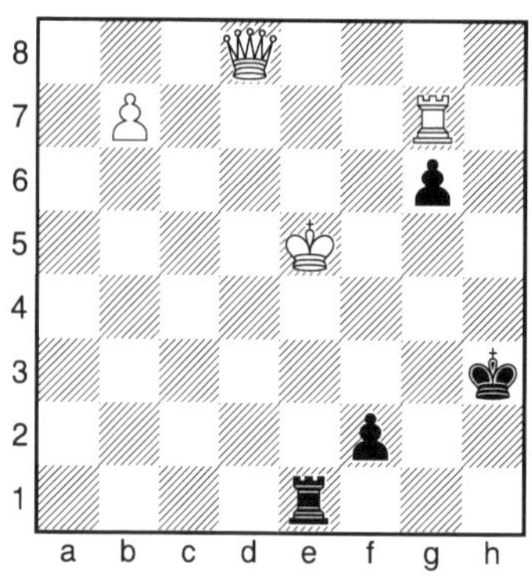

63.♔d4?

Der König wählt die falsche Route.

63.♔f6! gewinnt, weil sich der König danach stets in der Nordostecke verstecken kann; z.B. 63...f1♕+ 64.♔xg6

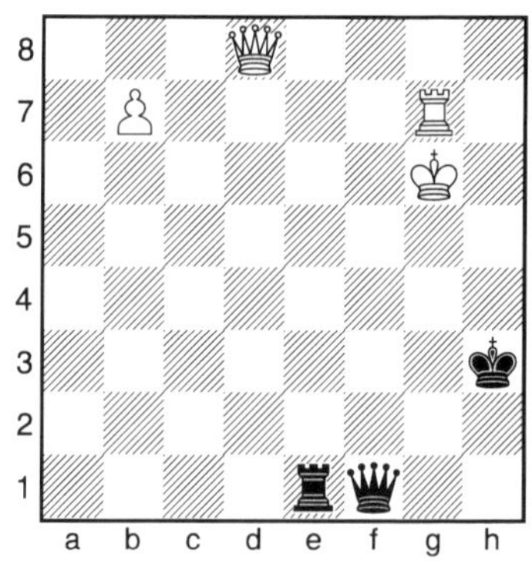

– 64...♖e6+ 65.♔h7 ♕f5+ 66.♔g8 ♖g6 67.♕c8+–

– 64...♕g2+ 65.♔h7 ♕c2+ 66.♔h8+–

63...♖d1+ 64.♔e3 f1♘+

1) 64...♖xd8 reicht natürlich ebenfalls für ein Remis aus.

2) Nicht jedoch 64...f1♕?? 65.♕h8+ ♔g4 66.♖xg6+ ♔f5 67.♕f6#.

65.♔f2 ♖xd8 66.♔xf1 ♖b8 67.♔e2 g5 68.♔f3

Auf 68.♔f2!? folgt natürlich nicht 68...g4?? 69.♖h7#, sondern 68...♖f8+ =.

68...g4+ 69.♔f4

69.♖xg4 ♖xb7=

69...♖f8+ 70.♔e5 g3 71.♔d6 ♖b8 72.♔c7 ♖xb7+ 73.♔xb7 g2 74.♔c6 ♔h2 75.♖xg2+ ♔xg2 ½-½

Im folgenden Fall liegen die Dinge tiefer.

Duda, Jan-Krzysztof (2738)
Vidit, Santosh Gujrathi (2726)
Sotschi 2021

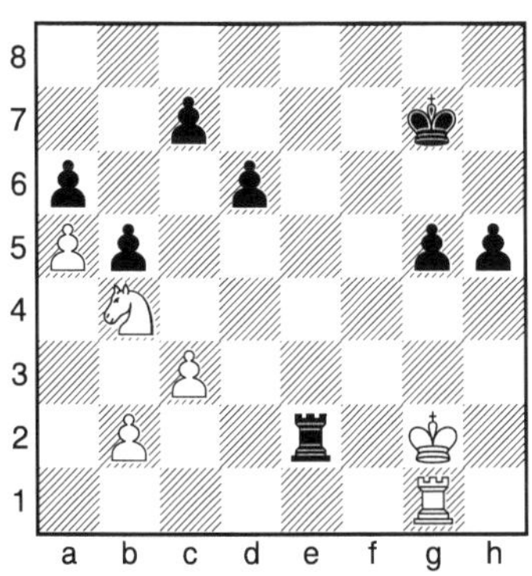

35.♔h1!!

Der König geht weiteren Schachgeboten aus dem Weg.

Hingegen reicht 35.♔f3? nach 35...♖xb2 nicht zum Gewinn, wie folgende Abspiele beweisen:

1) 36.♖xg5+ ♔h6 37.♖d5 ♖b3 38.♖d3 ♖a3 39.♘xa6 b4 40.♘xb4 ♖xa5 41.♘d5 ♖c5=

2) 36.♖a1 g4+ 37.♔f4 ♖f2+ 38.♔g5 g3 39.♖g1 g2 40.♘xa6 c5 41.♔xh5 ♖a2=

35...♖xb2 36.♖a1!

Nach diesem feinen Zug wird der weiße a-Bauer den Tag entscheiden.

36...c5 37.♘xa6 b4 38.♘xb4 cxb4 39.a6!

Natürlich nicht 39.cxb4? ♖xb4 40.a6 ♖b8=.

39...bxc3 40.a7 c2 41.a8♕ ♖b1+ 42.♔g2 c1♕

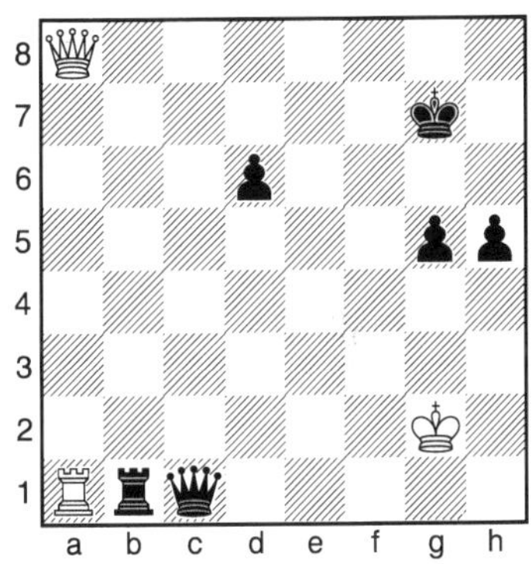

Nun beginnt die 4. Partiephase: Weiß gibt das erste Schach und gewinnt.

43.♖a7+ ♔f6 44.♕f8+ ♔e5 45.♖e7+ ♔d5

45...♔d4 46.♕f2+ ♔d5 47.♕f3+ ♔d4 48.♕e4+ ♔c3 49.♖c7+ ♔b3 50.♕d3+ ♔a4 51.♖a7+ ♔b4 52.♖b7+ ♔a5 53.♖xb1+-

46.♕f3+ ♔c5 47.♖c7+ ♔b4 48.♕b7+ ♔a5 49.♕a7+ ♔b5 50.♕b8+ 1-0

Aufgaben zum Thema: Mattangriff im Endspiel

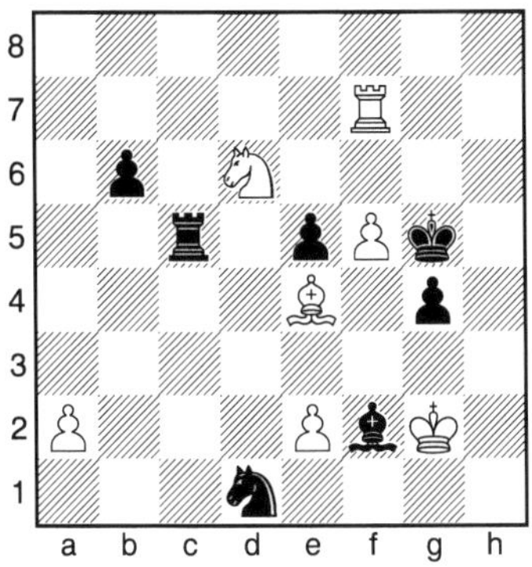

Aufgabe 1 Weiß am Zug

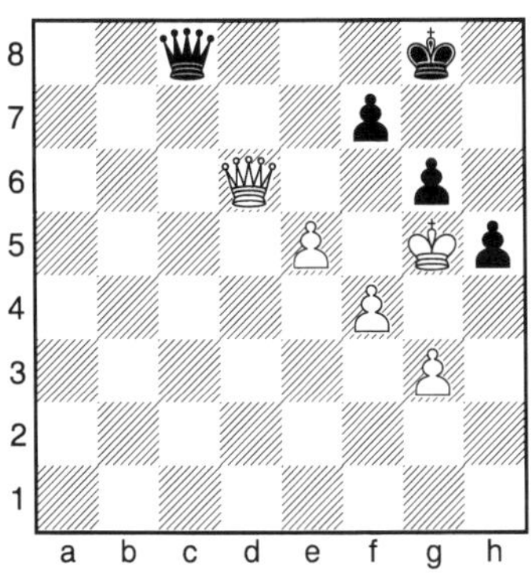

Aufgabe 2 Weiß am Zug

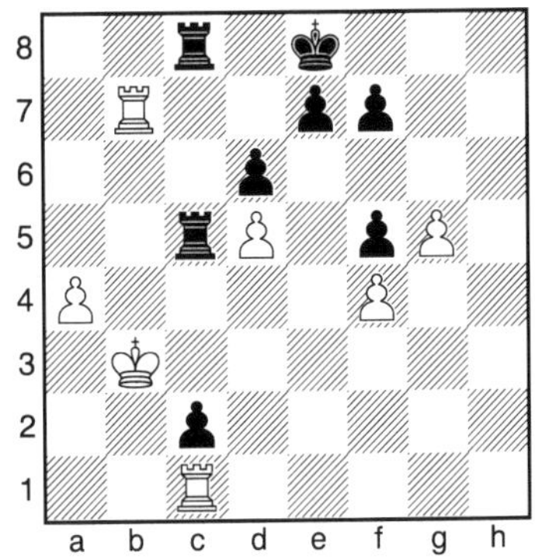

Aufgabe 3 Weiß am Zug

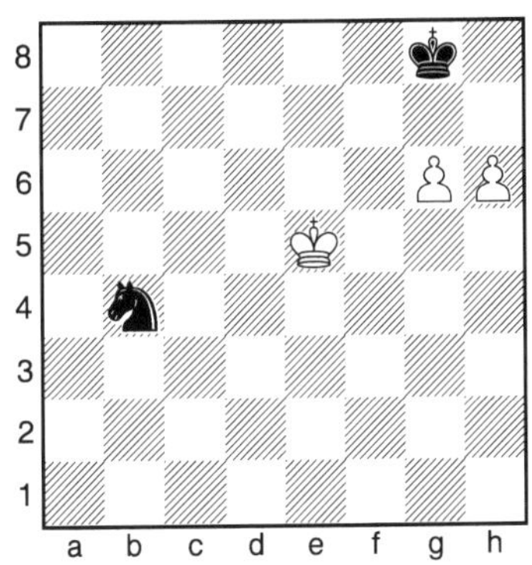

Aufgabe 4 Weiß am Zug

Lösungen der Aufgaben

Lösung 1

Nepomniachtchi, Ian (2740)

Kramnik, Vladimir (2808)

Moskau 2016

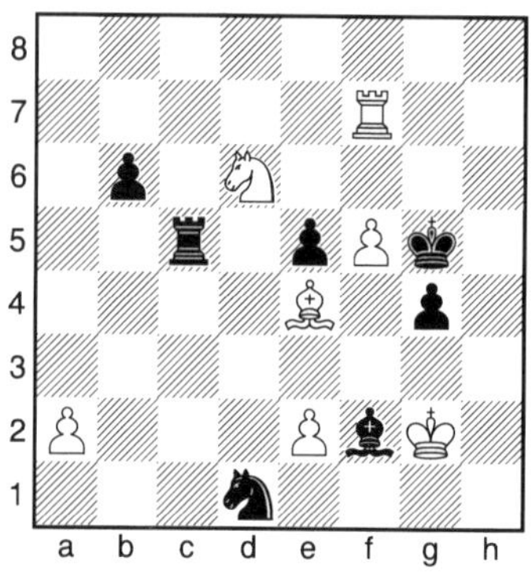

37.♖g7+!

Sofortiges 37.e3? ist ungenau, denn nach 37...♗h4 38.♖g7+ ♔h6 39.f6 ♘xe3+ 40.♔h2 ♗xf6 41.♖g6+ ♔h5 42.♖xf6 ♔h4 hat Schwarz noch gewisse Remis-chancen.

37...♔f4 38.e3+!!

Diese Pointe zerstört die schwarze Koordination.

38.f6? ♗h4 39.f7? scheitert an 39...♘e3+ 40.♔h2 ♗g3+ 41.♔g1 ♖c1#.

(Marin im ChessBase Magazin 175)

38...♔xe3

38...♗xe3 wird (laut Mihail Marin) wie folgt widerlegt: 39.f6 ♗d4 40.f7 ♘e3+

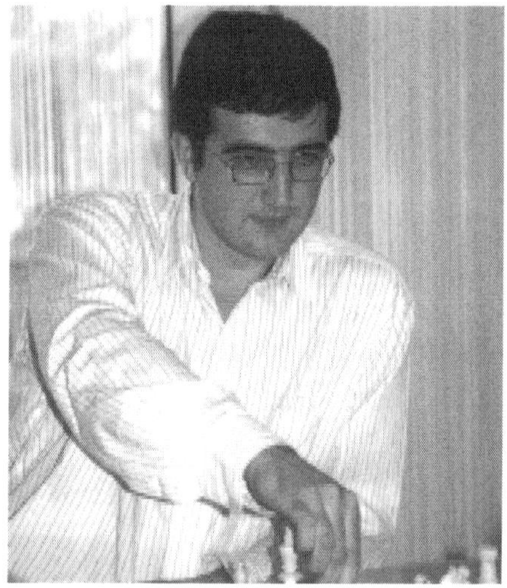

Vladimir Kramnik

41.♔h2 ♘f1+ 42.♔h1 42...♘g3+ 43.♔g2+−.

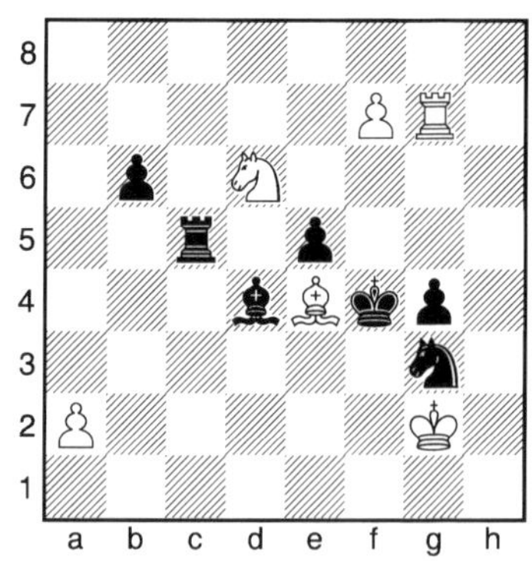

Und nun hat Schwarz kein Schach mehr.

39.♖xg4 ♔d2 40.♗f3

Das direkte 40.f6 gewinnt ebenfalls.

40...♘e3+ 41.♔xf2 ♘xg4+ 42.♗xg4 ♖d5 43.♘e4+ ♔d3 44.f6 ♖a5 45.♗e2+ ♔d4 46.f7 ♖a8 47.♘g5 1-0

Lösung 2

Svane, Rasmus (2615)

Krassowizkij, Jaroslaw (2439)

Bundesliga 2022

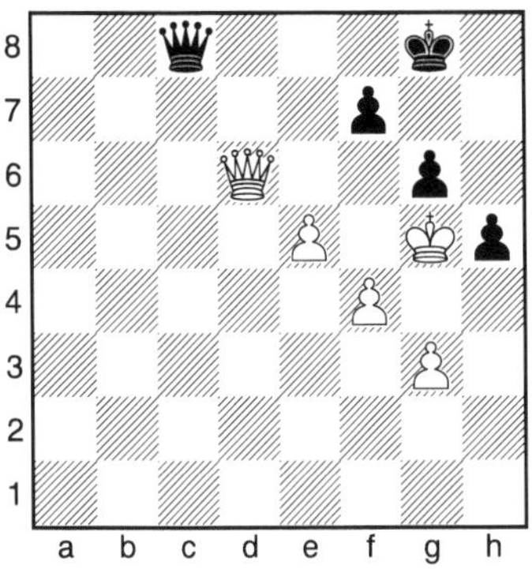

In Damenendspielen kommen direkte Königsangriffe naturgemäß schon häufiger vor.

52.e6!

Dieser Bauernrammbock öffnet die Angriffsrouten.

52...♔h7

52...fxe6

– 53.♔xg6? ♕c2+ 54.♔xh5 ♕h7+ =

– ⌓53.♕e7 ♕f8 54.♕xf8+ ♔xf8 55.♔xg6+–

53.f5 ♕c2 54.♕d5!

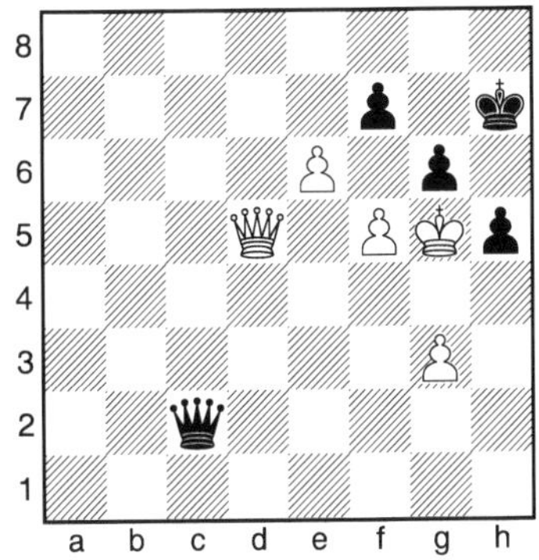

Die ideal zentralisierte Dame unterbindet jegliches Gegenspiel.

54...♔g7

1) 54...♕xf5+ 55.♕xf5 gxf5 56.e7+– wäre allzu einfach.

2) Und nach 54...♕c1+ schaltet sich der König mit 55.♔f6 entscheidend in den Angriff ein:

– 55...♕c3+ 56.♔xf7 ♕g7+ 57.♔e8 ♕h8+ 58.♔d7+–

– 55...♕h6 56.♔xf7 ♕g7+ 57.♔e8 ♕h8+ 58.♔d7+–

55.♕e5+ ♔f8 56.♕h8+ ♔e7 57.♕f6+ 1-0

Lösung 3

Horvath, Dominik (2483)

Van Wely, Loek (2612)

Bundesliga 2022

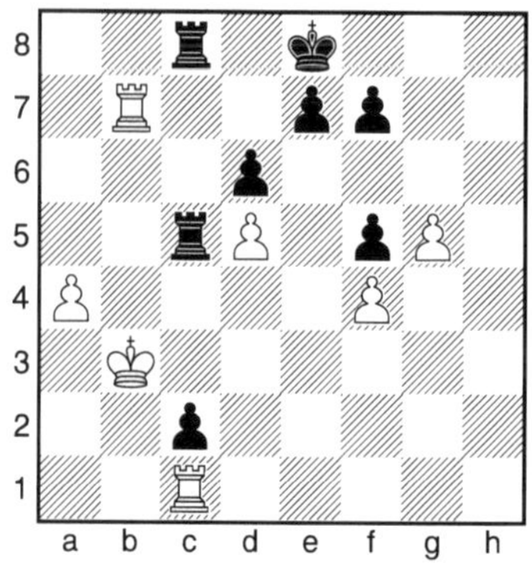

1) Nach der Partiefolge **42.♖b5?** stand Schwarz zu aktiv, denn auf **42...♖xb5+ 43.axb5** hat er die Pointe **43...♖c5!**.

a) Es folgte **44.♔b4 ♔d7 45.♔a5 ♔c7 46.♔a6 ♖c3 47.b6+ ♔b8 48.b7 ♔c7 49.♖e1 ♖a3+**

49...c1♕ 50.♖xe7+ ♔d8 51.b8♕+ ♔xe7 −+

50.♔b5 ♖b3+ 51.♔a6 ♖b6+ 52.♔a5 ♖xb7 53.♖xe7+ ♔c8 0-1

Eine Nebenlösung bestand übrigens in 53...♔c8 54.♖e1 ♖b1 55.♖e8+ ♔d7−+.

b) 44.♖xc2 scheitert an **44...♖xb5+ 45.♔c4 ♖c5+ 46.♔b3 ♖xc2 47.♔xc2 e5 48.dxe6 fxe6 49.♔d3 e5 50.♔e3 ♔f7**−+.

2) Das direkte **42.♖h1?** scheitert an der Unterverwandlung **42...c1♘+ 43.♔b2 ♘d3+ 44.♔b3 ♖c3+ 45.♔a2 ♖c2+ 46.♔a3 ♖8c3+** −+.

3) Zum Ausgleich führte allein **42.a5! ♖xa5 43.♖h1!!**

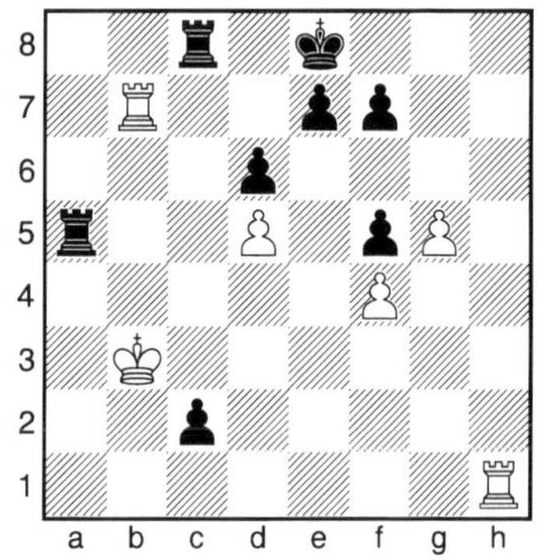

43...♖b5+

Nun ginge 43...c1♘+?? 44.♔b4+− völlig nach hinten los.

44.♖xb5 c1♕ 45.♖xc1 ♖xc1 46.♖b8+ ♔d7 47.♖f8 ♖f1 48.♖xf7 ♖xf4 49.g6 ♖g4 50.♖xf5 ♖xg6 51.♔c4=

Lösung 4

Rezasade, Amir (2334)

Movsesian, Sergei (2606)

Bundesliga 2022

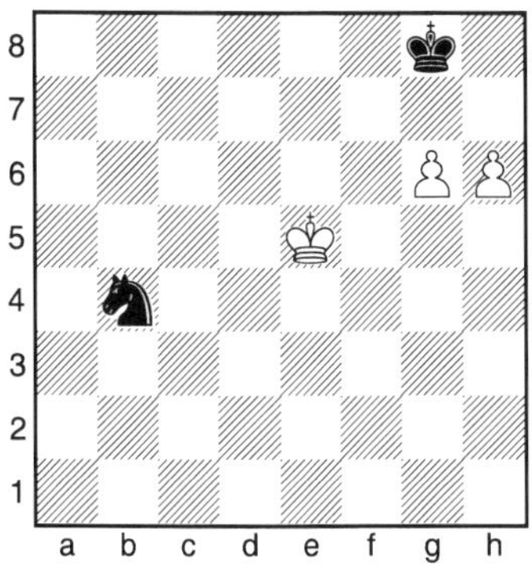

Gefährliche Freibauern sind im Endspiel in aller Regel starke Trümpfe.

60.♔e6!!

Dieser Königszug stellt die fantastische Pointe dar.

Der schablonenhafte Ansatz 60.♔f6? scheitert an 60...♘d5+ 61.♔e5 ♘e7 62.♔f6 ♘xg6 63.♔xg6 ♔h8=.

60...♘d3

1) 60...♔f8 scheitert an 61.h7 ♔g7 62.h8♕+ ♔xh8 63.♔f7+−.

2) Und nach 60...♘c6 nimmt der König mit 61.♔f6+− die sogenannte 'Karpow-Distanz' zum Springer ein und Schwarz ist verloren.

61.♔f6 ♔h8

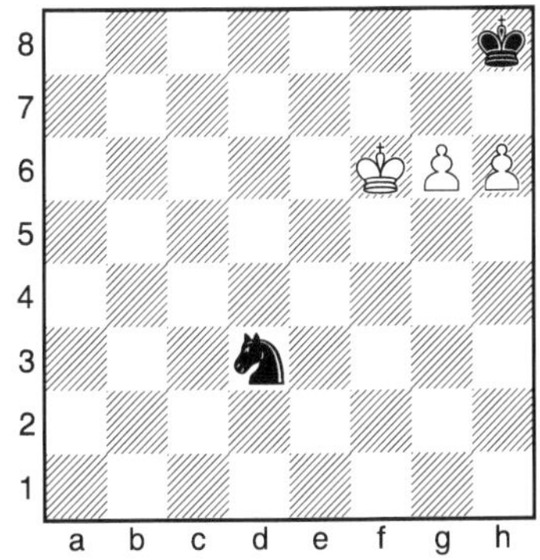

62.h7! und **1-0** angesichts der möglichen Folge 62.h7 ♘f4 63.g7+ ♔xh7 64.♔f7 ♘h5 65.g8♕+ ♔h6 66.♕g6#.

Verfehlt war übrigens 62.g7+?? ♔h7 63.♔f7 ♘e5+ 64.♔f8 ♘g6+ =.

Kapitel 10

Ausgewählte Angriffspartien des Autors

Zum Abschluss noch einige Angriffssiege von mir selbst.

Der folgende Gewinn war ein Geschenk zu meinem damaligen 30. Geburtstag.

Müller, Karsten (2513)
Sielecki, Christof (2424)
DEM Heringsdorf 2000 (C07)

1.e4 e6 2.d4 d5 3.♘d2 c5 4.♘gf3 a6 5.dxc5 ♗xc5 6.♗d3 ♘f6 7.♕e2 ♘c6 8.0-0 ♕c7 9.c3

9.a3 ist die andere Hauptvariante.

9...♗d7 10.exd5?!

Dieser Abtausch im Zentrum ist wohl etwas verfrüht. Weiß sollte zunächst mit beispielsweise 10.h3 weiter abwarten.

10...♘xd5 11.♘e4 ♗e7 12.g3?!

Damit wird zwar ♘f4 verhindert, aber die weißen Felder um den König werden zu sehr geschwächt.

12...e5 13.♗c4 ♘b6

13...♗e6? 14.♘fg5±

14.♗b3 0-0

14...♘a5!?

15.♘fg5 h6

Der Verteidigungsversuch 15...♗e8? scheitert an der Opferfolge 16.♘xh7! ♔xh7 17.♕h5+ ♔g8

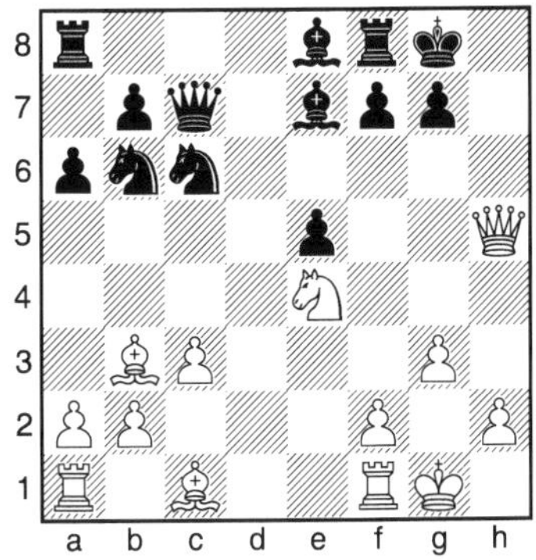

18.♗h6!

1) 18...gxh6 19.♕g6+ ♔h8 20.♕xh6+ ♔g8 21.♘f6+ ♗xf6 22.♗c2+-

2) 18...♘d4 19.cxd4 gxh6 20.♕g6+ ♔h8 21.♕xh6+ ♔g8 22.♖ac1 ♗c6 23.♘g5 ♗xg5 24.♕xg5+ ♔h8 25.♕h6+ ♔g8 26.♖fe1+-

3) 18...♘a5 19.♕g6 ♗f6 20.♘xf6+ ♔h8 21.♕xg7#

16.♘xf7 ♖xf7 17.♗xf7+ ♔xf7 18.♕h5+ ♔g8 19.♗xh6

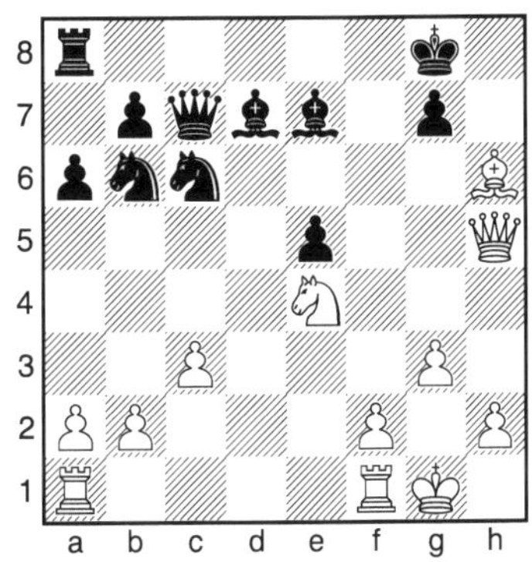

19...gxh6?

Schwarz lässt es sich zeigen.

Die Alternative 19...♖f8! ist eher besser für Schwarz und auch aus psychologischen Gründen viel günstiger.

20.♕g6+ ♔h8

20...♔f8? 21.f4+−

21.♕xh6+ ♔g8 22.♕g6+ ♔h8

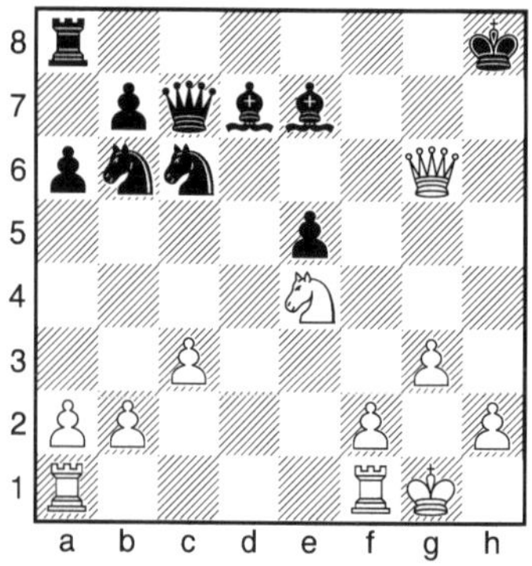

23.f4!

Mit Dauerschach gebe ich mich nicht zufrieden. Stattdessen sollen frische Kräfte herangeführt werden – wie vorneweg der f-Bauer und die Türme.

23...♕d8?

1) Der weitere Fehler 23...exf4? scheitert an 24.♖xf4 ♘e5 (24...♕xf4 25.♕h5+ ♔g7 26.gxf4+−) 25.♕h6+ ♔g8 26.♖af1 ♘d5

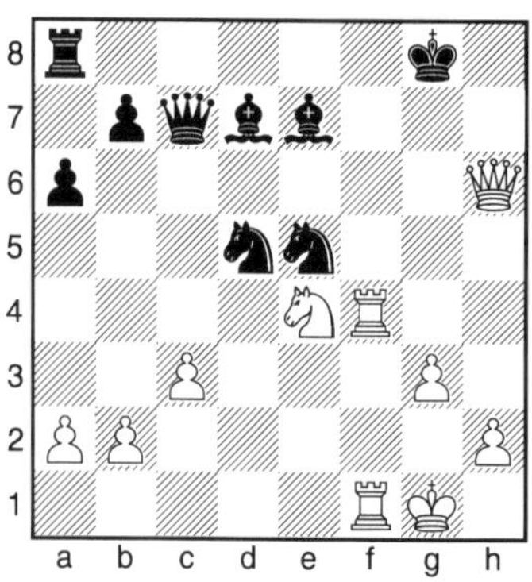

27.♖f7!! ♘xf7 28.♕g6+ ♔h8 29.♕h5+ ♘h6 30.♕xh6+ ♔g8 31.♕g6+ ♔h8 32.♕h5+ ♔g8 33.♕xd5+ +−

2) In der abendlichen Analyse nach der Partie fand GM Rainer Buhmann die Verteidigung 23...♖f8!

(23...♗e8 mit der möglichen Folge 24.♕h6+ ♔g8 25.♖ad1 ♖d8 26.f5 ♖xd1 27.♖xd1 ♗d8 28.f6 ♕f7= ist ebenfalls spielbar.)

24.f5 ♘d8 25.f6?! (25.♕h6+ =) 25...♗c5+ 26.♘xc5 ♕xc5+ 27.♖f2 ♖f7!

(27...♘e6? 28.♖e1 ♗e8 29.♕h6+ ♔g8 30.♖e4+−)

28.♖e1?

(28.♖d1 hält den Schaden in Grenzen.)

Und nun gibt *Fritz 6* den Gewinnzug 28...♗c6!−+.

In unserer Analyse hatten wir nur 28...♖h7? 29.♖e4 berücksichtigt, wonach Weiß starke Initiative behält.

24.♕h6+ ♔g8 25.fxe5

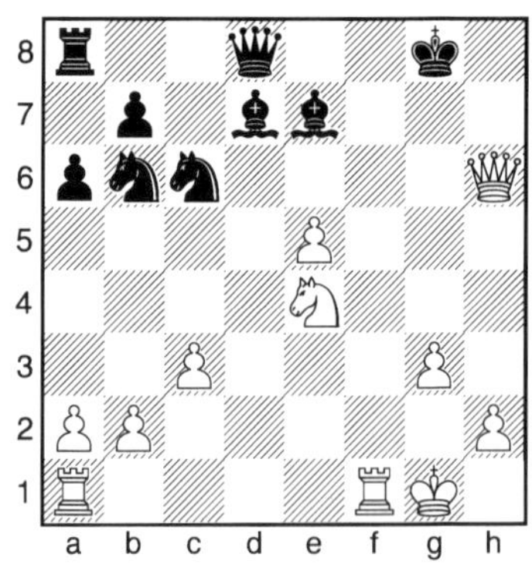

Und **1-0** angesichts der möglichen Abspiele:

1) 25...♘xe5 26.♘f6+ ♗xf6 27.♖xf6 ♕e7 28.♕g5+ ♕g7 29.♕xe5 ♖e8 30.♕d6+−

2) 25...♗e8 26.♖f4 ♘xe5 27.♕e6+ ♘f7 28.♕g6+ +− bzw. 27...♔h7 28.♕xe5 ♘d7 29.♕d4+−

Auch die folgende Schnellpartie hat ihren ganz speziellen Reiz.

Müller, Karsten (2505)
Schurade, M (2350)
DSEM Templin 1997 (B86)

1.e4 c5 2.♘f3 d6 3.d4 cxd4 4.♘xd4 ♘f6 5.♘c3 a6 6.♗c4 e6 7.0-0 ♗e7 8.♗b3 0-0 9.f4 ♘bd7 10.♔h1 ♘c5 11.e5

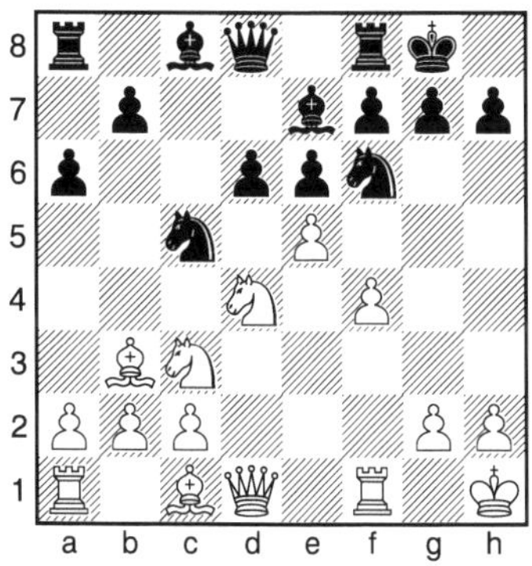

11...♘fe4?!

Hier hängt der Springer zwar latent in der Luft, stellt aber gleichzeitig ein ständiges Gefahrenpotential für Weiß dar.

Hier ein Blick auf zwei Alternativen:

1) 11...dxe5 12.fxe5 ♘fd7 13.♕h5 a5? 14.♖f3 a4 15.♖h3 h6

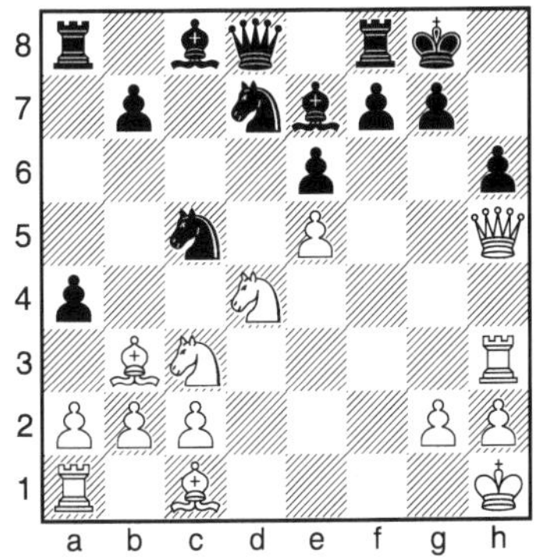

16.♘f5 exf5 17.♗xh6 ♗h4 18.♕g6 ♕g5 19.♗xg5 axb3 20.♕h5 ♘xe5 21.♖xh4 1-0, K. Müller – S. Zagrebelny, Budapest Autoteam 1991

2) 11...♘xb3 12.exf6 ♘xa1 13.fxe7 ♕xe7 14.♗e3 ♘xc2 15.♕xc2=, L. Van Beek – P. Jirovsky, EU-ch U14, Rimavska Sobota 1992

12.♘xe4 ♘xe4 13.c3 b5 14.♕g4

Eine Alternative bestand in 14.♘c6!? ♕c7 15.♘xe7+ ♕xe7 16.♗c2 ♗b7 17.♕e2 d5 18.♗e3 mit weißem Druckspiel.

14...♗b7

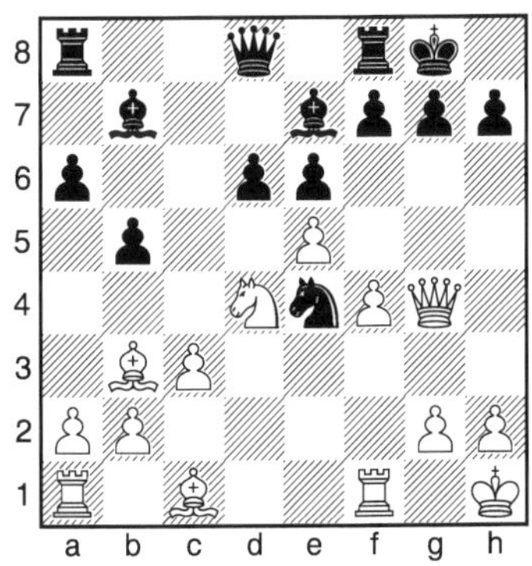

15.♗e3

Ursprünglich hatte ich 15.♗xe6!? geplant, war aber wegen der folgenden Varianten wieder davon abgekommen: 15...dxe5 16.♘f5

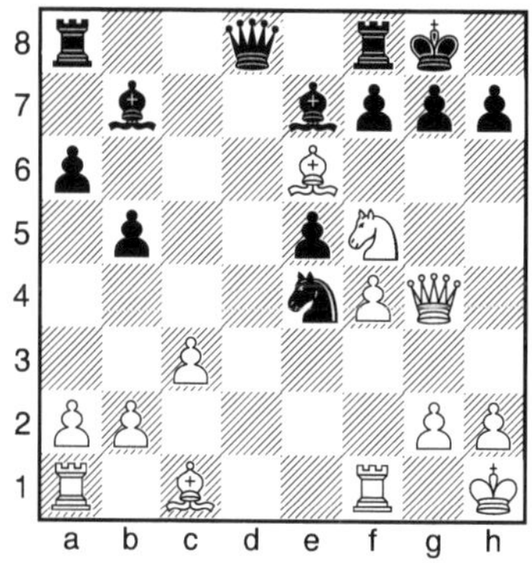

16...♗f6? (△16...♗g5)

1) 17.♘h6+? ♔h8 18.♘xf7+ ♖xf7 19.♗xf7 ♕d3! 20.♔g1 ♗e7–+

2) 17.fxe5! mit der möglichen Folge 17...fxe6 18.exf6 g6 19.♘h6+ ♔h8 20.♕xe6+– hatte ich übersehen.

15...g6?

15...dxe5 16.fxe5 ♗g5 war angesagt, um den Druck zu verringern.

16.♖ae1?

Die beiden letzten Züge sind typisch für Schnellschach: Weiß bringt alle Figuren ins Spiel und sichert damit die eigene Stellung, bevor er losschlägt.

16.f5!!+– war allerdings objektiv besser.

16...h5?

Dieser Vorstoß (statt △16...dxe5 17.fxe5 ♕c7) schwächt die Königsstellung ganz erheblich.

17.♕h3

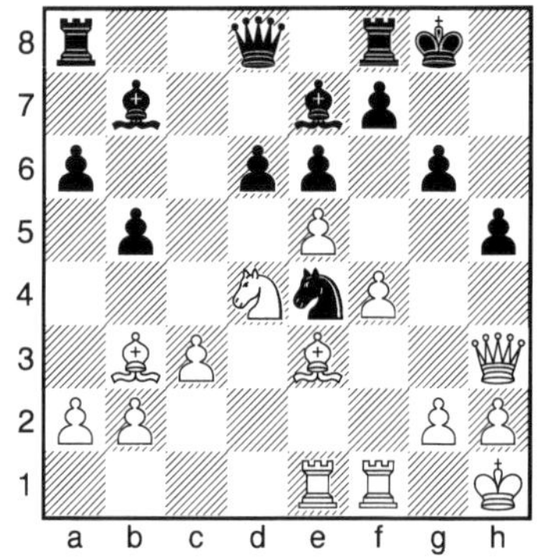

17...♔h7?!

Diese Ungenauigkeit ermöglicht den fulminanten Vorstoß f4-f5 unter günstigen Umständen.

Es gab aber bereits keine Rettung mehr, wie folgende Varianten beweisen:

1) 17...♘c5 18.♘xe6

a) 18...fxe6?! 19.♗xc5 dxc5 20.♕xe6+ ♔g7 21.♖d1+–

b) 18...♘xe6 19.f5 dxe5 20.fxg6 ♘g7 21.gxf7+ ♔h8 22.♕g3 ♕d3 23.♕xe5 ♗h4 24.♗d4 ♕g6 25.♖e2+–

2) 17...♕c7 18.♘xe6 ♕c8 19.f5+– bzw. 18...fxe6 19.♕xe6+ ♔h7 20.f5+–

3) 17...dxe5 18.♘xe6 fxe6 19.♕xe6+ ♔g7 20.♖d1 ♘d6 21.♕xe5+ ♖f6 22.♖fe1+–

18.f5!

Der Mauerbrecher.

18...exf5

18...dxe5 19.♘xe6! fxe6 20.fxg6+ ♔xg6 21.♕xe6+ ♗f6 (21...♘f6 22.♕xe5+–) 22.♕f5+ ♔g7 23.♖d1 (23.♕xh5? ♘g3+ 24.hxg3 ♖h8–+) 23...♘d6 24.♕xh5+–

19.♖xf5!

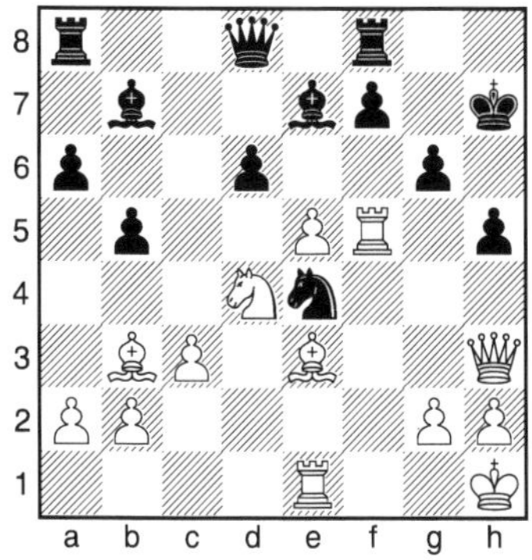

19...♗g5

Auch die Alternativen retten nicht mehr.

1) 19...dxe5 20.♖xh5+ gxh5 21.♕xh5+ ♔g8 22.♕g6+ ♔h8 23.♕h6+ ♔g8 24.♘e6 fxe6 25.♕xe6+ ♔h7 26.♕h6#

2) 19...d5 20.♖xh5+! (F. Meyer) 20...gxh5 21.♕xh5+ ♔g8 22.♗h6

a) 22...♘g5 23.♗xg5 ♗xg5 24.♗c2 f5 25.exf6 ♖xf6 26.♕xg5+ +−

b) 22...♗f6 23.♖xe4 dxe4 24.♘f5+−

c) 22...♘f2+ 23.♔g1 ♗h4 24.♘f5 ♕b6 25.♗e3 ♕g6 26.♘h6+ ♔g7 27.♕xh4+−

3) 19...♔g8 20.♖xf7 ♖xf7 21.♕e6 d5 22.♕xg6+ ♖g7 23.♕xe4+−

4) 19...♗h4 20.♖ef1 gxf5 21.♕xf5+ ♔g7 22.♗xf7+−

5) 19...gxf5 20.♕xh5+ ♔g8 21.♕g6+ ♔h8 22.♕h6+ ♔g8 23.♘xf5 ♗f6 24.♕g6+ ♔h8 25.♕h5+ ♔g8 26.♘h6+ ♔g7 27.♘xf7+−

20.♗xf7 dxe5 21.♘e6 ♕d7 22.♗xg6+ ♔xg6 23.♘xf8+ 1-0

Und hier noch ein Sieg gegen Wolfgang Uhlmann, den ich in seiner geliebten Französischen Verteidigung auf dem falschen Fuß erwischen konnte.

Müller, Karsten

Uhlmann, Wolfgang

Österreichische Staatsliga 2001 (C01)

1.e4 e6 2.d4 d5 3.♘c3 ♗b4 4.exd5 exd5 5.♗d3 ♘f6

In unserer vorangegangenen Bundesligapartie hatte Wolfgang hier mit 5...c6 fortgesetzt.

6.♘ge2 0-0 7.♗g5 c6?!

Das wirkt hier ein wenig langsam.

8.0-0 ♗g4 9.f3 ♗h5 10.♘f4 ♗g6 11.♘xg6 hxg6 12.f4!

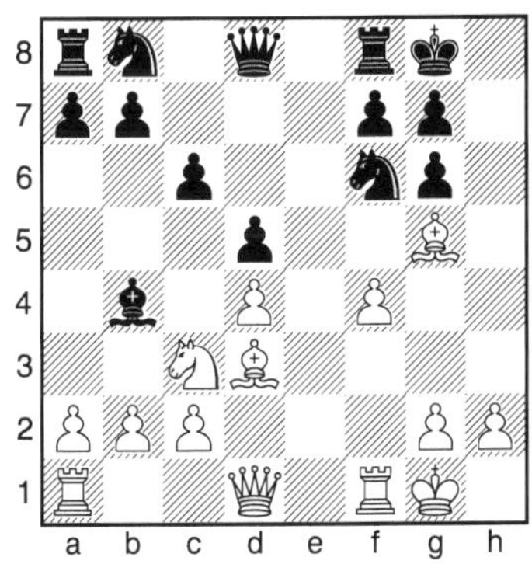

12...♕b6?

Danach wird der weiße Angriff extrem gefährlich, weil Schwarz die Verteidiger am Königsflügel fehlen.

12...♘bd7 13.f5 ♕b6 war genauer.

13.♗xf6 gxf6 14.♘e2

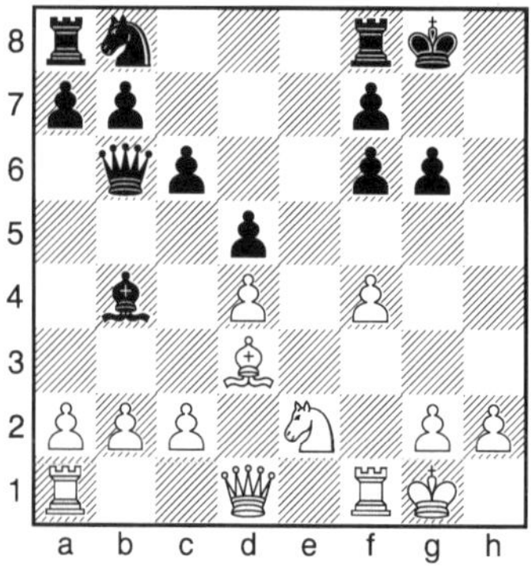

14...♗d6

Auf 14...f5 hatte ich 15.♗xf5 gxf5 16.♘g3 mit gefährlichem Angriff geplant; z.B. 16...♖e8 17.♘xf5 ♖e6 18.♕h5 ♖g6 19.♖f3 ♘d7 20.♖g3.

15.f5?

15.c3 ist klar besser für Weiß und verdiente deswegen den Vorzug.

15...♔g7?

Nach 15...g5! hätte ich mit dem kritischen Vorstoß 16.h4 fortgesetzt.

16.fxg6

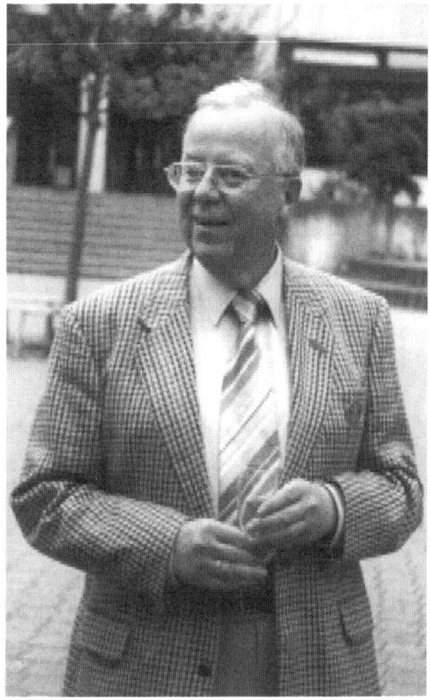

Wolfgang Uhlmann

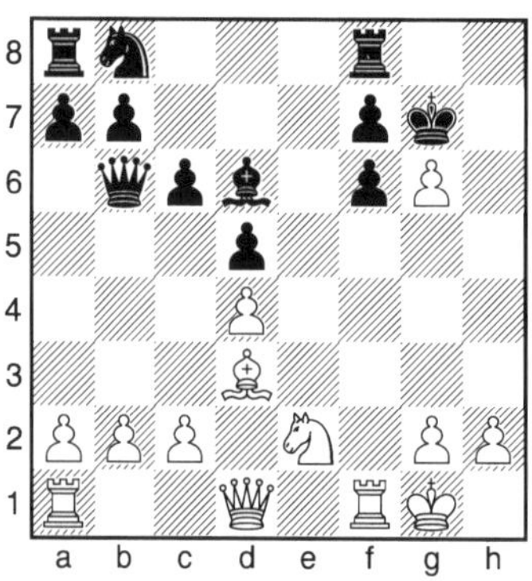

16...fxg6?!

Danach bricht der Sturm direkt los.

Nach 16...♖h8! ist die Sache schwieriger:

- 17.gxf7 ♗xh2+ 18.♔f2 ♗e5 19.g3+−
- 17.g3 fxg6 18.♘f4 ♕xd4+ 19.♔h1 ♗xf4 20.♕g4 ♖h6 21.gxf4 f5 22.♕g5 ♕f6 23.♖ae1+−

17.♗xg6! ♔xg6

17...♖h8 18.♘f4 ♖h4 19.♘h5+ ♔xg6 20.♕d3+ ♖e4 21.♖xf6+ +−

18.♘f4+ ♗xf4 19.♖xf4

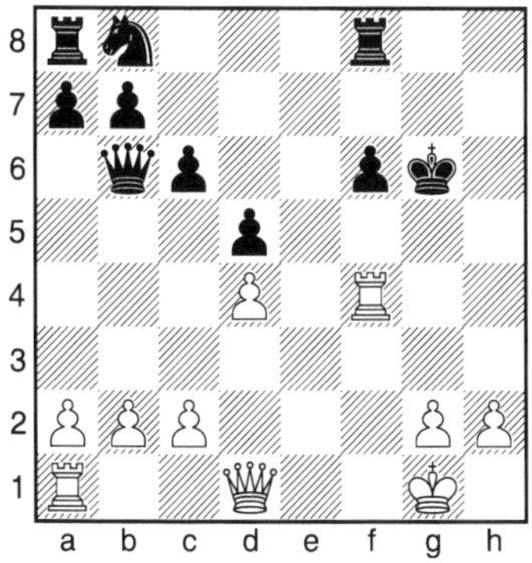

Der für Fürstenfeld spielende GM Igor Alexandre Nataf erzählte mir, er habe diese Variante vorbereitet und sei zu dem Schluss gekommen, dass es für Schwarz nun keine Verteidigung mehr gebe. Allerdings bin ich ihm mit der Anwendung der Neuerung zuvorgekommen.

19...f5

– 19...♘d7 20.♕g4+ +–

– 19...♔f7 20.♕e2 ♘d7 21.♖e1 ♖fe8 22.♕h5+ ♔f8 23.♕h8+ ♔f7 24.♕h7+ ♔f8 25.♖xe8+ ♖xe8 26.♖g4 ♖e1+ 27.♔f2+–

20.♕d3 ♘d7

20...♕d8 21.♖af1 ♕g5 22.♖1f3+–

21.♖af1

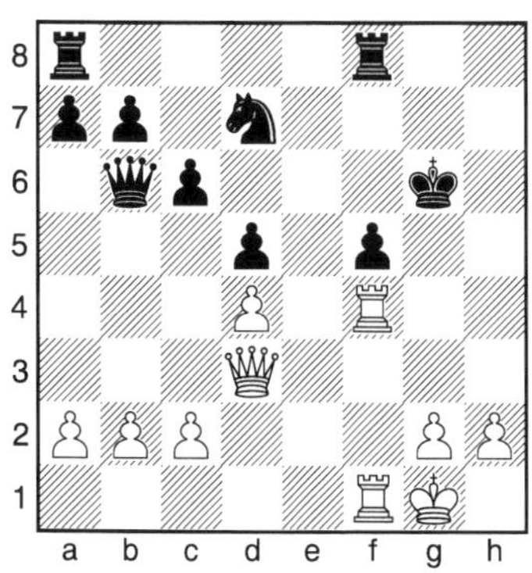

Weiß führt in aller Ruhe die Reserven heran, während Schwarz seiner Königsstellung keinen Halt verschaffen kann.

21...♘f6?!

– 21...♘e5 22.♕g3+ ♘g4 23.h3+–

– 21...♖f6 22.♖xf5 ♔g7 23.♖g5+ ♔f8 24.♖h5+–

22.♕xf5+ ♔g7 23.♕g5+ ♔h8 24.♕h6+ und **1-0** angesichts der Mattfolge:

– 24...♔g8 25.♕g6+ ♔h8 26.♖h4+ ♘h7 27.♕xh7#

– 24...♘h7 25.♖xf8+ ♖xf8 26.♖xf8#

Quellenverzeichnis

Bücher:

Dvoretsky M.: *Dvoretsky's Endgame Manual*, Russell, 5. Auflage 2020

Flores Rios M.: *Chess Structures*, Quality Chess 2015

Hansen L.B.: *Foundations of Chess Strategy*, Gambit 2005

Hansen L.B.: *Secrets of Chess Endgame Strategy*, Gambit 2006

Meyer C.D. & Müller K.: *Magische Endspiele*, Joachim Beyer Verlag 2020

Meyer C.D. & Müller K.: *Magie der Schachtaktik*, Joachim Beyer Verlag 2018

Müller K. & Konikowski J.: *Die besten Kombinationen der Weltmeister* (Band 1 und 2), Joachim Beyer Verlag 2022

Müller K. & Stolze R.: *Zaubern wie Schachweltmeister Michail Tal*, Edition Olms 2010

Müller K. & Engel L.: *Spielertypen*, Joachim Beyer Verlag 2020

Müller K., Engel L. & Rafiee M.: *Spielertypen – Das Testbuch*, Joachim Beyer Verlag 2022

Sadler M. & Regan N.:, *Zeitenwende im Schach*, New in Chess 2019

Spielmann R.: *Richtig Opfern*, Joachim Beyer Verlag 2013

Tukmakov V.: *Modern Chess Formula*, *The powerful impact of engines*, Thinkers Publishing 2020

Elektronische Medien:

ChessBase DVD, Hamburg 2023

Mega Database 2022

Müller, K., *Endgame Corner* (www.ChessCafe.com)

Nalimov Endgame Tablebases

www.schachbundesliga.de

Zeitschriften:

ChessBase Magazin

ChessBase Nachrichten (www.chessbase.de)

NEW IN CHESS

Schachmagazin 64

Über den Autor

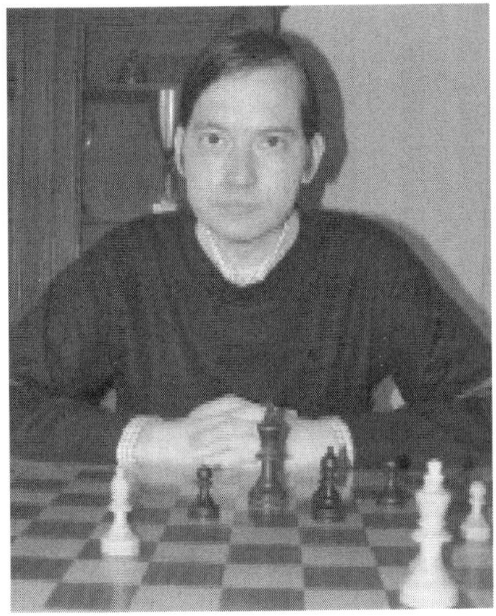

GM Dr. Karsten Müller wurde am 23. November 1970 in Hamburg geboren. Er studierte Mathematik und promovierte 2002. Von 1988 bis 2015 spielte er für den Hamburger SK in der Bundesliga und errang den Großmeister-Titel 1998. Zusammen mit Frank Lamprecht ist er Autor der hochgeschätzten Werke *Secrets of Pawn Endings* (2000) und *Fundamental Chess Endings* (2001), mit Martin Voigt *schrieb er Danish Dynamite* (2003), mit Wolfgang Pajeken *How to Play Chess Endgames* (2008), mit Raymund Stolze *Zaubern wie Schachweltmeister Michail Tal* und *Kämpfen und Siegen mit Hikaru Nakamura* (2012).

Aufmerksamkeit fand außer Müllers Buch *Bobby Fischer, The Career and Complete Games of the American World Chess Champion* (2009) be-sonders auch seine exzellente Serie von ChessBase-Endspiel-DVDs Schachendspiele 1-14. Müllers beliebte Rubrik *Endgame Corner* erschien unter www.ChessCafe.com von Januar 2001 bis 2015, seine Rubrik *Endspiele* im ChessBase Magazin seit 2006. Der vielbeschäftigte, weltweit anerkannte Endspiel-Experte wurde 2007 als „Trainer des Jahres" vom Deutschen Schachbund ausgezeichnet.

Im Joachim Beyer Verlag sind bereits die nachstehenden 19 Titel von ihm erschienen:

Karsten Müller - Verteidigung (2016) (zusammen mit Marijn van Delft)

Karsten Müller - Positionsspiel (2017)

Karsten Müller - Schachstrategie (2017) (zusammen mit Alexander Markgraf)

Karsten Müller - Schachtaktik (2018)

Italienisch mit c3 und d3 (2017) (zusammen mit Georgios Souleidis)

Magie der Schachtaktik (2018) (zusammen mit Claus Dieter Meyer)

Magische Endspiele (2020) (zusammen mit Claus Dieter Meyer)

Spielertypen (2020) (zusammen mit Luis Engel)

Die Endspielkunst der Weltmeister Band 1 - von Steinitz bis Tal (2021)

Die Endspielkunst der Weltmeister Band 2 - von Petrosjan bis Carlsen (2021)

Schach-WM 2021 (2022) (zusammen mit Jerzy Konikowski und Uwe Bekemann)

Die besten Kombinationen der Weltmeister Band 1 - Von Steinitz bis Tal (2022) (zusammen mit Jerzy Konikowski)

Die besten Kombinationen der Weltmeister Band 2 - Von Petrosjan bis Carlsen (2022) (zusammen mit Jerzy Konikowski)

Schachtraining mit Matthias Blübaum (2022) (zusammen mit Matthias Blübaum und Matthias Krallmann)

Bobby Fischer - 60 beste Partien (2022)

Typisch Sizilianisch (2022)

Spielertypen - das Testbuch (2022) (zusammen mit Luis Engel und Makan Rafiee)

Magnus Carlsen - Die Schach–DNA eines Genies (2023)

Karsten Müller - Angriff (2023)

sowie weitere 11 Übersetzungen in englischer Sprache:

Magical Endgames (2020, together with Claus Dieter Meyer)

The Human Factor in Chess (2020, together with Luis Engel)

The Best Endgames of the World Champions Vol 1 - From Steinitz to Tal (2021)

The Best Endgames of the World Champions Vol 2 - From Petrosian to Carlsen (2021)

World Chess Championship 2021 (2022) (together with Jerzy Konikowski and Uwe Bekemann)

The Best Combinations of the World Champions Vol 1 - From Steinitz to Tal (2022) (together with Jerzy Konikowski)

The Best Combinations of the World Champions Vol 2 - From Petrosian to Carlsen (2022) (together with Jerzy Konikowski)

Bobby Fischer 60 Best Games (2022)

Chess Training with Matthias Blübaum (2022) (together with Matthias Blübaum and Matthias Krallmann)

Typical Sicilian (2023)

The Human Factor in Chess - The Testbook (2023) (together with Luis Engel and Makan Rafiee)